制度与经济变动的历史实证

ZHIDU YU JINGJI BIANDONG DE LISHI SHIZHENG

陈勇勤 著

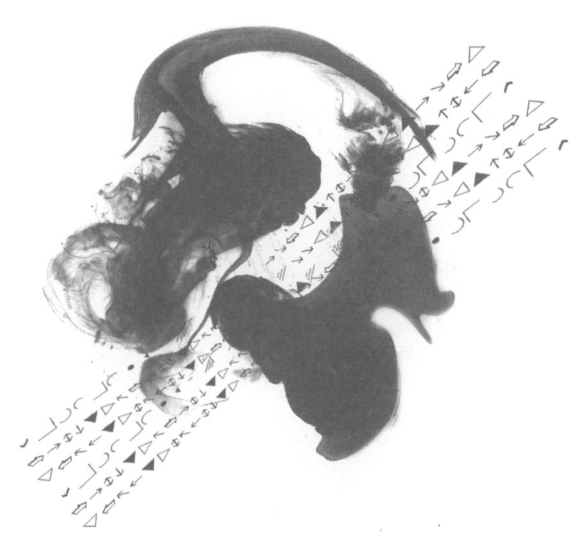

中国人民大学出版社
·北京·

目　录

第1章 制度主导经济变动

制度主导经济变动，这是本书的中心论点。而本书书名《制度与经济变动的历史实证》[①] 所显示的，也就是要将“制度主导经济变动”这个假设，通过历史事件加以证实。经济变动本身是人的行为的一种结果，社会由组织起来的人构成，因此，导致经济变动的人的行为都可以归结为受到某种制度的影响，无论这个制度是正式制度还是非正式制度。

制度变迁理论[②]在今天已经不被看作新东西，

---

① 本书只是一本小册子，它是由 1998 年给经济学院经济史专业研究生开设的“制度变迁与经济变迁”专业课的讲义和实证分析的共计 90 万字书稿压缩并重新编排整理而成。如果读者对本书中哪一个实证分析感兴趣，但又觉得本书对它的讲述达不到自己所需要的程度，可与笔者联系，询问未能收入本书的较详尽的实证分析。

② 制度变迁理论来自美国学者道格拉斯·诺思的《经济史中的结构与变迁》一书，它被“用作探讨经济史的分析框架”，即“本书的目的是为分析经济史实提供一个新的框架”；“本书中，‘结构’一词指制度框架，‘变迁’一词指制度创立、变更及随着时间变化而被打破的方式”；“发展一种关于制度变迁的理论是社会科学家面临的一个主要挑战，本书提供了这样一种理论所包含的一些要素，但肯定不是全部的”；“本书的理论框架与其他社会科学相交叉，并探索了作为制度变迁基本要素的政治组织与意识形态”；“本书是对制度变迁研究的继续，对制度变迁的研究始于 1971 年我与兰斯·戴维斯合著的《制度变迁与美国经济的增长》，以及 1973 年我与罗伯特·托马斯合著的《西方世界的兴起——一种新经济史》”（《经济史中的结构与变迁》，225 页）。时至今日，制度变迁理论已成为新经济史学派的一个标志性理论。

但它对经济变动的解释力有可能成为永恒的话题。

一、什么是制度

制度可以是社会属性的体系，也可以是秩序属性的规则。前者如资本主义制度、封建宗法制度，后者如工作制度、财政制度。阿兰·格鲁奇说：“‘制度’这个概念，可用于许多不同的方面。各种类型的制度，都具有规则性、系统性或规律性的共同特点。”①

中国古代所说的“制度”是指律令，如“施行制度，以此设教，违令有罪则入律”②；“凡律以正刑定罪，令以设范立制”③。在这里，“范”主要按“模”来理解，因此制度和规范同义；“令”也就是制度、规范，而“立制”等同“设范”“设教”④。也可以说，“令”是导行做事的规则，“律”是量刑定罪的尺度。“令”⑤ 教导在先，“律”惩罚在后。

“律”与“令”的分工可能开始于曹魏编修新律，西晋时已实现了这一转变。西晋开始立法时就明确了“律以正罪名，令以

① ［美］阿兰·格鲁奇. 比较经济制度. 北京：中国社会科学出版社，1985：5-7.

② 《晋书·刑法志》。

③ 《唐六典·刑部》。

④ 统治者将“德主刑辅”作为法制的指导思想，于是教化和刑罚就成为配套措施。这种指导思想反映出，刑罚是辅助教化的。又有“明刑弼教”，它出自“明于五刑，以弼五教，期于予治”（《尚书·大禹谟》）。唐代的解释是“德礼为政教之本，刑罚为政教之用”（《唐律疏议·序》）。宋代以后多将《尚书》中的这段话附于“德主刑辅”之后，其着眼点是“大德小刑”和“先教后刑”。朱熹有意提高了礼刑关系中“刑”的地位。朱元璋为推行“重典治国”，从古代典籍中翻检出了“明刑弼教”一语，作为明代立法和司法活动的主要原则。丘浚给予“明刑弼教”以创新阐释。

⑤ 不直接规定刑罚的、制度性的法律称之为“令”。“令”为“领”的本字，原指人的脖颈，派生出引导、带领、指挥等词义。这种法律具有正面引导的意义，具体要求人们应该如何去做或者不这么做。

存事制”[①] 的原则，将所有定罪量刑的法律都归纳于“律”，而将“施行制度、以此设教”的积极性、正面性的法规编入令典。

先秦，商鞅主“法”，申不害主“术”，慎到主“势”，韩非把法、术、势三派有机地结合了起来。

笔者认为：①“法”为法则、制度。从正式制度的角度说，“法”是法律，作为裁判标准；“法”是法规、规章制度，作为行为标准，若违反，则作为判断标准。从非正式制度的角度说，“法”是约定俗成、习俗、习惯，作为行为标准，若违反，则作为判断标准。②“术”为方法、技术、技巧。所做的一切，无非都是让人们在现实中真正按行为标准来从事各项活动。③“势”为权力。要想让“术”发挥有效的功能，让“法”发挥实际的效力，就必须借助一定的权力。我们也可以认为，“势”相当于管理，从而相当于管理权。如果“势”为对秩序的管理，那么就有“术”为对秩序的管理方法，“法”为符合秩序的行为标准。

可以说，法、术、势、三者综合这四点是中国传统制度意识的源头。

二、法制下“看不见的手”

市场经济是法制经济。乍一看，价格和竞争是市场经济的核心。然而，进一步观察，价格要有序（如不能哄抬物价），竞争要有序（如合法竞争），所以要有规则来维护市场秩序。规则需要执行，但现实中，有人会执行，有人可能不执行。这就需要监督，依

① 参见杜预的《律序》和李昉等的《太平御览》。这是我国法律史上明确区分律（刑法制度）、令（规章制度）最早的定义，晋律的制定正是依据这一原则，它使晋律较之汉魏旧律的界限更加分明、体系更加完备。

据规则认定不执行者的违规行为。

有市场空间的存在，相应地就有市场环境的存在。市场环境的理想状态应当是文明状态。毫无疑问，人类文明的进化包括市场文明。而市场文明的实现，依赖于“用制度保护市场环境”。这明确地告诉我们，必须要有市场文明制度。当然，市场文明和市场文明制度都不是天生就存在的。市场文明需要我们来建设，市场文明制度需要我们来建立。此外，市场文明制度还应该是一个体系，即“系统完备、科学规范、运行有效的制度体系”①，它包括“公平开放透明的市场规则”“法治化营商环境”“依法平等进入”的“统一的市场准入制度”“优胜劣汰市场化退出机制”“主要由市场决定价格的机制”“主要由市场决定技术创新项目和经费分配、评价成果的机制”等。② 总之，保证市场文明的市场秩序必定有以下特征：市场规则是公平规则，市场监管是依法监管，市场竞争是公平竞争、有序竞争，市场价格是“主要由市场决定价格”。

由亚当·斯密所代表的传统政治经济学偏好“看不见的手”，他们认为市场经济始终存在着一种自然力，譬如以竞争表现出来，通过自由竞争，价格达到均衡，从而供需达到均衡，即市场出清。显然，这里说的“竞争”，如同牛顿力学中无摩擦力的物体运动，它存在于真空状态，属于“黑板说教”③，并非实在现象。竞争要有充分自由，但充分自由不等于可以违法。竞争要合法，因而有法制下的竞争。“看不见的手”就是竞争，因而有法制下的“看不见的手”。

逻辑推理告诉我们，供需均衡来自价格均衡，价格均衡来自合

①② 《中共中央关于全面深化改革若干重大问题的决定》，2013-11-15。

③ 科斯在1991年获颁诺贝尔经济学奖时所作演讲中提道，“经济学家所研究的是一个存在于他们心目中的而不是现实中的经济体系，企业和市场似乎都有名无实。我曾把这种现象称之为‘黑板经济学’（blackboard economics）”（《论经济学和经济学家》，5页）。

法竞争，合法竞争来自有效监督。这说明竞争和监督是价格达到均衡的双保证。由此可以说，价格、竞争和监督是市场经济的核心。

诚信是大众意识或公民意识，归入意识形态，不属于正式制度。然而，即便是完美的法制，也需要有相关的意识形态来配套。我们不妨设想，如果一个社会都不讲诚信，市场上全是违规经销，那么“法不责众”也就成了法制的软肋[①]，而法制无奈下的“看不见的手”必然变异为非法争斗。这可以叫作无法制下的“看不见的手”，其内涵中的合法竞争被非法争斗取代了。

所以，罗纳德·科斯说，必须关注“法律体系对经济体系运行所产生的影响”，也就是“在分析经济体系运行时，需要考虑其他社会体系（尤其是法律体系）的影响”[②]。

三、制度与技术变迁互动

在制度学派问世之前，欧美学界就有人提出了“制度变革”的主张，如英国学者约翰·勃雷特别指出，“要计拟和建立一个具有

① 美国法学家哈罗德·J. 伯尔曼（Harold J. Berman）曾说过：“法律必须被信仰，否则它将形同虚设”。它出自伯尔曼的代表作《法律与宗教》，即伯尔曼 1971 年在波士顿大学的讲演集。这句话意在表达信仰与法律的互动。伯尔曼的著作还有《法律与革命》《契约法一般原则的宗教渊源：一个历史的视角》。当然，也有人认为伯尔曼的语境更贴近理想主义，并反问：如果人们对法律不是惧怕和利用，而是信仰，那就已经不需要强制性了，而没有强制性就不是法律了。也有人说，法律只能让人知罪，却不能使人行善，何况，法律是社会对个人行为的最低容忍界限。也有人认为，伯尔曼的话应更正为“建立在正确信仰基础上的法律应当被信仰”。在这里，我只想结合我提到的“法不责众”是法制的软肋这一点来作个说明：伯尔曼说这话时有它具体的社会环境，当时西方社会的法律正在失去原有的神圣性，因此，只有让法律抵达人心，只有在全社会高度弘扬法制精神，法制方能“形神兼具”。实际上，伯尔曼说的不被信仰的法律形同虚设，与我说的“法不责众”是法制的软肋，两者要表达的应当是同一个意思。

② ［美］罗纳德·H. 科斯. 论经济学和经济学家. 上海：上海人民出版社，格致出版社，2010：44.

我们所考虑过的必要特征而且还能产生我们所要求的良好结果的一种社会制度，不管是从人的本性和能力去看，或者是从现在的制度去看，明明是有可能的”[①]。在勃雷看来，“制度变革中所存在着的困难”主要是涉及社会各部分人的不同利益，可以考虑既“不打乱社会秩序”，又“会使劳动阶级觉得必须改革制度”这种“折中的社会改革”[②]。

技术实质上是既定的一种物质力，通常将它划归工具范畴，所以技术的本质就是工业。生产力是人力和物力的结合[③]，也可以认为生产力是人和技术的结合。

我们不仅需要把“技术是物质生产力”与“技术革命的根本意义在于引起生产方式和生产关系的革命”“技术的社会生产力价值”合在一起思考，还需要把“技术的资本价值”与“劳动价值”联系起来思考。

一方面，我们应注意，物理知识（学术兴趣—献身科学）→技术创新[④]（发明兴趣—献身科学）→投资应用[⑤]（利润吸引[⑥]—制度保障、投资环境）。也就是说，致力于为物理学增添新知识，有可能来自学术兴趣，体现出对科学的一种献身精神；致力于技术创新，有可能来自发明兴趣，同样体现出对科学的一种献身精神；致力于将技术发明转化为实际应用的投资，有可能来自利润的吸引，这需要有必要的制度保障和适当的投资环境。另一方面，我们应注

① ［英］约翰·勃雷. 对劳动的迫害及其救治方案. 北京：商务印书馆，1997：129.

② 同上书，145页。

③ 用力学的力的合成和分解的平行四边形法则，可以直观地说明这个问题。参阅陈勇勤. 中国经济史. 北京：中国人民大学出版社，2012：15，图1-9.

④ 创新所拥有的产权，明显是和制度有直接联系的。“创新可以被别人无代价地模仿，而发明创造者得不到任何报酬”，“不能在创新方面建立一个系统的产权”，这是“技术变化迟缓的主要根源”（《经济史中的结构与变迁》，185页）。

⑤ “一个最具革命性的发明几乎要100年才能替代其前身”（《经济史中的结构与变迁》，184页）。

⑥ “发明除非能够增加利润，否则便不会被采用”（《经济史理论》，136页）。

意，技术变化（指在生产中采用新技术）与交易费用变化是两个问题，技术变化以制度保障为前提，交易费用变化以制度完善为前提。实际上，技术创新、技术变化都是以制度为前提。[①]

约瑟夫·熊彼特界定的创新概念，既有技术创新的含义又有制度创新的含义。而新熊彼特学派所指的创新只是技术创新。熊彼特技术创新模型把研究开发作为重点内容。S.C.索罗针对“资本化过程中的创新”，认为新思想的来源和以后阶段的实现及发展是创新成立的两个条件。学者有了基本一致的看法：技术对创新有一定影响，创新是经济发展的一个主要因素。

四、制度表现为管理力

如果说制度实际上是表现为管理力，那么就表明管理与制度有不可分割的内在联系。管理力的“力”必对应于“权”，这就是管理权。例如，“对吸纳人口多、经济实力强的镇，可赋予同人口和经济规模相适应的管理权”[②]。

这又引出了权力与制度的问题。首先需要弄清楚的是，权力不同于权利。就权利而言，它原本是权力和利益的一种组合。公民权、法人权或产权属于依法行使的权力，管理权有可能是依法行使的权力，也有可能是依某个规则行使的权力。依法行使的权力和享受的利益结合在一起，构成依法能够享有的权利。此时，权利与义务相对，享有一定权利就要承担一定义务（责任）。就权力而言，它是指一种强制力或支配力，涉及管理上的强制力量、职责范围内的支配力量、法律责任范围内的支配力量等。职责权也属于一种管

① 这涉及技术创新和制度创新的关系。参阅陈勇勤．中国经济史．北京：中国人民大学出版社，2012：15，图1-8。

② 中共中央关于全面深化改革若干重大问题的决定．2013-11-15。

理权，它与管理权的区别在于，管理权对应的是管理，因此可以授予某个组织，也可以授予个人，而职责权对应的是职务，因此只能授予个人。

埃哈尔·费埃德伯格认为："在任何一个行动领域中，权力都可被定义为行动的诸种可能性的不均衡交换，也就是说，一群个体之间行为的可能性的不均衡交换和（或）集体行动者之间行为的可能性的不均衡交换。"① 有人在评论法国学者布尔迪厄的独特的"布尔迪厄社会学"时，谈道："对于布尔迪厄来说，权力实际上不是一个孤立的研究领域，而是位于所有社会生活的核心。而权力的成功实施需要合法化。"②

权力和私利是什么关系？利益既涉及私利，又必须是有一定限制条件的私利。也就是说，必须是不侵害公利的私利或合法的私利，而不是侵害公利的私利或非法的私利。另外，争权夺利形象地说明了权力与经济的关系。

与制度不可分割的管理，实质上是对关系的管理。③ 人群即社会，也就是说，社会要由人组成，而且是由一群人来组成，它是这一群人的生活共同体。人是存在，群是系统，群中人与人之间的交互行为显示着关系。人—群—交互行为（见图 1－1）这个框架说明，人群最基本的东西是存在和关系。

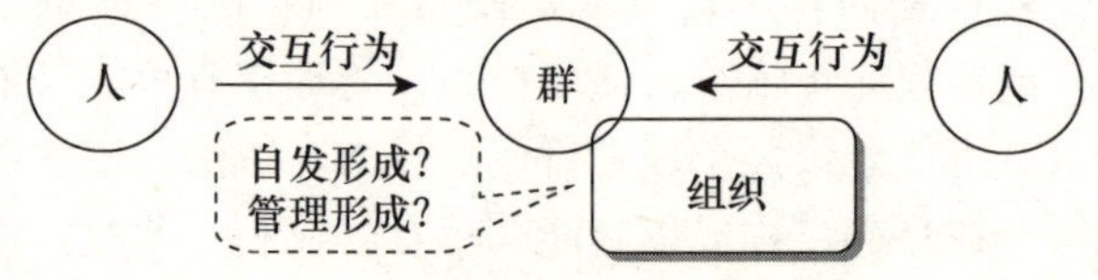

图 1－1　人—群—交互行为示意图

① ［法］埃哈尔·费埃德伯格．权力与规则．上海：上海人民出版社，2005：109－117.

② ［美］戴维·斯沃茨．文化与权力：布尔迪厄的社会学．上海：上海译文出版社，2006：7、11、87.

③ 陈勇勤．管理思维导论．北京：经济管理出版社，2000：12.

群可以看作人被组织在一起，因而群就是一种组织。管理可以看作一种组织活动。因此，群—组织属于名词，管理—组织属于动词。

管理上的组织活动需要以制度作为依据。

管理的绩效与制度的完善成正比。在这方面，成本价格可以作为量化的一个观测角度：

成本价格＝出厂价格＋交易费用

交易费用＝最低费用＋费用附加

制度越完善，则费用附加越趋近于零；制度越不完善，则费用附加越大。[①] 由此，有

制度→费用附加→交易费用→成本

罗纳德·H. 科斯在20世纪30年代初就已经意识到“使用定价机制是要花费成本的”，“谈判要进行、契约要签订、监督要开支、解决纠纷的安排要设立等等，这些费用就是所谓的交易成本”，“交易成本不仅影响契约安排，而且影响产品和服务的生产”，“商人在决定以什么方式开展业务和生产什么时，必须把交易成本考虑在内”。[②]

交易可变成本决定价格。假设企业生产q单位产品的成本函数为：

$$k(q,\varphi)=w_s f+\frac{q w_s^{\theta} w_u^{1-\theta}}{\varphi}$$

式中，φ为边际生产率；w_s为高技能员工的工资；w_u为低技能员工的工资；f为企业支付的固定成本；θ为生产过程的高技能员工密集程度。

令$p(v)$为产品种类v的销售价格，$w=w_s^{\theta} w_u^{1-\theta}$。假定无贸易可变成本，利润最大化原则要求的企业产品定价为：

$$p(v)=\frac{w}{a\varphi}$$

① 相关的提示，可参阅诺思的《经济史中的结构与变迁》中“译者的话”第5页。

② ［美］罗纳德·H. 科斯. 论经济学和经济学家. 上海：上海人民出版社，格致出版社，2010：8-9.

假定有贸易可变成本，用 τ 表示，利润最大化原则要求的企业产品定价为：

$$p(v)=\frac{\tau w}{\alpha\varphi}$$

诺思认为，对制度变迁具有重要影响的三大因素是产权、国家和意识形态。仔细考虑，产权归属法学，国家归属政治学或社会管理学，意识形态归属社会学或社会心理学。可见，它们都是经济学以外的学科。

在我看来，经济学可以划分为两个范畴：一是可计数经济范畴，是指参与经济活动的某些因子可以表示为数量形式，可通过数字来计量；二是非计数经济范畴，是指参与经济活动的某些因子不能表示为数量形式，不能或至少不能直接通过数字来计量。例如，生产工具、工人可以用数字计量，因此生产工具和工人列入可计数经济范畴；管理不能用数字计量，因此管理列入非计数经济范畴。

制度决定资源配置，制度减少资源稀缺程度。资源配置重点研究产前分配资源、产中资源组合和产后产品分配三大问题。减少资源稀缺程度重点研究最优市场网络规模，这又涉及组织效率、减少交易费用等。①

制度之所以存在，一方面要制定出“游戏规则”，比如经济政策；另一方面要有对“游戏规则”的执行，比如经济行为。缺少哪个方面，制度都是非实在的。此外，制度的正影响和负影响相对存在。

需要弄清楚行为与制度之间复杂的相互关系，譬如厘清心理因素对交易行为和制度的影响，其中就存在着约翰·康芒斯说的“如果制度经济学因此是意志的经济学，它就需要一种意志的心理学来配合它。这是交易心理”②。那么，对于“行为的服从性和自主性”

---

① 杨小凯，张永生. 新兴古典经济学和超边际分析. 北京：中国人民大学出版社，2000：40.

② ［美］约翰·康芒斯. 制度经济学：上册. 北京：商务印书馆，1997：111-112.

这个问题，在行为经济学的决策与行为中能够找到什么答案，在“蝴蝶效应经济学”的行为与结果（即“个人行为和总体结果之间复杂的相互关系”[①]）中就能够找到什么答案。

制度在现代化“国家治理体系”中的重要地位，从中共中央文件所提到的相关概念就可以领悟。[②]

“实现国家长治久安的制度保障”，关键在于“把权力关进制度笼子”“建立事权和支出责任相适应的制度”。[③] 在具体制度中，有两方面的制度需要特别关注：一是“健全完善与军队职能任务需求和国家政策制度创新相适应的军事人力资源政策制度”；二是“用制度保护生态环境”。[④]

---

① ［英］保罗·奥默罗德．蝴蝶效应经济学．北京：中信出版社，2006．

② （1）中国特色社会主义制度（对应于“制度自信”）；（2）社会主义民主政治制度，人民代表大会制度，政治协商制度，政协委员联络制度，民主党派中央直接向中共中央提出建议制度，决策咨询制度，民族区域自治制度，基层群众自治制度，企事业单位民主管理制度；（3）社会主义司法制度，司法管辖制度，审判委员会制度，法律顾问制度，法规、规章、规范性文件备案审查制度，司法人员分类管理制度，法官、检察官、人民警察职业保障制度，人民陪审员、人民监督员制度，人权司法保障制度，社区矫正制度，国家司法救助制度，法律援助制度，违法违规执法惩戒制度，涉法涉诉信访依法终结制度；（4）基本经济制度，现代产权制度，产权保护制度，国有资本经营预算制度，现代企业制度，职业经理人制度，企业破产制度，创新调查制度和创新报告制度，经济核算制度，现代财政制度，预算制度，税收制度，财政保障制度，耕地保护制度，农村宅基地制度，农业补贴制度，农业保险制度；（5）工资支付保障制度，企业工资集体协商制度，最低生活保障制度，养老保险制度，医疗保险制度，巨灾保险制度，存款保险制度；（6）生态文明制度，自然资源资产产权制度；（7）党建制度，党务、政务和各领域办事公开制度，责任追究制度；（8）院士退休退出制度；等等（《中共中央关于全面深化改革若干重大问题的决定》，2013-11-15）。

③④ 《中共中央关于全面深化改革若干重大问题的决定》，2013-11-15。

第 2 章 产业制度

从“需供管演进”假说出发，经济就是产业和政策。甚至可以说，有产业的存在才有经济的存在。产业置身于市场结构之中，企业行为和企业绩效总要涉及价格与效率、效率与利润等问题。

一、分工和产业

产业是分工的产物。社会分工有时又称劳动分工，针对的是分工现象，我们也常把它简短地称为分工。法国学者埃米尔·涂尔干在 1893 年写的《社会分工论》中指出：“尽管劳动分工并不是晚近的事实，但直到上个世纪末社会才开始认识到它的规律……不可否认，自古以来就有一些思想家看到

了分工的重要性。斯密就是分工理论最早的阐发者。……今天，分工现象已经家喻户晓、备受瞩目，我们再也不能对它在现代工业中的发展趋势闭目塞听。”在他看来，社会分工相当于“道德生活”，因为他说：“这本书是根据实证科学方法来考察道德生活事实的一个尝试。”①

从先秦时期人们对分工的认识，可以了解职业的大概情况。

（1）据《国语·齐语》记载，管仲以四民分业，划分出士、农、工、商四大职业。按他的观点，“四民者，勿使杂处”，“士之子恒为士”“农之子恒为农”“工之子恒为工”“商之子恒为商”。

（2）在《周礼》中记载了基本的八种职业：农，“耕事”；圃，“树事”；工，“材事”；商，“市事”；牧，“畜事”；嫔，“女事”；衡，“山事”；虞，“泽事”。

（3）按《墨子·非乐》的说法，王公、士大夫、农民、妇女各有分工。王公的“分事”是“听狱治政”；士大夫的“分事”是财政税收，“以实仓廪府库”；农民的“分事”是耕作，“多聚菽粟”；妇女的“分事”是纺织，“多治麻丝葛绪捆布缪”。

《史记·秦始皇本纪》中有一段话：“男乐其畴，女修其业，事各有序。惠被诸产，久并来田，莫不安所。”在这里，“产”指土地，“来”即莱，莱田指“爰田”制中的“三年一换土易居”②的休耕田。也就是说，农户有了土地就会安居乐业。上面所说的这个“业”，正是包括了男从事的“畴”和女从事的“业”。男“畴”女“业”就是男耕女织。从《周礼》的“农，耕事”“嫔，女事”，墨子的男“分事”耕作、女“分事”纺织，到秦始皇以“事各有序”认定的男“畴”女“业”，反映出男耕女织的家庭分工结构原本就包含了女性的就业。

---

① ［法］埃米尔·涂尔干．社会分工论．北京：三联书店，2000：1、6.
② 《公羊传·宣公十五年》，何休注。

二、重本抑末与本末并重

自先秦到明清，均把农业看作本业，把工商看作末业。

男耕女织所反映的是以耕织结合为特征的家庭生产。韩非有段话比较早地把它描述了出来，他说："古者丈夫不耕，草木之实足食也；妇人不织，禽兽之皮足衣也。"① 显然，丈夫与耕相关，妇人与织相关；前者为食，后者为衣。一家的吃穿要自己解决，因此耕织被称为本业，即《史记·商君列传》所记"僇力本业，耕织致粟帛多者复其身"。自管仲提出士、农、工、商四大职业划分后，除武士职业属于专门参与军事活动以外②，与经济活动直接相关的就是农、工、商三大产业。如果认为当时是把农业当作本业，那么对耕织的理解进一步引申，所谓耕织就是指农业。

在观念上认为工商业的重要性次于农业，并不等于轻视工商业，更不等于明确主张重农抑商。

首先，看西周时期的情况。

(1) 重农，同样重视工商业。《周礼·天宫》记载的"以九职任万民"，就是划分了九种职业。其中，"生九谷"的粮农、"毓草木"的果农、"作山泽之材"的林农和"养蕃鸟兽"的牧农，相当于广义的农业。粮农在当时称"三农"，是指在平原旱田、山区坡田和水乡水田三种不同的地理环境中生产粮食的农民职业，这是狭义的农业。广义的农业被列为九种职业的前四项，说明西周时代对农业的重视。手工业当时称"百工"，商业当时称"商贾"，它们分

① 《韩非子·五蠹》。

② 士的含义在早期是指文武兼备之人，只不过偏重于武。所以在春秋时期，士还主要指武士。到战国时期，出现了专门的文士，而后士被专用于指文士，又称文人、知识分子。在科举时代，武科和文科同时存在，说明社会恢复了对习武也是一种知识的承认，于是也给予相应的功名，如武举等。

别被列为九种职业的第五项和第六项。

(2) 布帛是商品，也是纳贡品。《诗经·卫风·氓》提到“氓之蚩蚩，抱布贸丝”，反映出布和丝已成为一种商品。《礼记·王制》规定“布帛精粗不中数，幅广狭不中量，不粥于市”，反映出由国家管理的市场对布帛的质（精粗）和量（幅度）有统一要求。再看《周礼·地官·闾师》记载的国家对贡赋的规定，有“任农以耕事，贡九谷；……任嫔以女事，贡布帛”。可见，布帛在西周已成为一个税种。正因为布帛属于国家对民间规定的一项纳贡品，所以对布帛质量的统一要求，就是财政从支出方面考虑可以统一使用。在这里，我们又有一个问题，“贡布帛”的嫔与“贡九谷”的农是否有内在联系？如果两者有内在联系，那么“耕”和“织”在这时候就已经结合在农户家庭中。而从对布帛质量的统一要求看，市场上的布帛显然是分散制造出来的，也就是分散制造才会造成质量上的不统一。所以，布帛实际上还是来自分散的家庭。

其次，看春秋战国时期的情况。

《墨子·非命下》提到，“农夫之所以蚤出暮入，强乎耕稼树艺……而不敢怠倦者，何也？……妇人之所以夙兴夜寐，强乎纺绩织纴……而不敢怠倦者，何也？……农夫怠乎耕稼树艺，妇人怠乎纺绩织纴，则我以为天下衣食之财，将必不足矣”。又提到，丈夫从事耕稼树艺，妇人从事纺绩织纴。以上所言已经点出，在一个农户家庭中，男子耕作、女子纺织所创造的财富，解决了一家以及社会的吃饭穿衣问题。撇开具体的某一家农户不谈，就全部农户来说，可见必然有些家庭的农产品、纺织品要流入市场，否则那些既不耕作，又不纺织的人吃什么？穿什么？《管子·国蓄篇》说，“谷贱则以币予食，布帛贱则以币予衣”。它的本意是货币使用包含轻重原理，即“物之轻重……贵贱可调”，但我们还可以从另一个角度看，就是一部分农产品、纺织品确实已被拿到市场上用于交换。

《孟子·梁惠王上》记载：“五亩之宅，树之以桑，五十者可以衣帛矣。”由于桑和帛有必然联系，因而农户产业中的农业和家庭手工业也就联系在一起了。《孟子·滕文公上》记载，孟子曰："许子必种粟而后食乎?"曰："然。""许子必织布而后衣乎?"曰："否，许子衣褐。""许子冠乎?"曰："冠。""奚冠?"曰："冠素。"曰："自织之与?"曰："否，以粟易之。"曰："许子奚为不自织?"曰："害于耕。"从这里可以看出，通常一个农户是自种自食、自织自衣，但有些农户单纯种地，并不从事织布，因而需要用农产品去交换纺织品。

荀况明确改变了管仲对士、农、工、商四大职业划分的次序，提出"农农、士士、工工、商商"，即四大职业的次序为农、士、工、商。它反映出两层意思：一是农业被排在首位，呼吁农的社会地位应高于士的社会地位；二是职业不能搞世袭，职业身份不应事前既定，而应当事后认定，也就是从事哪种职业不是天生的，只有从事某种职业后才能具有该职业身份。为什么农业要排在首位？按《荀子·富国》的解释，"士大夫众则国贫，工商众则国贫。……故田野县鄙者，财之本也"。士大夫多了，从事工商业的人多了，都会造成国家的贫穷。只有农民才是创造财富的根本，所以农业是国富的首要条件。达到国富需要采取各种相应的措施，其中之一是"无夺农时"。国家富裕也要农民富裕，民富的关键是内在的"务其业"和外在的"勿夺其时"。[①]

韩非同样谈到国富和民富怎样才能达到富这个问题。"富国以农"，即发展农业是国家致富的根本；"不能辟草生粟而劝贷施赏赐，不能为富民者也"，即"辟草生粟"是农民致富的根本。[②] 有重农这个前提，韩非针对产业经济提出了本末论，认为农为本，工商为末。[③] 他还指出："明王治国之政，使其商工游食之民少而名

---

① 对于达到国富需要采取的各种相应措施，《荀子·富国》指出，"轻田野之税，平关市之征，省商贾之数，罕兴力役，无夺农时，如是，则国富矣"。对于民富，《荀子·大略》指出，"家五百宅，百亩田，务其业而勿夺其时，所以富之也"。

② 《韩非子·五蠹》及《韩非子·八说》。

③ 《韩非子·诡使》说，"仓廪之所以实者，耕农之本务也，而綦组、锦绣、刻画为末作富者"。

卑。”所谓名卑，就是从国家角度让从事工商的人处于低贱的社会地位，被人瞧不起。

关于管子的耕战概念和商鞅的农战概念，胡寄窗把“战”解释为战争。《管子·禁藏》说：“耕器具则战器备，衣事习则功战巧矣”。胡寄窗认为管子主张耕战，主要是讲寓兵于农。我们知道，管仲的四民分业定居论明确强调士、农、工、商各有其定居区域，而士又主要指武士，他们是兵的主要来源。显然，这和寓兵于农自相矛盾。实际上，“类似于战争”和“战争”明显为两个问题。也就是说，耕战、农战的“战”本意是指竞争，具体为经济上的竞争。竞争类似于战争，但竞争的经济争斗毕竟不是战争的军事争斗。所以笔者认为，耕战、农战都是指农业竞争，国家在农业竞争中获胜，自然就会带来“国兴”“国安”和“主尊”，这就是《商君书·农战》说的“国之所以兴者，农战也”“国待农战而安，主待农战而尊”。所以笔者认为，耕战、农战代表的是一种强国思想，即依靠农业达到经济力量的强大。当然，国家强大和国家富裕并没有本质上的区别，因而通常被统称国家富强。

三、师夷自强：中国工业化的开端

1. 工业化出现的思想基础

思想意识发生变化反映在“师夷长技以制夷”。请注意，它的落脚点在“制夷”上，就是要打败侵略我们的外敌。那么，怎样才能打败他们呢？首先，要“师夷长技”，也就是我们应该用他们的先进技术来打败他们。那么，我们学到并使用他们的先进技术，也就是我们自己同样强大起来了。这在当时用的一个词就叫“自强”。所以，我们也可以把洋务运动叫作“师夷自强”，并由此形成了影

响整个近代的自强思潮。

从魏源提出“师夷制夷”[1]，到洋务运动起步，将近20年。为什么“师夷”性质的工业化要这么长时间才出现?

19世纪60年代的安庆内军械所、苏州洋炮局、江南制造局、福州船政局和天津机器局，反映出中国的近代工业以军事工业为开端。最早出现的两家兵工厂，一家是湘军的，另一家是淮军的，时间在清政府镇压太平天国的后期。[2] 但是，多数兵工厂是出现在这次内战结束以后。从左宗棠指出建福州船政局是为了建立水师、加强海防来看[3]，中国近代工业显然是起步于军事自强。

2. 军事工业转向民用工业

官督商办的轮船招商局，初为“海运米石”。[4] 官办的基隆煤矿，供给福州船政局。官督商办的开平煤矿，供给轮船招商局。官督商办的漠河金矿，“重在边防，兼筹利国”。江南制造局设立炼钢厂是中国近代钢铁工业之始。官办的汉阳铁厂（即“湖北铁政局”）主要是为修筑芦汉铁路。[5] 大冶铁矿主要是供给汉阳铁厂。李鸿章说：“船炮机器之用，非铁不成，非煤不济。”这表明工业生产需要

① “仿钦天监用西洋历官之例，行取弥利坚（美国）、佛兰西（法国）、葡萄牙三国各遣头目一二人赴粤司造船局，而择内地巧匠精兵以传习之，如习天文之例，其有洋船、洋礮、火箭、火药，愿售者听。不惟以货易货，而且以货易船，易火器，准以艘械、火药抵茶叶、湖丝之税……西洋之长技，尽成中国之长技。”（《道光洋艘征抚记》）“其他国效顺之夷，如佛兰西、弥利坚，有愿售兵船于中国者矣。以彼长技御彼长技，此自古以夷攻夷之上策。”（《圣武记·军政篇》）

② 曾国藩和李鸿章分别在奏折中说，火轮船“可以剿发逆”，“设局铸造开花炮弹，以资攻剿”。

③ 闽浙总督左宗棠在奏折中说：“欲防海之害而收其利，非整理水师不可；欲整理水师，非设局监造轮船不可。”

④ 李鸿章在《试办招商轮船折》中说：“所有盈亏，全归商认，与官无涉。”名为商办，实为官督商办。

⑤ 湖广总督张之洞说：“铁路修造应尽量用中国材料与中国资本，故须大规模开采矿山，并建立炼铁厂。”他在奏折中说：“储铁宜急、勘路宜缓。”

原料和燃料。

采用官督商办这种经营方式，据郑观应说："全恃官力，则巨费难筹；兼集商资，则众擎易举。然全归商办，则土棍或至阻挠；兼倚官威，则吏役又多需索。必官督商办，各有责成。"①

在轻工业方面，官督商办的上海机器织布局，给予该局十年专利，即"十年以内，只准华商附股搭办，不准另行设局"。湖北织布官局和湖北织布局，初衷是"官为商倡"，结果"惟成本甚重，商股既不易集；库帑支绌，官本亦属难筹"。

3. 私人资本投资中国近代工业

19 世纪 60—70 年代私人资本创办的企业，主要是发昌机器厂、继昌隆缫丝厂、《汇报》馆印刷厂、贻来牟机器磨坊、巧明火柴厂等。投资人主要由买办、商人、华侨、官僚等构成。

4. 办洋务与财政支出

1899 年（清光绪二十五年），御史熙麟在一件奏折中谈道："近今之大费有三，曰军饷，曰洋务，曰息债。"据他估计："洋务则仍递增，而岁已约需两千余万。"由此推论，清末新政开始后的洋务开支必然进一步"递增"，有可能超过 3 000 万两。

马建忠在《重振海军论》中说："中国居亚洲之中，素称强大，物产之丰，人民之众，土地之广，文物之盛，不特中国自恃为富强，即海外各邦亦莫不以富强目中国。乃自通商以后，交涉以来，所谓富强者，竟不如泰西之远甚。于是谈时务者，或谓泰西重商战因富而致强，故中国而欲自强也宜先重商；或谓泰西重兵备因强而致富，故中国而欲谋富也宜先讲武。要知二者并行不背，不能偏

① 《盛世危言·开矿》。

倚。然以今日之时势论之，谋富之策固不可缓，而自强之策似更急于谋富。”①

1896 年，直隶总督王文韶、湖广总督张之洞奏请修筑卢汉铁路。1901 年《辛丑条约》签订后，卢汉铁路改名为京汉铁路。1906 年京汉铁路全线通车。卢汉铁路的总费用约 4 000 万两白银。兴办初期，“以商股难恃，请岁拨帑金二百万两以备路用，上如所请”②。按新政前的情况计算，财政上给卢汉铁路每年拨款 200 万两白银，在 2 000 万两洋务支出中占 1/10，可见修建铁路在清政府的洋务中具有重要位置。当时，人们已经指出：“以铁路为救国要图，凡所奏请，立予俞允。”③

在出现地方分权后，各省借口洋务开支，截留应上交中央的款项。“以‘洋务’两字为开支巨款之地”，“开支巨款，或三四百万，或数十万不等，各该督抚仅于兴办时自行奏明，办结后开单奏销，多半借口与洋人交涉，比内地情形迥殊，无凭造册”。④

四、工厂内迁：产业布局重大变化

1. 抗战前中国工业的布局

一般认为，中国的工业化是在 19 世纪 60 年代到 70 年代起步的。不过，按照张培刚的看法，“除了官办兵工厂外，1890 年以前中国几乎无大工业存在。……直到第一次世界大战开始时，中国才真正开始发生比较大规模的工业化。因为中国自从与列强接触以来，这是它第一次获得机会（虽然很短），趁着列强忙于战事，来

① 《皇朝经世文统编》，卷八十一。

②③ 《清史稿·交通志》。

④ 朱寿朋．光绪朝东华录．北京：中华书局，1958.

建立和发展自己的工业”①。就是说，大规模工业化的开始标志应该是通常所说的“民族资本主义发展的黄金时期”。

1945年，张培刚说：“中国的工业化已开始于三十年前，但就人民的生活水准提高而言，其效果实甚微小。”什么原因造成了这种结果？他只谈了经济原因，即对“国内幼稚工业”缺乏“必要的保护政策”，同时关卡壁垒和运输工具落后阻碍了商品和生产要素的自由流动。②

单纯从经济因素的角度来说，主要是受到缺少关税保护、关卡壁垒、运输工具落后三个因素的影响，致使近代中国的经济出现了不平衡发展，同时也造成工业布局不合理。工业布局不合理又具体表现为工厂大部分集中在沿海地区。确切地说，大多集中在东南沿海和沿江通商口岸一带，如纺织工业在沿海的工厂就占77%，面粉工业占62%，火柴工业占53%，酸碱工业（属于国防工业）全部在沿海地区。再以1937年的情况来说，据国民政府经济部的工厂统计，资本在1万元以上的工厂，全国有3 935家（不包括东北）。这些工厂基本集中在沿海和长江中下游地区。对于这些工厂的分布情况，就省份来说，大约有70%的工厂是集中在江苏、浙江、安徽三省；就城市来说，大约有60%的工厂是集中在上海、武汉、无锡、广州、天津五大城市。再就上海来说，全国3 935家工厂中有1 279家工厂在上海，占全国工厂总数的32.5%。而当时西南、西北各省总共才有237家工厂，占全国工厂总数的6%。

西南、西北地区主要是四川、云南、贵州、广西、湖南、陕西、甘肃七省（区）。237家工厂的分布情况是，四川有115家工

① 张培刚．农业与工业化：上卷．武汉：华中科技大学出版社，2002：191.

② 张培刚．农业与工业化：上卷．武汉：华中科技大学出版社，2002：191-193. 美国学者J.卜凯在20世纪20年代末30年代初提出一种看法，认为中国农产品价格低廉主要是因为“缺乏经济与便利之运输组织”。意思是说，某个区域内的农产品因为运不出去，运不到需要它的其他区域去，从而在原产地出现供大于求，这必然造成农产品价格低廉。不过，他最后要说的是，列强在中国建筑铁路，“对于农人的利益，良非浅鲜”（《中国农家经济》，17-18页）。

厂，占全国工厂总数的 2.9%；湖南有 55 家工厂，占全国工厂总数的 1.4%；云南有 42 家工厂，占全国工厂总数的 1.1%；陕西有 10 家工厂，占全国工厂总数的 0.25%；甘肃有 9 家工厂，占全国工厂总数的 0.23%；广西、贵州各有 3 家工厂，各占全国工厂总数的 0.08%。

西南、西北七省（区）被称为大后方。它的面积有 270 多万平方公里，人口约 1.5 亿，约占全国人口的 1/3。但是，这里的经济十分落后。1937 年以后，国统区主要在大后方，现在我们用 1938 年的国统区工业品产量与 1933 年的国统区工业品产量做个比较。以 1933 年为 100，则 1938 年主要工业品的产量为：煤 47%，电力 14%，水泥 5%，钢 3%，面粉 2%，棉纱 1%，碱 1%。很明显，比抗日战争前有相当大的减少。这些数字也反映出西部地区的工业生产在全国工业生产中处于一个极微弱的地位。

2. 民国二十九年一本资料书反映的工厂内迁运动

《抗战中的中国经济》是时事问题研究会在抗战三周年（1940 年）时编辑的“抗战的中国丛刊”中的第二本书，它的材料来自当时“国内一切公开的书籍、报纸和杂志”①。该书的第二篇“抗战中的工业”收集了有关沿海工厂迁移、内迁工厂的地区分布、西南地区和西北地区的工业发展等资料，为我们了解抗战爆发后工厂内迁运动提供了当时学者所做的一些数字性分析。下面通过《抗战中的中国经济》的一些资料，从沿海工厂迁移、内迁工厂的地区分布、西南地区和西北地区的工业发展这三个方面，对 1937—1940 年的工厂内迁运动做一个考察。

（1）沿海工厂迁移。把抗战爆发后的工厂内迁定名为“工厂内

① 时事问题研究会．“抗战的中国丛刊”之二——抗战中的中国经济．抗战书店，1940.

迁运动”[①]，主要因为它是由国民政府出面组织并且带有全局性的一次集体行动。通过当时的一些资料可以得知，1937 年 7 月 28 日国民政府决定由政府组织工厂内迁这个大规模的空间位移经济活动，8 月 11 日成立了“上海工厂迁移监督委员会”[②]，8 月 12 日厂方也成立了一个临时性的组织（应该是指“上海工厂联合迁移委员会”）。同年 9 月，“从国外回来”的资源委员会秘书长翁文灏提出并拟订了扩大迁厂计划。[③]“上海工厂迁移监督委员会”代表官方，“上海工厂联合迁移委员会”代表民间，这样就从两个层面对工厂内迁有了统一的计划和协调。实际上，当时政府还成立了一个“中央迁厂建设委员会”，用来协助各厂计划迁移，因为上海的工厂将要迁入的地区也必须有计划地安排，而且安置问题也需要事先与当地进行协商。只有这样，迁出和落户才能融为一体。翁文灏主持拟订的扩大迁厂计划突出了两点：①把工厂内迁所涉及的范围从上海一地扩大到东部沿海一带；②“迁向内地”的工厂，“由政府贷款，建设在指定的地方”[④]。在工厂内迁的大部分时间里，是工矿调整处负责审理有关发放贷款事宜。[⑤]

根据当时某些学者的评论，认为“政府及厂主对工厂迁移之无决心与做得太不够太不好”，由此造成了“迁移运动中的缺憾”。他

---

① 在当时，工厂内迁运动的说法有工厂迁移运动、工业大迁移、工厂内迁。

② 王方中的《民国经济史》(《中国经济通史》，837 页）说是 8 月 12 日，陈争平主编的《中国近代经济史》(《中国经济发展史》，2427 页）说是 8 月 10 日。我根据有关资料核实，准确的日期应该是 8 月 10 日，行政院第 324 次会议通过了资源委员会函送的“补助上海各工厂迁移内地工作”提案，并决定“由资源委员会、财政部、军政部、实业部组织监督委员会，以资源委员会为主办机关”。可见，这只是针对上海一地。8 月 11 日，资源委员会及有关机关派员成立“上海工厂迁移监督委员会”。8 月 12 日，迁移监督委员会又与上海各界厂方代表成立了“上海工厂联合迁移委员会”，具体负责上海工厂的内迁。

③④ 徐盈. 中国的工业//抗战中的中国经济. 抗战书店，1940：125.

⑤ 从“编者按：内迁各厂中有 135 个向工矿调整处贷了款”可以反映出来（《抗战中的中国经济》，126 页）。另外，工矿调整处是 1938 年 2 月 28 日由工矿调整委员会改组而成，仍隶属经济部，该部部长翁文灏兼任处长。3 月 4 日，工矿调整处正式接办工矿调整委员会及所属厂矿迁移监督委员会所办事宜。

们所举的事例如下：

> 以上海而论，上海之工业生产，占全国工业生产二分之一以上。大小工厂，据统计不下五千余家。沪战三月，迁移至内地的工厂不过一百五十二家，连同无锡、南京、镇江各地退出的工厂，亦不过二百几十家左右。这些工厂原指定武汉、长沙、重庆、梧州、南昌、株洲、昆明等处为目的地，但事实上，各厂家一时都集中武汉，待到了武汉以后，始发现征用土地、建造厂址均成问题，且武汉时遭敌机空袭，非理想的建厂地点，于是议计作第二次迁移。[①]

现在，有些学者也在讲："早在1937年初，鉴于日本帝国主义大规模进攻上海的危险日益增大，社会舆论就要求国民政府赶快内迁工厂，'如是，则战时人民生活资料，战地给养，不致感到缺乏，而固有的一点新式工业，不致完全破坏'。但国民政府置之不理。直到'七七'事变后，7月底资源委员会所属机器化学组才在一次会议上提出了内迁上海民营工厂的问题。"[②] 在这里，我想说一点，也许不能就这么简单地看问题。对原有工业布局的主体部分（如上海[③]）做空间上大幅度位移绝非轻而易举之事，起码要消耗经济领域两大部门的精力，这两个部门就是财政部门（支付迁移所需经费）和交通运输部门（具体完成两点间的位移）。战争发生的必然性与爆发时间的偶然性交织在一起，社会管理层在决策上出现犹豫是可以理解的，舆论与决策毕竟有本质区别。只要有舆论，政府就立即做出决策，恐怕它就不是理性的政府了。我们可以借用两个事例来说明：

---

① 千家驹．论第二期抗战的战时经济//抗战中的中国经济．抗战书店，1940：125-126.

② 赵德馨．中国经济通史：第9卷．长沙：湖南人民出版社，2002：837.

③ 前面引用的当时资料认为，上海的工业生产占全国工业生产的1/2以上。另据1937年国民政府实业部工厂登记统计的3 935家工厂中，上海一地就有1 235家，占总数的31%（《工商经济史料丛刊》，63页）。

前面引用的当时一位学者的议论倒是提示了另一个问题，厂主事实上也“对工厂迁移之无决心”。这些厂主主要是指民营企业的资产所有者，他们顾虑的自然是迁移将带来的经济损失。对于这一点，国民政府也看到了，于是相应地做出两件事：①为了使翁文灏主持拟订的扩大迁厂计划得以实施，军事委员会于 9 月中旬成立了工矿调整委员会，具体负责扩大工厂内迁范围这项工作，并由翁文灏兼任工矿调整委员会主任。11 月 14 日，在工矿调整委员会指导下成立了厂矿迁移监督委员会，具体负责上海与南京之间苏州、无锡、常州等地的工厂内迁。②为了吸引沿海地区的工厂内迁，政府公开向民营工业企业界承诺了抗战后的工业政策，即重工业归国营、轻工业归民营；抗战胜利后，日本赔偿的工厂设备照此原则归民营办理，并将一部分无偿分配给有关民营工厂以抵充战争中所受的损失。[①] 第二件事情表明，国民政府的工厂内迁方案在具体落实过程中毕竟是动员因素远远大于法令因素，也就是说，内迁对于民营企业根本不可能靠“强制执行”就可以解决问题。抗战爆发后尚且如此，抗战爆发前民营企业厂主们响应政府号召的概率必定是相当小。[②] 这样的话，抗战爆发前国民政府“对工厂迁移之无决心”，我们大概可以给出又一种合理的解释。

前面的事例进一步引出一个问题，就是当时沿海地区的中国资本企业中国家资本企业、私人资本企业各占多大的比重？国家资本企业绝对服从政府号令，像各兵工厂、军需厂的拆迁工作，分别由军政部兵工署、军需署负责进行，像由资源委员会统筹的国营厂矿的拆迁工作，就由资源委员会直接负责。在这里，我们还想得到的数字是，在内迁工厂的统计资料中，国家资本企业和私人资本企业各有多少家。我们可以参考的数据见表 2 - 1。

① 王方中. 中国民族资本主义的兴衰. 北京：高等教育出版社，1993：184.

② 只有在战争真正爆发后，很大一部分民营企业厂主的“意存侥幸，观望徘徊”的心态才能彻底消除。也只有在这时，他们才能认识到应该让企业连同全家老小一起去逃命。

表 2-1　　内迁工厂有关资料（1）

时间	到 1940 年 6 月底止①	截至 1940 年年底②	1938—1942 年③
数量	共计内迁厂矿 452 家，机器厂 181 家（最多）	经工矿调整委员会协助内迁的厂矿共计 448 家，若加上自动拆迁的工厂，共计 600 多家	共计 639 家，机器设备 12 万吨
属性	国营数、民营数不详	国营数、民营数不详	民营工厂

翁文灏的《一年来之经济建设》《抗战两年来的经济》等时文以及《新蜀报》1940 年 8 月 12 日的“社论”，提供了下面的资料④（见表 2-2）。

表 2-2　　内迁工厂有关资料（2）

时间	截至 1938 年 12 月	到 1939 年年底	到 1940 年 8 月上旬
数量	经政府协助，迁移内地的厂矿共计 341 家	从沿海、沿江各大城市中迁入内地的工厂共计 354 家	迁入西南内地的工厂此时已开工的达 500 家以上
属性	● 纺织厂机件 31 600 多吨 ● 机器五金厂机件 8 000 多吨 ● 煤矿机件 3 600 多吨 ● 陶瓷厂机件 3 400 多吨 ● 电器厂机件 3 300 多吨 ● 化工厂机件 2 200 多吨	● 其中 140 家属机械工业 ● 民营企业 民营电器企业迁入内地的有 21 家 民营化工企业迁入内地的有 46 家	

（2）内迁工厂的地区分布。内迁工厂在各地区的分布，按理是必须服从“建设在指定的地方”这个总体方案，因此它在一定程度上反映了国民政府对今后国家工业布局的思路。香港《工商日报》

① 赵德馨．中国经济通史：第 9 卷．长沙：湖南人民出版社，2002：839．

② 史全生．中华民国经济史．南京：江苏人民出版社，1989：426-427．陆仰渊，方庆秋．民国社会经济史．北京：中国经济出版社，1991：581．

③ 国民政府经济部于 1943 年统计。参阅赵德馨．中国经济通史：第 9 卷，长沙：湖南人民出版社，2002：839．

④ 时事问题研究会．抗战中的中国经济．抗战书店，1940：126-127．

1939 年 6 月 10 日有篇《国内工业向内南迁》提供了下面的资料[①]（见表 2－3）。

表 2－3　　内迁工厂有关资料（3）

时间厂数	到 1939 年 6 月上旬，迁移到川、滇、湘等省的工厂已有 300 多家
行业类别	采矿、电机、无线电、化学、罐头、陶瓷、玻璃、印刷文具、五金、纺织、皮革等
地区分布	四川 44%，湖南 39%，广西 6.9%，陕西 6.5%，云南 3.6%，贵州 3.6%

一年以后的情况，或者说抗战三年来的情况，我们需要利用其他资料做些补充[②]（见表 2－4）。

表 2－4　　内迁工厂有关资料（4）

时间厂数	截至 1940 年 6 月底，内迁厂矿共计 452 家
地区分布	四川 250 家，湖南 121 家，陕西 42 家，广西 25 家，其他省区 14 家

总之，迁入四川的工厂数量是最多的。到 1940 年时，迁入湖南的厂家数量还可以排在第二位，但到 1942 年年底时，就只有该省西部未沦陷地区可以接纳迁移厂矿；再到 1944 年 6 月 19 日长沙陷落，湘桂一带的内迁工厂不得不再次内迁。根据资料记载，这次内迁损失极为惨重。从湘桂内迁的器材 10 多万吨，到金城江（今广西河池）时只剩 5 000 吨，再到独山只剩 775 吨，到贵阳剩 720 吨。待日军进到独山时，遗留在金城江、都匀、独山的工业器材全部被夺或被毁。各厂周转资金都已耗尽。历时半年多，各厂到 1945 年春才陆续到达重庆，所余机器、物资已不足百分之一二。[③] 我们能把它说成国民政府的又一个决策失误吗？显然，这也不行。武汉、长沙的陷

① 时事问题研究会．抗战中的中国经济．抗战书店，1940：126－127．

② 赵德馨．中国经济通史：第 9 卷．长沙：湖南人民出版社，2002：839．

③ 王方中．中国民族资本主义的兴衰．北京：高等教育出版社，1993：144．

落都难以预测，否则重庆也应该考虑有可能陷落，因而将内迁工厂中的很大一部分集中在重庆也会成为问题。

(3) 西南地区和西北地区的工业发展。在这个时期，西部新出现的企业应该包括两类，即西迁工厂和投资新建的企业。在西南地区，“川滇黔三省为西南工业重心，自抗战以来，战区及其邻近地带民族工业之内迁及新建者，具蓬勃气象”。1939 年 8 月 29 日，《“中央”日报》刊登的资料，对“川滇黔三省新工业之资本在二万元以上者”统计出下面的一份数据表①（见表 2-5）。

表 2-5　　内迁工厂有关资料 (5)

业别	川	滇	黔	合计
木业	2	3	2	7
机器五金	61	1	5	67
运输工业	12	5	5	22
砖瓦玻璃	9	4	2	15
电气电料	25	1	5	31
化学工业	109	7	14	130
纺织业	21	4	4	29
制革	7	4	2	13
饮食烟草	85	7	4	96
造纸印刷	51	5	6	62
共计	382	41	49	472

据估计，这 472 家厂矿在当时后方的民族资本中，差不多占了三分之二。不过，“西南后方的厂矿，一般说来，资金都是较薄弱的”。到 1940 年 2 月底，“1 000 万元以上的公司，只有华西建设公司、华侨西南实业公司、中国兴业公司和大华实业公司 4 家”，“大多数的厂家都在 10 万至 20 万之间”。②

据 1938 年 12 月 15 日《申报》统计，西南的矿业在 1938 年

① 时事问题研究会. 抗战中的中国经济. 抗战书店，1940：130-131.

② 1940 年 3 月 11 日《新华日报》社论（《抗战中的中国经济》，130 页）。

1—10月底的情况可见表2-6①。

表2-6 内迁工厂有关资料（6）

核准开采新矿的地区分布（家）							
川	粤	桂	湘	赣	黔	鄂豫皖陕滇	共计
122	76	41	24	7	6	18	294

矿类别及各自数量（家）								
煤	金锡	锡	钨	铜	银	磁土	铅锌	硫黄石棉汞
126	51	52	21	12	9	7	6	5

另据1939年6月5日《申报》报道：①钨矿“为军械制造之必需品，世界产量甚少，惟中国独厚”，“产钨之处为江西、广东、湖南、广西、福建等省，尤以江西为最丰富，占全国产额百分之九十五以上，占世界总产额百分之三十六”。“产钨各省，均已成立钨业管理处，市价由管理处公布，统一输出，严禁走私”。②“铁为工业主要原料。中国产铁虽富，惟以尚无高热度熔铁炉，故熟铁产量，未能普遍供给。汉口未沦陷前，各地需要生铁，大多由汉口六河沟生铁公司供给。武汉放弃后，生铁来源，顿感缺乏。”

3. 工厂内迁的作用

工厂内迁的作用可以反映在两方面：一是内迁行动的作用；二是工厂本身的作用。

（1）内迁行动的作用。

第一，工厂内迁改变了西南地区工业落后的局面，并对西南地区的工业发展起到很大的推动作用。①改变了西南地区工业落后的局面。1937年的官方统计数字显示，西部七省（区）总共才有237家工厂，仅占当时全国工厂数的6%，而内迁的工厂数量达到了452家。②对西南地区的工业发展起到很大的推动作用。据当时

① 时事问题研究会. 抗战中的中国经济. 抗战书店，1940：132.

《经济导报》的统计报道，西南地区在抗战期间新开设的私营工厂数，1938 年为 182 家，1939 年为 346 家，1940 年为 406 家，1941 年为 738 家，1942 年为 1 077 家。截至 1942 年，新开设的私营工厂共计 2 749 家。据国民政府经济部统计处 1943 年的《后方工业概况统计》，大后方各省新开设的私营工厂到 1942 年总共有 3 082 家。另外，重庆这一个地点的变化更明显：抗战前，这里只有大小工厂 39 家，而到 1944 年已有工厂 1 500 多家。

第二，增加了内地工业的部门，增强了内地工业的发展实力，增强了内地工业的技术力量。①增加了内地工业的部门。以冶炼工业为例，在抗战前，西南、西北地区没有一家机器冶炼工厂；以纺织工业为例，在抗战前，四川省还没有一家纱厂。再以机器工业为例，1936 年西南、西北各省（区）总共只有 4 家机器厂。1942 年，大后方机器冶炼工厂已有 155 家，年产铁 96 000 吨，是 1933 年全国机器冶铁产量的 2.8 倍。1944 年，四川省纱厂的生产能力已占大后方纱厂总生产能力的 57.5%。1942 年，大后方机器工业已有 682 家机器厂，1945 年又增加到 903 家机器厂。②增强了内地工业的发展实力。内迁工厂大多是较大的工厂，其设备力量相对而言很强。这些工厂把精良的设备拆迁到内地，如电厂的电器设备，冶炼厂的炼钢设备，煤厂、水泥厂、造纸厂等工厂的机器设备，推动了大后方工业的发展。特别地，在内迁工厂中机械工厂占有最大的比重，机械工业被称为“工业之母”，大量机械工厂内迁，为大后方工业的发展提供了有利条件。以各类机床的生产为例，假设以 1939 年生产的各类机床指数为 100，则 1938 年为 8.76%；1940 年已增长到 277.59%。③增强了内地工业的技术力量。据资源委员会 1941 年的调查，内迁的工程技术人员有 2 万多人，技工有 12 000 多人。

第三，以内迁工厂为核心，形成了一些新工业区。例如，著名的永利化工厂在内迁后，选择四川的犍为，建成了一个新工业区，并起名叫“新塘沽”。又如，湖南的祁阳原来没有近代工业，经过内迁来的工厂四五年的经营，出现了从发电、采煤、炼钢铁，到制

造生产机器的联合企业，这样就在祁阳形成了一个新工业区。我们可以认为，犍为工业区、祁阳工业区都是内迁工厂创造出来的新生事物。

(2) 工厂本身的作用。内迁工厂对抗战期间军需物资和民用物资的生产起到一定作用，为抗战做出了贡献。

4. 大后方工业发展的环境条件

(1) 外来因素。与外国货物竞争的压力在很大程度上得到了减轻。由于日军的封锁，国际交通线几乎全部被切断，外国货物的输入已经非常困难。加上第二次世界大战爆发，欧洲主要资本主义国家都卷入战争，也没有能力再向中国市场倾销商品。抗战时期，西南地区外国货的来源渠道几乎断绝。从数据资料来看，1936 年中国进口值是 27 981 万美元，1938 年大幅减少到 8 639 万美元，而 1944 年只剩 1 733 万美元。再以四川为例，抗战前全省所消费的日用工业品有一半以上是依赖进口，1936 年进口总值达到 6 000 万美元；抗战发生后，进口总值立刻跌到一年只有几百万美元。由于进口的外国货物大量减少，因而这种情况当然有利于民族工业的发展。

工业生产的原料在很大程度上有了保障。国际交通线被切断还带来了另一个问题，就是中国的出口同样出现了困难。抗战前，西南地区的出口商品大多是经济作物和原料品，如桐油、生漆等。以四川为例，1936 年的出口总值为 5 500 多万美元，其中桐油、生漆等经济作物和原料品基本上占了 89%。抗战发生后，这些经济作物和原料品基本上外销不出去，从而给本地区工业的发展提供了充足的原料供应市场。

(2) 国内因素。

第一，市场有巨大需求。军用物资和民用物资的需求量大幅增

加，为民族工业的发展提供了销售市场。就军用物资来说，由于进行抗战，对军火、药品、交通工具、被服等的需要急剧增加。就民用物资来说，由于沦陷区人口大量迁移到大后方，增加了对工业品的需求。这些都促进了工业的发展。

第二，资金有独特来源。在工厂内迁和人口迁移的同时，还相应地引出了一个“资金内流”现象。内流资金主要来自后来变成沦陷区的沿海、沿江地区。可以这样说，资金从沿海、沿江地区大量内流，为西南地区发展工业提供了必要的资金来源。

第三，原料有充足供给。充足的原料在销售价格上也会产生一种廉价的趋势，这又使生产厂家有了进行低成本生产的可能性。当然，对于民用品的生产厂家来说，大销量和低成本都能给生产者带来丰厚的利润。所以，应该是在市场需求巨大和原料充足、廉价的双向作用下，为大后方工业的发展带来了高额利润。我们来看当时工业利润率的情况，如裕华纱厂 1938 年的利润率为 62%，1940 年达到 381%，平均每年利润率为 155.6%。高利润率必然会刺激投资，这也成为大后方工业迅速发展的一个重要原因。

第四，技术有内地精华。内迁工厂无论是在物力（设备）还是在人力（技术人员）方面都极大地增强了大后方的经济实力，这奠定了大后方发展工业的基础。实际上，除了工厂和人员内迁外，大量科技人员也转移到大后方。据国民政府 1940 年公布的《非常时期专门人员调查》统计，当时大后方的专门人员有 7 746 人。资源委员会编制的《中国工程师人员录》中，收录的人数有 2 万多人。大量科技力量和设备汇集西南，对大后方的工业发展起到很大的促进作用。

第五，发展有政策扶持。国民政府扶持工业发展的政策，也对大后方工业的发展起到一定的作用。这些扶持政策包括：①动员、鼓励和支持工厂内迁。新组成的上海工厂联合迁移委员会曾拨款 56 万元作为迁移补助费，并沿途通告对内迁工厂设备全部免税。政府还为迁移到内地的工厂征用建厂土地，对内迁工厂重建又给予

低息或免息贷款的支持。②鼓励资源开发，对原有工厂扩建、新建工厂都提供无息或低息贷款。③鼓励创造发明，扩大专利权。1912—1936年24年间的专利注册件数有257件，1938—1944年6年间大后方的专利注册件数有431件。

第六，获利有宏观因素。大后方工厂能够得到高利润，与宏观经济的一个现象也有直接关系。这个宏观经济现象就是通货膨胀相对缓和。抗战头几年，也就是1937年、1938年和1939年的通货膨胀并不明显，还处在相对缓和的阶段，主要表现在物价上涨的速度比较缓和。具体来说，我们看一下货币发行指数和物价指数。在这里，货币发行指数用“法币发行指数”代表，物价指数用“重庆物价指数”代表。以1937年6月为100，见表2-7中的数字以及相关说明：

表2-7

时间	法币发行指数	重庆物价指数	说明
1937年12月	117	98	物价指数没有超过货币发行指数
1938年12月	164	164	物价指数与货币发行指数相等，没有超过
1939年12月	305	355	物价指数超过货币发行指数，但超过幅度不大

因此，在通货膨胀相对缓和阶段，也可以说在物价相对稳定期间，工业品的价格也能有一定的提高。在这种情况下，工厂的生产利润增加了，而且许多内迁的工厂都非常赚钱。可见，通货膨胀相对缓和，也在一定程度上促进了大后方工业的发展。当然，准确地讲，这只是抗战头几年才有的一个宏观经济环境。综合来看，在大后方工业的高利润期间，工厂之所以能够获得高利润，既与低成本这个因素有关，也与通货膨胀相对缓和这个因素有关。

1937年11月16日，国民政府发表了迁都重庆的通告。12月1日，国民政府在重庆正式办公。1946年5月5日，国民政府还都

南京。国民政府从迁都重庆到迁出重庆期间的货币发行量和重庆物价的关系，见图2-1。

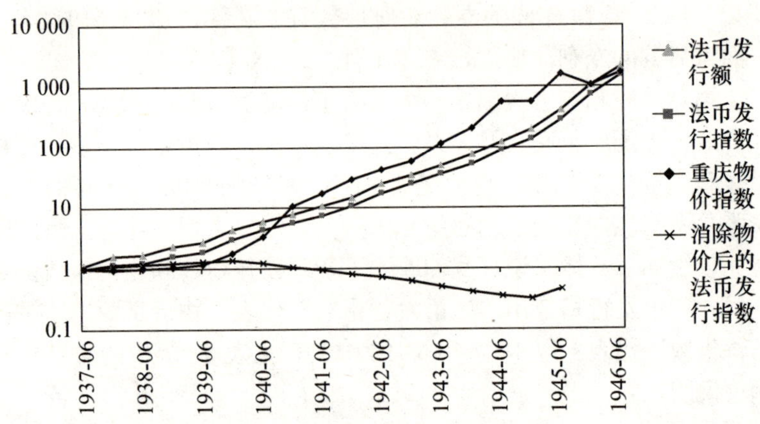

图2-1　1937年6月至1946年6月法币发行指数和重庆物价指数的变动趋势

从图2-1直观来看，重庆物价指数与货币发行指数之间呈正相关关系。对重庆物价指数和货币发行指数进行相关性检验，得到如下结果（见表2-8）：

表2-8

	重庆物价指数	法币发行指数
重庆物价指数	1	
法币发行指数	0.845 5	1

可见，两者之间的确存在着很强的相关关系。①

① 请注意，我们不能仅仅依靠数学模型和统计数据来了解经济史，因为历史往往面临着太多的外生冲击，很多时候仅仅依靠数据并不能说明问题。1945年12月物价出现短暂的下降就是一例，如果将抗战胜利这个外生冲击纳入数据统计区间而又不加以详细考察，即便计量能够得出令人满意的结果，但也不能说明全部问题。此外，使用费雪方程来探讨通货膨胀的原因，事实上只能看清一些直接原因，也就是数学模型能够很直观地展示事物之间的关系，但直接原因以外的东西，就不是数学模型能够揭示的。譬如货币发行量突然大量增加，其背后具有更深层的历史原因和必然因素，也许财政赤字是根本原因。

第3章 就业制度

约翰·凯恩斯在1936年说："对于我，历史地认为，最不寻常的事是对总体产量需求与供给理论也即就业理论的消失不见。以后，它已成为1/4世纪在经济学中讨论最多的问题。"① 要保持经济的总就业水平不变，就要考虑"各部门的就业构成和各地区的就业分配会受到什么影响"。沃西里·里昂惕夫注意到"最终需求结构的变动对劳动力在各部门之间的分配所产生的影响"，对此，他还"用投入产出分析估算"过。②

① ［英］约翰·凯恩斯．就业、利息和货币通论．西安：陕西人民出版社，2004：1．说"收入和产量相契合"（《就业、利息和货币通论》，"法文版序"，3页），也就是就业量和产量相对应，又表述为"产量，也即就业量"（《就业、利息和货币通论》，17页）。

② ［美］沃西里·里昂惕夫．投入产出经济学．北京：商务印书馆，2011：205．

一、人口与就业

1. 生产和资源

人要生活就要生产，要生产、生活就要消耗资源。生产涉及人口，实际上是生产供给滞后于人口供给。资源涉及人口，我们看到，人口繁殖可以无限增长，而自然资源终究存量有限。

马尔萨斯的人口理论认为，人口的生产和生产资料的生产要相互适应。[①] 穆勒认为，当人口增长速度超过生产增长速度时，必须限制人口。根据熊彼特的评论，马尔萨斯“没有提到土地报酬递减规律”，穆勒“把人口规律同土地报酬递减规律……放在一起”；对人口压力的预感，让穆勒表现出“对节制生育的明确无误的赞同”[②]。

熊彼特说：“1850 年以后，经济学家对人口问题的兴趣低落了……第一次世界大战以后，它实际上在炮声中又复活了。凯恩斯坚决主张，马尔萨斯提出的问题同以前一样十分重要。事实上，这一问题又重新摆在了人们面前，因为自然对于人类的努力所做出的反应已开始日益减少。”他还提到，也有人认为“生活水平的提高，会使人的行为合理化，从而出生率会降低”[③]。

诺思认为，“经济史的核心问题”是“人口与资源之间的压

---

① 这就是为什么凯恩斯在 1936 年说“最近一家值得称赞的企业代表东京国际经济集团再版了马尔萨斯的《政治经济学原理》作为东京系列再版书的第一卷，这鼓励我去想：一部著作宁愿从马尔萨斯而不从李嘉图来追溯它的家世，是至少可以在某些方面得到同情的”（《就业、利息和货币通论》，2 页）。

② ［美］约瑟夫·熊彼特. 经济分析史：第 2 卷. 北京：商务印书馆，1992：313.

③ 同上书，第 2 卷，314－317 页。

力”；对于“马尔萨斯的人口压力”，“克服这种压力，有时通过生理和社会的相应调整来实现，有时则通过能够改变资源基数的经济制度效率的改进来实现”[1]。用贝克尔的话说，出生率“部分地或主要地属于社会学领域”[2]。

2. 就业

人要生活就要有收入，要有收入就要就业。通过就业取得收入，它的思维模式来自“不劳动者不得食”的传统观念。

凯恩斯在《就业、利息和货币通论》中，对就业问题作了深入研究。他认为，在一定时期内，有效需求决定就业水平，失业是有效需求不足的直接结果。

中国的城市化关键在于如何解决就业。20 世纪 50 年代到 21 世纪初这半个世纪的基本情况可见图 3－3，我们在此基础上分析并得出了结论。

3. 劳动力市场引出的经济学思考

在现代社会，由于生产的自动化水平和资本有机构成的提高，以及价格不具有充分的弹性，致使劳动力的供给出现长边现象，即劳动力市场的供求关系出现了严重的不均衡状态。正如有人所说的，劳动力市场是否具有自动实现均衡的机制，社会是否能够实现充分就业，是关系到市场经济发展方向的重要理论问题。如果市场机制能够自动地实现均衡就业，自由竞争就顺理成章地成为经济发展与经济改革的终极目标。如果劳动力市场恢复均衡的功能受制，市场理所当然地需要外部力量的介入。

---

① ［美］道格拉斯・诺思．经济史中的结构与变迁．上海：上海人民出版社，1994：13-14.

② ［瑞典］理查德・斯威德伯格．经济学与社会学．北京：商务印书馆，2003：43.

国外学者提出了不同意见，其中有两种观点最受关注：一是通过财政扩张政策来扩大生产，从而实现充分就业；二是通过工资制度来降低工资水平，从而扩大就业量。

二、人力资源

单纯地对人口进行思考，似乎没有什么值得我们注意之处。但是，如果把人口和资源联系起来分析，那就是我们不得不去注意的了。相对于就业而言，如果缺少人力资源，会造成生产能力不足，这被看作劳动人口短缺；如果人力资源过剩，会引发失业，这被看作劳动人口过剩。可见，这是针对人力资源（即劳动人口），而不是针对人口。相对于自然资源而言，在规定一定比例标准的前提下，有时会出现人口过剩。这是针对人口，而不是针对人力资源。

1. 人口的双重作用

英国学者科尔和迪恩认为，“前工业社会长期经济波动的一个重要变量看来就是人口增长率。当人口增加时，人均产量就会出现下降；当人口下降时，人均产量就会上升”①。实际上，穆勒早就说过，“如果不实际限制人口，便无法阻止人类生活状况的普遍恶化。如果人口受到较严格的限制……虽然总产量不会大大增加，但按人口平均的产量却会提高”②。这也给我们一个提示，经济增长似乎应定义为人均产量提高，从而人口和经济增长有了直接关系。

---

① ［英］M. M. 波斯坦，H. J. 哈巴库克. 剑桥欧洲经济史：第6卷. 北京：经济科学出版社，2002：4-5.

② ［英］约·雷·穆勒. 政治经济学原理：上卷. 北京：商务印书馆，1991：219.

“如果一国的人口增长速度超过改良的速度……该国获取生活资料的条件就必然愈来愈不利；此时，如果人口的增长速度仍和以前一样，该国可以采用两个权宜之计来缓解这一矛盾。一个办法是从国外进口粮食，另一个办法是移民。”①

第一，对经济的促进效应。在社会生产缺乏劳动人口的情况下，人口增加将带来人力资源增加，从而带来产量增加。譬如，汉初“大侯不过万家，小者五六百户”，文景时“列侯大者至三四万户，小国自倍，富厚如之”②，户口迅速繁息。景帝末年至武帝即位之初，国库充裕，“京师之钱累百巨万……太仓之粟陈陈相因，充溢露积于外”，“民则人给家足”③。

第二，对经济的促退效应。在人口减少过程中，人力资源减少，从而带来产量减少。另一种情况是，人口增加到超过人口与自然资源、资本资源的一定比率，就会出现“人满为患”的社会问题。譬如，汉武帝“征伐四夷，师出三十余年，天下户口减半”，“功费愈甚，天下虚耗”，“百姓或短褐不完……黎民或糟糠不接”④。又如，宋代的苏轼认为，人口“以多为患”“无益于富”⑤。这和“人众而不理，命曰人满”⑥ 有同理。多、众之患在于“不理”，也就是人口和财货的比例失调，即韩非说的“人民众而财货寡，事力劳而供养薄，故民争”⑦。当人口多到成为社会的负担，

① ［英］约・雷・穆勒．政治经济学原理：上卷．北京：商务印书馆，1991：220．关于“改良的速度”，穆勒说：“改良在此处必须从广义上去理解，不仅包括新的工业发明，或原有发明的推广应用，还包括制度、教育、舆论以及一切人类事务上的改进，只要给予了生产新的刺激或新的便利，就应包括在内。”关于“移民”，这一点很重要，英国正是因为有两次大移民缓解了本土的人口增长压力：一次是移民北美洲，即重点是移民美国。另一次是移民澳洲，即重点是移民澳大利亚。而中国向东南亚的移民并不是很多，所以中国的人口增长压力一直很大。

② 《汉书・高惠高后孝文功臣表》，序。

③ 《史记・平准书》。

④ 《汉书・昭帝纪》，《汉书・食货志》，《盐铁论・散不足》。

⑤ 《苏东坡集・策问》。

⑥ 《管子・霸言》。

⑦ 《韩非子・五蠹》。

势必对经济起一种促退作用，此时“民争”将引致天灾人祸，就像清代洪亮吉说的“水旱疾疫，即天地调剂之法也”[①]，亦即英国马尔萨斯说的“积极的抑制”人口的方式有饥荒、瘟疫、战争等。[②]

2. 针对“人满”的生产发展和人口质量

从康熙年间到乾嘉时期的人口迅速增长。这一时期对人口问题的评论，以洪亮吉的观点最为著名。他认为人口过剩，即“言其户口，则视三十年以前增五倍焉，视六十年以前增十倍焉，视百年、百数十年以前不啻增二十倍焉”；但“天地调剂之法”和“君相调剂之法”只能缓解人口过剩，并不能从根本上解决问题。[③] 如果无法解决人口过剩，整个社会将不能长治久安。这个观点是中国传统社会人口论的一个典型代表。

当历史进入 20 世纪后，对于中国人口问题的争论渐渐泛起，形成了观点截然相反的两大争论派别。一派认为中国人口不足，主张必须加速增长人口，以抵抗外国的侵略。另一派认为中国人口过剩，必须实行人口控制，解决国内因人口压力造成的种种社会问题。

中国人口不足论者以孙中山为代表，他认为：“到一百年以后，如果我们的人口不增加，他们的人口增加到很多，他们便用多数来征服少数，一定要吞并中国人口。到了那个时候，中国不但是失去主权，要亡国，中国人并且要被他们民族所消化，要来灭种。”[④]

---

① 《意言·治平篇》。

② 马尔萨斯之前的罗伯特·华莱士（1679—1771 年）在《纵谈未来》中认为，共产主义共和国开始时虽能消灭贫困，但最终会因人口过剩而失败。马尔萨斯引用了富兰克林的话来说明“积极的抑制”的原理所在，“对于植物或动物的繁殖天性，除了它们的拥挤和它们在生活资料方面的相互干扰之外，是没有任何其他约束力量的”（《人口原理》，1-2 页）。

③ 参阅《洪北江遗集·意言》中的“治平篇”“生计篇”。

④ 孙中山. 三民主义·民族主义//孙中山全集：第 9 卷. 北京：中华书局，1986.

孙中山是将人口作为防止亡国灭种的最有效武器。

梁启超认为中国的人口密度远不及欧洲的英、法等国，而且中国还有广大地区没有开发利用，“乌在其为人满也”①。梁启超提出人口压力可以通过发展生产来解决。实际上，这是当时一种较为流行的观点。

相反，中国许多社会学家和人口学家深受马尔萨斯理论的影响，赞同人口过剩论，他们认为中国社会所发生的种种苦难——极端贫困、疾病流行、高死亡率、内乱、犯罪、饥荒、自然灾害甚至革命等都可以归因于人口过剩。②

3. 计划生育和放开二胎

20世纪30年代末40年代初，费孝通在谈到“社会完整”与有“社会的新陈代谢作用”的生育制度时，说道：社会结构“要完整才能发生常态的作用”，“社会结构的完整”需要“新人物的供给”③，即“社会结构是有一定的人口容量”。接着这个话题，费孝通继续谈了“社会容量和人口”④。他又把问题集中到人口政策、社会容量和人口、社会结构的附属外围、继替这四个方面。⑤

如果说计划生育在很大程度上是考虑社会容量，那么放开二胎主要是针对人口老龄化。这正是费孝通说的，人口过多会“出毛病”，人口过少也会“出毛病”，因为“人手不够，社会事业发生停滞”。

这也是为什么今天中国政府特别强调“积极应对人口老龄化”，

---

① 梁启超. 《史记·货殖列传》今义//饮冰室合集·文集二. 北京：中华书局，1989.

② 陈长蘅. 中国人口论. 北京：商务印书馆，1928；许仕廉. 人口论纲要. 上海：中华书局，1935；乔启明. 中国农村社会经济学. 上海：商务印书馆，1946.

③ 费孝通. 生育制度. 北京：商务印书馆，1999：57-60.

④ 同上书，177-181页。

⑤ 同上书，179-182页。

而且“启动实施”新的“可生育两个孩子的政策”，还提出并承诺“逐步调整完善生育政策，促进人口长期均衡发展”。①

不过，中国始终存在着一个现实问题。计划生育实际上只“计划”了城市中相对高素质的人的“生育”，却不能“计划”农村中相对低素质的人的“生育”。其结果是全国总人口中相对低素质的人所占比例相对增加，相对高素质的人所占比例相对减少。② 也就是说，相对于新中国没有实行“一胎政策”的那个时期而言，实行“一胎政策”的这个时期的国民整体素质呈下降趋势。

以政策为导向的晚婚、节育，以政策来强制实行的一胎，以政策又放开的二胎，从这个波动的政策轨迹显示出，实际上生育在很大程度上已经取决于政策。换言之，政策已经把生育纳入社会管理的范畴。③

“生育政策”可以是“计划生育”，计划生育可以作为“基本国策”。当然，“生育政策”也可以“逐步调整完善”。④

所以，生育归根结底是一种制度，即生育制度。费孝通所要揭

---

① 《中共中央关于全面深化改革若干重大问题的决定》，2013-11-15。

② 户籍制度和计划生育政策双重作用下的托达罗模型显示了中国使得农村劳动力流动困难的计划生育政策，即通过这个模型可以讨论中国的城市化和劳动力或人口流动问题。“自1979年开始严格实行的计划生育政策，基本内容是城市夫妇只能生育一个孩子，农村夫妇可以生育两个孩子。这造成了两个问题：第一，本来人口相对少的城市人口自然增加缓慢，而人口较多的农村人口增加较快。这使得中国的城市化进程大受影响，现在仅为52%（按照常住人口计算，如果按照户籍人口统计只有35%）。第二，农村本来就相对贫穷，不仅缺医少药，而且教育和社会发达程度都很低，大部分儿童出生在农村，严重影响了这些人的健康成长。更为重要的是，如果城市化是一个必然趋势，那么这些生长在农村的年轻劳动力就不可避免地到城市打工，而且不能获得城市的户籍，这就加大了中国非正规部门的就业队伍。”（《发展经济学——中国经济发展》，173-174页）

③ “一胎政策”实行了有三十多年，它基本上改变了1980年后出生的城市女性的生育观念，不愿意再生育第二个孩子的城市女性占了受访者人数至少50%以上的比重［顾宝昌. 生育意愿、生育行为和生育水平. 人口研究，2011（2）］。实际上，这反映出一个根本性问题，养育孩子已成为一个沉重的经济负担和超负荷的精力耗费。这个社会问题的坏后果，会在不久的将来显现出来。

④ 《中共中央关于全面深化改革若干重大问题的决定》，2013-11-15。

示的正是这一点。

三、经济增长与人口、就业

1. 经济发展与经济增长

经济发展包括经济增长，还包括社会制度、人口素质、经济结构等许多方面的优化。[①] 经济增长关系到经济发展，并直接涉及人民生活水平。经济增长的衡量指标通常有：与价格变动相关的名义国内生产总值或名义国民收入，与不变价格相关的实际国内生产总值或实际国民收入，与人口增长相关的人均国内生产总值或人均国民收入。

从人作为生产者的角度来说，国内生产总值可以认为是就业的产物。从人作为消费者的角度来说，国民收入必然关系到消费，从而影响生活水平；另外，消费又和生产相联系，这又牵涉到自然资源。不难看出，以上分析能构成两个需要思考的关系式：①人口→就业→消费（收入）→生活水平→经济增长；②人口→消费（需求）→生产→自然资源→经济增长。

了解经济增长的原因是前期需要做的事情。西方经济学界分析

① 凯恩克劳斯认为："'发展'并不仅仅是国民生产总值的增长，而是经济的一种转变，它可能包括态度、习惯、价值，以及更重要的是知识和技能的变化。发展的实质是某种新颖的因素。增长也可能是这样，但它并不是发展。当只有数量的变化时，如工人人数或资产总量的变化，也能有增长，但是不会有真正的发展，不论是技术的发展或是人的发展，这种发展是影响生活水平和工作方法所必需的。"劳克林·柯里认为，发展的不同表现在生活的各领域中对环境支配的广度和深度，即"这并不仅仅是货币政策，或贸易政策，或增长率，或政府组织以及行政管理水平的问题，而是所有这一切。"凯恩克劳斯对此又评价说，"把发展与控制和文化变化的概念联系起来是正确的"（《经济学与经济政策》，155-156 页）。

这个问题时，一些学者认为导致经济增长的主要因素包括两类：①生产要素投入量，具体起作用的是就业数量、劳动质量、投资数量；②投入要素的生产率，即单位投入要素的产量，具体起作用的是资源配置优化、规模经济、技术进步。我们也可以根据不同学派的理论，把导致经济增长的主要因素归纳为两类：①外生变量论，具体是指技术进步和人口增长；②内生变量论，具体是指技术进步或资本积累。[①] 人们基本认同的技术进步的具体表现形式，包括产品品种增加、产品质量升级、知识积累或人力资本积累（专业化加深）、技术模仿等。

内生增长理论只是相关的各种增长假说的一种集合。[②] 内生增长理论论证技术进步在经济增长中的作用，前提是认定它为内生变量，但经济制度和个人偏好仍被看作外生给定的。包括经济增长的技术创新论在内，主要通过各种物质生产要素的变化去说明经济增长与否，始终排除被当作外生变量的制度因素。

制度变迁理论强调制度创新在经济增长中的作用，表明制度指向了经济秩序的合作或竞争关系。按诺思的理解，马克思观点的合理性在于“在国家控制方面的结构危机最终导致了一套促进现代经济增长的产权的出现”。随后，诺思又阐述：“与产业革命相联系的技术变化要求事先建立一套产权，以提高发明和创新的私人收益率。”技术进步有赖于科学革命，科学与技术结合造就了经济革命。“新技术发展与新知识发展之间的关系是问题的关键”，“发展纯理论并不需要与其导致的实际发明有同样的激励”，而发展新技术必须有激励，或者说“在创新方面建立一个系统的产权”。制度变迁理论既断言马克思“把技术作为外生变量”，又赞同马克思“强调了结构变迁和社会生产潜力与产权结构间的矛盾”，由此可见，该

---

① 前者以索洛等学者的新古典增长理论为代表，后者以罗默、卢卡斯等学者的新增长理论（内生增长理论）为代表。

② 吴易风. 马克思主义经济学和西方经济学. 北京：经济科学出版社，2001：335-362.

理论已确定经济制度是社会经济生活中的一个重要内生变量，认为制度因素是经济增长的关键。①

目前，技术进步和制度创新已成为人们对经济增长原因（源泉）探讨的中心点。

2. 经济发展与经济制度的关系

凯恩克劳斯曾针对“有没有经济发展的一般理论?”这个问题谈道：经济发展是一个扩散过程。技术、资本、市场三个经济因素的相互影响是发展中的重要成分，但是，“这种相互影响是在一定的政治和文化环境中发生的，这个环境反过来又与各种经济因素互相影响”。文化因素能推动也能延滞发展过程，它“埋在发展的根部”。经济发展从一开始就带来文化上的反应，而它本身又是这种反应的结果。政治因素表现为制度，由经济机制激发的不平衡压力可以策划和引导，这自然能归并到经济政策上。②

影响经济制度的还有外生因素和内生因素。外生因素（如新技术、思想和政治的发展）属于社会因素和文化因素，内生因素与生产技术、市场类型、企业规模、劳动力市场有关。③ 经济制度通过经济政策，可以从有严格的运作程序和组织制度方面体现出系统性特征，也可以从制度的供给与需求方面体现出均衡性与非均衡性特征。经济政策从一个侧面反映出经济制度对经济增长的影响。

3. 不发达经济中的人口增长

不发达经济中的高人口增长率“对教育系统和其他公共设施产

---

① ［美］道格拉斯·诺思．经济史中的结构与变迁．上海：上海人民出版社，1994：225、166、183-185、204、207；［美］道格拉斯·诺思，罗伯斯·托马斯．西方世界的兴起．北京：华夏出版社，1989：1.

② ［英］阿列克·凯恩克劳斯．经济学与经济政策．北京：商务印书馆，1990：156-164.

③ ［美］阿兰·格鲁齐．比较经济制度．北京：中国社会科学出版社，1985：15.

生巨大压力，使失业和就业不足的现象日益严重”。城市存在失业，农村劳动者“流向城市，也难以找到工作，只能增加城市的失业人数”。重工业是资本密集型产业，不发达经济建立重工业，“并没有给雇佣劳动者提供很多的就业机会”。面对经济发展和社会稳定的双重要求，只能一面控制增加人口，一面“鼓励农村和城市的劳动密集工业”①。在二元经济状态下，工业化带动起来的主要是资本密集型产业，人口压力又需要增加劳动密集型产业，这本身就是一个矛盾。

4. 经济增长与人口增长

经济增长与人口增长主要涉及的问题是：经济发展和就业间的复杂关系；人口数量拉动型经济增长给资源的压力；政府政策与福利；观念与人口、就业。②

四、就业岗位与劳动量的游戏规则

凯恩斯指出，造成“非自愿失业”的是就业岗位有限；至于“就业量”，“决定”它的因素又涉及“新投资量”③。投资必然有投资主体，要么是国有经济，要么是私营经济。

一般来说，不是张、李的个人禀赋所造成的，而是社会游戏规则所造成的。比如通常的 8 小时工作制，它决定了一个用工数量。

① ［美］阿兰·格鲁齐. 比较经济制度. 北京：中国社会科学出版社，1985：767-768、776.

② 由于某些观念，导致存在着“自愿失业”（《就业、利息和货币通论》，7 页）。

③ ［美］约翰·凯恩斯. 就业、利息和货币通论. 西安：陕西人民出版社，2004：8、28.

不过，一旦我们改变了这个规则，比如 6 小时工作制，那么它就决定了另一个用工数量。8 小时的三班倒用 3 人，6 小时的四班倒可以用 4 人，也就是多让 1 人有了工作。每人减去了 1/4 的工作量，相应地也减去了 1/4 的工资。这样，4 人的工作量和工资是等同的。在这里，我们规定，这种办法叫作“工作—工资分出规则”。

这和“大锅饭”完全不同。“大锅饭”是现有用工数量大于实际用工数量，现有工资额大于实际工资额。“工作—工资分出规则”是现有用工数量等于实际用工数量，现有工资额等于实际工资额。减薪增员是“工作—工资分出规则”的实质。

政府的号召力反映在，能否通过舆论使国有经济就业人员认同共同生存观念，得到他们对实行“工作—工资分出规则”的配合。

工作岗位与就业岗位是两个不同的概念。工作岗位是给定的不变量，就业岗位是和劳动时间相联系的可变量。由劳动时间来反映的劳动量，实际上可以任意规定。劳动量一经规定，也就得到了就业岗位的数量。4 小时工作制也不是不可能，只要规定了，相当于又多了两个今天的就业岗位总量。到那时，也许会出现与今天大量人员失业刚好相反的现象，即就业人员短缺。

就业问题实质上是劳动量的游戏规则造成的。把鲁迅的话改一下用到这里：世上本没有就业问题，人为规定了一个劳动量的游戏规则，便成了就业问题。

所以，政府完全可以修改劳动量的游戏规则，通过自己能够控制的国有经济来增加就业。国有经济的优越性再次体现出来，它不仅要取得经济效益，还要取得社会效益；尽可能让人人都能吃好饭，绝不能让一部分人吃好饭而另一部分人吃不好饭。至于工资和物价的关系，政府应该很清楚，借助货币政策（货币供应量、利率）和收入政策（限制货币工资、限制价格）完全可以对它们产生重要影响。

社会存在严重的失业现象，这在西方发达国家是一个敏感的事情。因为“灾难性的高失业率，足以使政府垮台”，所以英、美等

国都认为“政府要遵循的国内政策方针是为了维持尽可能高的就业水平”。这被看作“政府坚决承担就业水平的责任”[①]。

五、中国农业剩余劳动力转移

严格地讲，农业剩余劳动力不等于农村剩余劳动力。显然，关键点在农业不等于农村。

1. 异地转移与城市化

农业剩余劳动力转移实质上是就业问题。如果针对的是农业劳动力转移，而不是农业剩余劳动力转移，无疑只涉及自愿性失业（宁可无工作，也不愿从事农业）。那么，这是凯恩斯早已明确指出的没必要研究的问题。[②] 显然，农业剩余劳动力转移应归入非自愿性失业，由此又提出农业失业者到哪里就业的问题。理论上的三次产业划分，给出就业领域在第二、三产业。

如果农业剩余劳动力仅限于转移到第二、三产业就业，那么第二、三产业本身并无城市和农村的区分；也就是说，既有城市工业和服务业，也有农村工业和服务业，而后者可以将农业剩余劳动力转移归结为“离土不离乡”的就地转移。当然，一方面存在着农村工业和服务业的就业空间有限，另一方面也存在着城市引力（富有、高雅）和农村斥力（贫困、低俗）合力产生的“理性选择”动因，从而农业剩余劳动力转移也选择了“离土又离乡”的异地转移这个途径。

---

① ［英］阿列克·凯恩克劳斯．经济学与经济政策．北京：商务印书馆，1990：215、217．

② ［英］约翰·凯恩斯．就业、利息和货币通论．西安：陕西人民出版社，2004：7．

异地转移又与工业化和城市化有一定关联性。

农业剩余劳动力的转移涉及转移到第二、三产业，由此引出农业和工业的比例以及农业和服务业的比例。由此可见，这主要与产业结构有关。农业剩余劳动力的转移又涉及转移到城市就业，由此引出中国城市化进程和城镇就业人口状况。可见，前者主要与就业结构有关。至于后者，就城市化的本质而言，它主要与非农化有关。这样就构成下面的逻辑关系：

工业化＋服务化→城市化→产业结构→就业结构→人口转移

劳动力转移→城市就业 ⟶ 城市化

非劳动力转移→城市生活 ⟶ 城市化

就这个关系式来说，人口转移一方面是此前城市化的结果，另一方面它又对此后的城市化产生了影响。但是，需要注意四点：人口转移不是城市化的起因；城市化是工业化和服务化合力作用的结果；城市化的本质不是工业化和服务化的扩展，而是把大量的农业剩余劳动人口转化为城镇人口；农村非劳动人口转化为城镇人口成为城市化的一个影响因素。

因此，我们需要观察城市化率（城镇人口与总人口之比）、非农就业率（非农就业人口与城乡就业人口之比）、农村非农就业率（农村非农就业人口与非农就业人口之比）、城镇就业率（城镇就业人口与城镇人口之比）、农村就业率（农村就业人口与农村人口之比）五个变量。

2. 中国农业剩余劳动力转移的实证

（1）三次产业就业人口。三次产业就业人口必然涉及农业和工业、服务业的比例。为了减少研究的复杂程度，我们可以认为，农业、工业和服务业相当于三次产业。那么，第一产业就业人口就是农业就业人口，第二产业就业人口和第三产业就业人口就是非农就

业人口，即农村非农就业人口和城镇就业人口（见图 3-1 和表 3-1）。

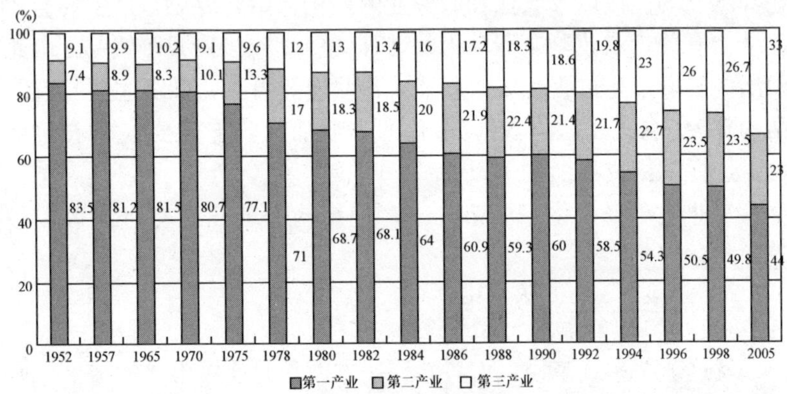

图 3-1　1952—2005 年三次产业的劳动力比重

表 3-1　　**三次产业就业人口变化**　　单位：万人

年份	农业就业人口	非农就业人口				
	第一产业	第二产业	第三产业	非农就业总人口	农村非农就业人口	城镇就业人口
1978	28 313	6 945	4 890	11 835	2 321	9 514
1985	31 105	10 418	8 350	18 768	5 960	12 808
1997	34 730	16 495	18 375	34 870	14 089	20 781

1985—1988 年由于工业增长过快，使工业与农业之间的比例关系严重失衡。以农业为 1，1979—1988 年工业生产与农业增长速度比例关系的变化情况为：1979—1984 年为 1.25∶1，1985—1988 年为 4.34∶1，1988 年为 5.33∶1。1988 年与 1984 年相比，工业和农业的比例从 1.25∶1 增长为 5.33∶1。经过 1988 年 4 月开始的治理整顿，1989—1990 年工业与农业增长速度比例关系由 1985—1988 年的 4.34∶1 变为 1.55∶1。

（2）城市化和城镇就业人口。城市发展的数量变化（见图 3-2）可作为反映城市化的一个指标，在此基础上才有可能讨论城镇

就业人口。

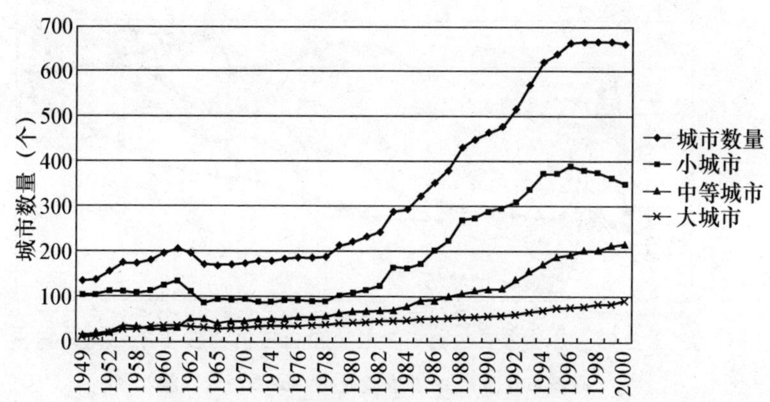

图3-2　1949年以来中国城市发展趋势

1949—1961年中国城市发展呈上升趋势，1961年为高点；而后呈下降趋势，1965年为低点；随后又开始上升，但到1978年还未达到1961年水平，1979年开始超过1961年水平。此后，一直呈上升趋势——1985年城市数量进入300，1988年城市数量进入400，1992年城市数量进入500，1994年城市数量进入600。小城市在1949—1961年基本呈上升趋势，1961为高点；而后下降，并多年停留在90左右。1979年达到1950年的水平，随后呈上升趋势——1986年小城市数量进入200，1992年小城市数量进入300。中等城市数量在1985年进入90，此前总体上呈上升趋势；此后，1987年中等城市数量进入100，1997年中等城市数量进入200。

1952—2005年的城市化水平和城乡就业水平的情况，可通过城市化率、非农就业率、农村非农就业率、城镇就业率和农村就业率的变动趋势一并显示出来（见图3-3）。①

图3-3说明：①1952—1960年城市化率呈上升趋势，1960为高点；而后下降，1963年为低点；随后又呈上升趋势，但1980年

① 《中国统计年鉴》（各年）。

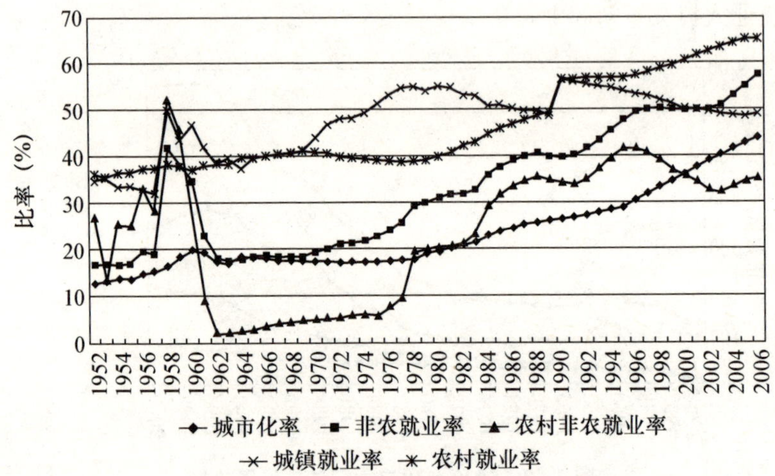

图 3-3　城市化率和就业率变动趋势

还未达到 1960 年的水平。1981 年开始超过 1960 年的水平，并进入 20%区段。1996 年进入 30%区段，2003 进入 40%区段。②从总体上看，非农就业率基本上大于城市化率。③21 世纪最初 5 年城镇就业率与 20 世纪 50 年代相比呈上升趋势，与 80 年代以来相比呈略微下降趋势。21 世纪最初 5 年农村就业率与 20 世纪 50 年代以来相比呈上升趋势，特别是 80 年代以来有大幅上升。21 世纪最初 5 年农村非农就业率与 20 世纪 50 年代相比呈上升趋势，但上升的幅度不大，说明农村非农就业的空间是有限的。

正因为城市化率来自城市人口与全国人口之比，所以城市人口是决定城市化的关键。在当代中国，城市化主要体现在城镇化，特别是“十五”计划纲要提出的“有重点地发展小城镇”。[①] 由于社

① 小城市、小城镇、乡镇、村庄是四个不同概念。小城镇是由县城、县城以外的建制镇和未设镇建制的集镇（乡镇）构成的复合体。按发展水平不同，小城镇可分为两类：一是县城和县城以外的建制镇；二是未设镇建制的集镇。现有建制镇的 83%为“乡改镇”设立的。小城镇属于农村范畴，到集镇落户的农民及其家属转为城镇居民，统计为非农业人口，属于城镇人口，就业统计为城镇就业。

会保障机制尚未健全，所以中国城市化只能是一部分农村人口进入大中城市，大部分人依托乡镇企业就近迁居到小城镇。① 在这个意义上，中国的城市化又被看作城镇化。乡镇企业加小城镇模式曾是中国城市化道路的一种尝试。②

3. 1987—1996 年四川省农业剩余劳动力

1987—1996 年四川省是中国的人口第一大省，此时重庆市还未建直辖市。在此期间的农业剩余劳动力以及相关问题，见表 3-2。

---

① 姚开建，陈勇勤. 改变中国——中国的十个“五年计划”. 北京：中国经济出版社，2003. 中国的小城镇不仅距农村近，而且数量众多。截至 2003 年年底，中国共有小城镇 42 620 个，其中建制镇 20 226 个、集镇 22 394 个。

② 小城镇集聚和农村工业化。第一，城市的集聚功能与小城镇的集聚功能并非完全等同。小城镇属于农村范畴，它的集聚功能有城市集聚功能的共性，也有自身的个性。对研究中国农业剩余劳动力转移来说，主要还是考虑小城镇的个性。马歇尔把产业集聚称为“地方性工业”（localized industry）。中国小城镇的集聚功能偏重于工业集聚，这是兴办乡镇企业的结果。兴办乡镇企业可看作农村工业化的一个标志，随工业集聚而来的服务集聚只处于辅助地位。第二，小城镇工业产业集聚的有关模型，主要涉及产业动态集聚指数模型和区位熵指数模型。关于产业动态集聚指数模型，假定考察周期为 $[0, t]$，x_{ij0} 和 x_{ijt} 分别代表 j 地区 i 产业在期初和期末的某一项经济发展指标，A_{ijt} 表示 j 地区 i 产业在该区间内的动态集聚指数。令 $S_{ijt}=t\sqrt{\frac{\sum x_{ijt}}{\sum x_{ij0}}}-1, S_{it}=t\sqrt{\frac{\sum x_{ijt}}{\sum x_{ij0}}}-1$；则 $A_{ijt}=\frac{S_{ijt}}{S_{it}}$。关于区位熵指数模型，有公式 $LQ_{ij}=\frac{x_{ij}/\sum x_{ij}}{\sum x_{ij}/\sum\sum x_{ij}}$，其中的字母含义与动态集聚指数模型中的字母相同。第三，农村工业化的有关模型，学者已设计出来的如 $Y_{it}=\alpha+\beta e_{it}+\sum\delta D+\eta_t+\lambda_t+u_{it}$。其中，$Y$ 表示农村居民人均纯收入与城镇居民人均可支配收入之比，下标 t 代表年份，i 代表省份，u 为随机扰动项；e 表示各省乡镇企业的相对规模，它包括两组变量：一是各省乡镇企业从业人员与第一产业就业人数之比，二是该省乡镇企业总产值与第二产业生产总值之比，β 为这两个变量的系数；D 代表与城乡收入差距相关的变量，δ 为这些变量的系数；η_t 为以某年为基准的若干个年度虚拟变量；λ_t 为若干个省级虚拟变量。

表 3-2　1987—1996 年四川省农业剩余劳动力和城镇登记失业率

年份	耕地面积（万亩）	农村人口（万人）	农业就业人口（万人）	农业实需人口（万人）①	农业剩余人口（万人）	城镇登记失业人口（万人）	登记失业率（%）②
1987	7 003.80	6 567.8	3 275.0	1 490.17	1 784.83	14.53	2.2
1988	6 991.65	6 648.5	3 359.9	1 487.59	1 872.31	16.75	2.4
1989	6 982.20	6 714.9	3 423.3	1 485.57	1 937.73	25.63	3.7
1990	6 970.65	6 790.8	3 465.1	1 483.12	1 981.98	26.61	3.7
1991	6 948.45	6 828.5	3 568.5	1 478.39	2 090.11	25.17	3.4
1992	6 917.85	6 819.6	3 607.0	1 471.88	2 135.12	27.16	3.6
1993	6 890.70	6 825.5	3 595.3	1 466.11	2 129.19	26.47	3.5
1994	6 869.40	6 821.6	3 587.1	1 461.57	2 125.53	27.65	3.6
1995	6 840.60	6 829.4	3 573.3	1 455.45	2 117.85	27.94	3.6
1996	6 814.65	6 837.3	3 552.1	1 449.93	2 102.17	27.16	3.5

资料来源：四川省统计局．四川统计年鉴（各年）．北京：中国统计出版社。国家统计局．新中国五十年统计资料汇编（1949—1998）．北京：中国统计出版社，1999.

根据表 3-2 这个时间段的数据资料可以看出，当时四川省的农业剩余劳动力很难在本省内以“农业转移人口市民化”来解决就业。城镇失业率已经超过 3%，而农业剩余劳动力人数又相当大，城镇的就业市场已无法承受如此巨大的压力。

四川省的情况是一个典型事例，反映出劳动力供给和需求严重不平衡。农业剩余劳动力问题只有在城市劳动力短缺的状态下才能解决，否则，只要城市劳动力过剩，农村人口大量转移到城市的结果，无非是加剧城市劳动力过剩。

---

① 根据西南财经大学吴忠观的研究，按每个农业劳动力平均可负担耕地 4.7 亩计算，农业就业人口＝耕地面积÷4.7。

② 相关计算：城镇人口＝总人口－农村人口，应就业率＝城镇应就业人数÷城镇人口，城镇失业人数＝城镇应就业人数－城镇就业人数，实际失业率＝城镇失业人数÷城镇应就业人数，登记失业率＝城镇登记失业人数÷城镇应就业人数。

第 4 章 市场制度

“国与国之间相互进行贸易，因为这样它们就能够参与国际分工并从中得到好处。”[①] 沃西里·里昂惕夫认为：“任何有关对外贸易的讨论，如果没有提到自由贸易和保护贸易都不能算圆满完成。”[②] 阿瑟·刘易斯说：“一个国家参加国际贸易到什么程度，部分取决于它拥有的资源，部分取决于它在贸易上设置的障碍，部分取决于它发展的阶段。”[③]

对于商业的贡献，张居正有个很贴切的表述：“古之为国者，使商通有无。”[④] 这从苏轼的“商贾无利，有无不通”[⑤] 也可以反映出来。把这句话倒

---

① ［美］沃西里·里昂惕夫．投入产出经济学．北京：商务印书馆，2011：66.

② 同上书，106 页。

③ ［英］阿瑟·刘易斯．经济增长理论．北京：商务印书馆，2002：419.

④ 《张太岳集·赠水部周汉浦榷竣还朝序》。

⑤ 《苏东坡集·乞免五谷力胜钱》。

过来看，则表明商业本身又是致富之源。人民可以经商致富，用司马迁的话说："贫富之道，莫之予夺。"[①] 国家也可以经商致富，正如桑弘羊所言："富国非一道""富国何必用本农""富在术数，不在劳身"[②]。元代重视商业，许衡说："士君子当以务农为生，商贾虽为逐末，亦有可为者。"[③] 士人也进入了商人行列，这就是制度明显向发展商业倾斜的一种反映。

"三商"理念是指商经、商机和商德，来自范蠡生意经，又进一步深化为与时俱进的中华商业意识。

一、城市发展与市场形成

美国学者施坚雅对古代中国的区域经济问题做过专门研究，并提出了著名的"施坚雅模式"。他在分析唐、宋定都时指出："长安就被设置于西北中心地区附近；开封比北京更接近华北的地理中心位置；而杭州作为大运河的南端终点处于江南金三角与浙江东北部的中心位置，这比南京更为优越……事实上，南京和北京被选为帝国首都主要是一些战略原因……作为贸易、工业和金融的地区中心，开封和杭州的位置远比北京和南京好，而且开封和杭州在成为都城的时候已经都是繁荣的经济中心了。因此，地理位置的优越极大地提高了开封和杭州在本地区的经济中心性，使这两个城市成为名副其实的多功能的大城市。……回想到在长安、开封和杭州的极盛时代鼓励对外贸易，而明、清王朝却阻止对外贸易时，把帝国都城设置在自然的经济中心之中，这样的城市发展的意义

① 《史记·食货志》。
② 《盐铁论·力耕》,《盐铁论·通有》。
③ 《许鲁斋集·国学事迹》。

就显得突出了。”[①] 其中，北宋定都开封、南宋定都杭州都与大运河有关系。

“结构合理的大地区范围的城市体系，只是在唐代才在中国西北部形成，在北宋时期才在华北形成。”[②] 施坚雅观察的唐、宋定都及相关问题，我们可以再深入研究。

与大多数区域经济研究者一样，施坚雅也会探讨地区体系的存在原因。他认为，地区体系主要与两个因素有关：①生产—交换的技术（科技进步）和管理（社会组织）；②自然地理结构。地区体系“在绝大多数情况下，都是那些在自然地理方面拥有更高的生产与交换潜力的地方”[③]。

施坚雅还想到了从移民路线来发现问题。“在汉代，最大的移民路线是从中国西北开始，然后到大都市地区、汉江流域，再向南经湘江流域进入岭南地区。”“长江上游地区的定居者来自汉江流域以及西北地区。”“在北宋时期，这条主要的南北移民和贸易路线起自华北，然后是大城市地区，长江下游，向南到汉江流域，再经关口进入岭南地区。”[④] 按我所理解的，宋代新儒家学说的出现[⑤]，江南才子通过科举大量进入仕途，反映出最有机会合法进入社会管理阶层的知识分子群体，其主体成分已经从西北（当时以长安为中心）移向中国的东部区域。精英们的实践活动舞台迅速东移，以往直接有助于当地居民受到占社会统治地位的主流文化的熏陶这个因素，在西北地区明显趋于弱化了。

---

① ［美］施坚雅．中国封建社会晚期城市研究：施坚雅模式．长春：吉林教育出版社，1991：52.

② 同上书，36-37 页。

③ 同上书，35 页。

④ 同上书，32 页。

⑤ 注意，宋代新儒家学说的出现，如果根据施坚雅提到的赖特的论述，则与古典宇宙观有一定联系。赖特的论述涉及“宋代新儒家学说把人们拖回到古典格式中去”，“蒙古侵略所造成的创伤刺激了文化上的排外的本民族第一主义，包括古代宇宙观在内”（《中国封建社会晚期城市研究：施坚雅模式》，29 页）。

二、海外贸易对国内经济发展的影响

1. 西欧不同的国际贸易观

晚期重商主义是在对早期重商主义的反思中出现的，也是重工主义对重金主义的一种感悟，因而被看作“真正的重商主义”。当时，重商主义者已经认识到，国内贸易不能增加财富。达芬南在1697年说：国内贸易并不能使整个国家更富裕，只是在个人财产的相对数量上有所改变；对外贸易却给国家的财富带来了净增益。①

19世纪，李斯特谈到了自由贸易制度的历史教训。国家商业制度应当首先考虑“国家利益”，“占优势的工商业国家”或“比较先进的国家”当然可以采用自由贸易制度，而占劣势的、比较后进的国家则需要采用商业限制政策；否则，不顾客观条件，盲目地采用自由贸易制度，那么“这样做的结果，牺牲的是这些国家的繁荣……只是更加养肥了那个占优势的工商业国家”。作为古典学派自由贸易理论基础的分工原则，关键是要看它“对整个国家来说可以适用到什么程度”。按李斯特的说法，经济现象一般就是“世界主义经济”，可以“这样的想象，一个世界范围的共和国是存在的”。②

2. 晚清对外贸易的商品结构与产业结构

晚清时期的产业结构③变化可以借助工业化进程来划分阶段，

① ［英］埃里克·罗尔. 经济思想史. 北京：商务印书馆，1981：66.

② ［德］弗里德里希·李斯特. 政治经济学的国民体系. 北京：商务印书馆，1961：104、6、106-107.

③ 按通常理解，产业结构（industrial structure）是指产业之间的资源配置关系，产业组织（industrial organization）是指产业内部企业间的资源配置关系。

这样就得到了一种解释：第一个转换期为工业化起步阶段，产业链条短，此时的产业结构基本处在由农业向工业的转换时期，而新兴工业则迅速从雏形军事工业向基础工业转换，同时出现以进口替代为主的轻工业；第二个转换期为工业化前期，产业链条有一定延伸，产业结构开始进入工业内部产业间的转化时期，轻工业比重超过基础工业。第二个转换期大约萌发于中日甲午战争后，在 20 世纪初（或 1902 年）明显表现出来。

第一，进出口商品结构的变化是产业结构变化的重要因素。此时，发生了新兴产业与传统产业的结构断裂（结构没有弥合）。

出口商品结构从一定程度上可以反映出产业结构当时的状况。就出口商品结构来说，涉及出口商品按性质分类后的比例关系、主要出口商品占出口总值的比重，见表 4-1 和表 4-2。

表 4-1　　1873—1910 年出口商品分类统计（%）

年份	原料			半制成品		制成品	
	农产品（农、林、牧、渔在内）	矿产品		手工	机制	手工	机制
		手工开采	机械开采				
1873	2.6	—	<0.05	37.4	—	58.3	1.7
1893	15.6	—	—	28.4	0.1	53.4	2.5
1903	26.8	0.2	0.2	17.2	14.7	32.9	8.0
1910	39.1	0.2	0.5	13.1	11.9	28.3	6.8

资料来源：严中平．中国近代经济史统计资料选辑．北京：科学出版社，1955：72.

表 4-2　1871—1911 年 9 项主要出口商品占出口总值的比重（%）

年份	茶	丝	豆	豆饼	花生	棉花	猪鬃	蛋	锡	其他
1871—1873	52.7	34.5	0.1	—	—	0.2	—	—	—	12.5
1881—1883	46.2	26.2	0.2	—	—	0.4	—	—	—	27.0
1891—1893	26.9	24.6	1.2	—	—	4.8	—	—	—	42.5
1901—1903	11.3	26.7	2.3	2.6	—	5.1	1.0	1.0	—	50.0
1909—1911	9.8	18.2	7.4	5.1	0.9	5.8	1.1	1.1	1.6	49.0

资料来源：严中平．中国近代经济史统计资料选辑．北京：科学出版社，1955：76.

第二，竞争和垄断下的价格对产业结构的影响。[①]

第三，进口替代、技术—知识对产业结构的影响。

第四，“瓶颈约束”（能源、原材料、交通运输）和资金短缺（投资）对产业结构的影响。

第五，地方资源与区域产业结构。

三、逆差状态下鸦片、洋布洋纱的输入

两次鸦片战争后，凭借不平等条约给予外国商人的特权，洋货大量涌入中国。1890 年，马建忠说“中外通商而后，彼易我银之货岁益增，我易彼银之货岁益减……进口货之银浮于出口货之银，岁不下三千万，积三十年，输彼之银奚啻亿万”[②]，这是指自 19 世纪 60 年代以来中国入超的总体情况。输入中国的洋货中，占比重最大的是鸦片和洋布洋纱[③]，但两者给中国市场带来的影响完全不同。“吸食鸦片”致人“废时失业”[④]，“鸦片之为害，甚于洪水猛兽”[⑤]。可见，鸦片输入有害无利。洋布洋纱则不同，就“用物”而言，“切于民生日用，质良价廉，为遐迩所必需”[⑥]；“广购新机，

① 从经济发展过程来看，产业结构问题实质是资金流向问题，产业结构不合理的直接原因是资金流向不合理。要使社会各方面的资金均衡地流向各个部门，必须有合理的价格体系，这种价格体系能保证各部门的资金利润率大体持平。对第二、三、四、五点的数据实证，本书都略去。

② 马建忠．富民说//适可斋记言：卷一．台北：文海出版社，1968：1.

③ 郑观应说“我之受害者……大宗有二：一则曰鸦片，每年约耗银三千三百万两；一则曰棉纱棉布，两种每年约共耗银五千三百万两”（《商战》，586 页）。马建忠说“进口之货，洋药而外，以洋布洋纱为大宗”，“中国进口洋布每年约一千五百万匹，值银三千万两……岁进口之纱，至值银一千三百五十万”（《富民说》，5 页）。

④ 许乃济．鸦片烟例禁愈严流弊愈大应亟请变通办理折//黄爵滋奏疏、许乃济奏议合刊．上海：中华书局，1959：216.

⑤ 林则徐．密陈夷务不能歇手片//林文忠公政书．北京：中国书店，1991：198.

⑥ 薛福成．西洋诸国导民生财说//庸庵海外文编：卷三．上海：上海古籍出版社，2002：13.

自织各色布匹，一省办妥，推之各省，此与洋布战者"①；"广纺织以敌洋布"，"江北改土棉而纺纱"②。可见，洋布洋纱进口有利有弊。弊是必然存在的，并且集中体现在"商战"上，即"以敌洋布""与洋布战"都是指向势必要夺回的、被洋布抢占的那些市场份额。上述现象出现在同一时间段，如果将鸦片输入和洋布洋纱进口两个问题合在一起讨论，也许能为研究洋货进入中国市场所引发的一系列问题提供一个合理的解释。

用实证方法讨论鸦片、洋布洋纱的输入问题，现有的数据资料主要为两部分：一是鸦片输入的有关数据；二是洋布洋纱进口的有关数据。

鸦片输入的有关数据大多按总输入量、报关进口量和走私输入量划分为三类。报关进口量是 1858 年《通商章程善后条约》签订后、自 1860 年开始有的对进口鸦片报关数量的海关统计。另外，1865—1900 年海关统计另列有从鸦片产地运进香港的鸦片数量。从 1901 年开始，海关统计不再列明香港每年鸦片的到货数量。经核对，历年鸦片的香港入口量高于全国各港报关进口量，这就为确定走私输入量找到了资料依据。因此，学术界通常用香港入口量代替总输入量。有人又估算，香港本地消费和复出口到其他国家或地区的鸦片数量为平均每年 2 000 担。③ 由此有，走私输入量=香港入口量−报关进口量−2 000 担。从"香港入口量−报关进口量"这个公式得到的走私输入量不一定完全准确，但没有香港入口量，很难计算出走私输入量。

洋布洋纱进口的有关数据，可根据当时的海关统计查到。一些常见的文献资料所引用的这方面数据，基本上无差异。④

① 郑观应．商战//郑观应集：上册．上海：上海人民出版社，1982：589.

② 康有为．上清帝第二书//康有为全集：第二集．上海：上海古籍出版社，1990：92.

③ 朱庆葆，蒋秋明，张士杰．鸦片与近代中国．南京：江苏教育出版社，1995：100.

④ 例如，严中平．中国棉纺织史稿．北京：科学出版社，1955；［美］费正清等．剑桥中国晚清史（1800—1911）．北京：中国社会科学出版社，1985；等等。

1. 19世纪60—90年代的鸦片输入

鸦片输入在19世纪60年代以前是走私输入，而后允许报关进口，但走私输入并没有绝迹。事实上，合法进口和非法输入同时存在。为便于研究，本书设定相关概念如下：报关量表示合法进口，走私量表示非法输入，合计量为报关量和走私量的合计。

19世纪60—90年代鸦片输入的趋势，见图4-1。[①] 其中，报关量为上升趋势，走私量为下降趋势，因走私量的下降趋势强于报关量的上升趋势（系数－3 159.5的绝对值大于系数1 082.5），所以合计量为下降趋势（系数－2 077为－3 159.5与1 082.5之和）。从直观上说，走私量在合计量中占主导地位才会出现两者的同步变动。然而，图4-2显示出，同时期走私量占合计量的比重却是下降趋势（系数－0.035 5）。这必定另有原因。由于拐点在图4-1和图4-2中明显出现在1886年后，可以考虑与关税有关。

走私量只能靠推测。[②] 本书认同前面提到的估算方法，改用我设定的概念，即走私量＝香港入口量－香港留用量－全国各港报关量。可见，合计量＝报关量＋走私量＝香港入口量－香港留用量。鸦片的品种不同，价格也不同，理论上可以用报关价值量和报关实物量得到平均价格。

---

① 数据来自［日］滨下武志．中国近代经济史研究：清末海关财政与通商口岸市场圈．南京：江苏人民出版社，2008：201-202；徐雪筠，等．上海近代社会经济发展概况（1882—1931）——《海关十年报告》译编．上海：上海社会科学院出版社，1985：367。

② “受到海关所具有的历史性制约，对走私贸易、陆路贸易、帆船贸易等在中国对外贸易整体中所占的比重，是靠推测的范围来掌握的。因此，应该说有必要在统计数字所具有的历史性上，探讨中国的贸易统计”（《中国近代经济史研究：清末海关财政与通商口岸市场圈》，211页）。

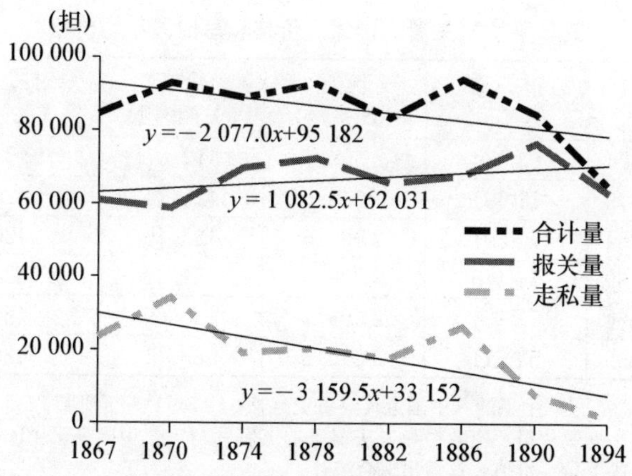

图 4－1　合计量、报关量、走私量

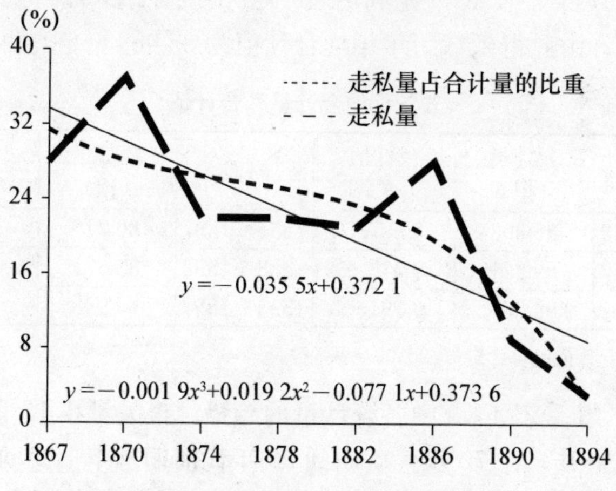

图 4－2　走私量占合计量的比重

走私量数据要通过报关量数据才能得到，因而必须先根据报关量数据估算历年鸦片价格的平均数。表 4－3 就是用来解决这个问题的。由此可得，鸦片的平均价格为 420.09 关两/担。

表 4-3　五年平均报关量、价值、价格和总时段平均价格

时段	报关量（担）	价值（万关两）	价格（关两/担）	总时段平均价格（关两/担）
1870—1874	63 064	2 598.7	412.07	420.09
1875—1879	71 691	3 048.6	425.24	420.09
1880—1884	70 201	2 963.6	422.16	420.09
1885—1889	73 445	2 822.6	384.31	420.09
1890—1894	71 151	2 994.7	420.89	420.09
1895—1899	51 711	3 015.3	583.11	420.09

资料来源：以严中平的《中国近代经济史（1840—1894）》下册第 1148 页的 1870—1894 年五年平均鸦片报关值数据和朱庆葆等的《鸦片与近代中国》第 104 页的 1895—1899 年鸦片报关量、价值数据做出综合统计。

为了与洋布进口值相对应，本书把具体研究时段选定在 1868—1897 年。表 4-4 是利用表 4-3 的统计结果而得到的五年平均合计值。由此得到，历年年均合计值为 35 089 666 关两。

表 4-4　五年平均合计量和合计值

时段	合计量（担）	合计值（万关两）	时段	合计量（担）	合计值（万关两）
1868—1872	85 398	3 587.5	1883—1887	89 245	3 749.1
1873—1877	89 221	3 748.1	1888—1892	85 574	3 594.9
1878—1882	94 765	3 981.0	1893—1897	56 968	2 393.2

说明：合计值＝合计量×420.09 关两/担。

图 4-3 是表 4-3 中各统计量的趋势。报关量在 18 世纪 70 年代前期有上升，在 70 年代后期到 90 年代前期基本上变动不大，在 90 年代后期明显下降。报关值在 18 世纪 70 年代前期有上升，在 70 年代后期到 90 年代基本上变动不大。鸦片五年平均价格在 18 世纪 70 年代到 80 年代前期基本与年平均价格（图 4-3 中以虚线表示的趋势线）吻合，在 80 年代后期到 90 年代前期低于年平均价格，在 90 年代后期高于年平均价格。其中，在 90 年代后期，价格上升和报关量下降同时存在。图 4-4 是表 4-4 中合计量和合计值的

趋势。虽然都是下降趋势，但合计值的下降明显小于合计量的下降。这是因为合计值由平均价格 420.09 关两/担这一不变量计算出来。

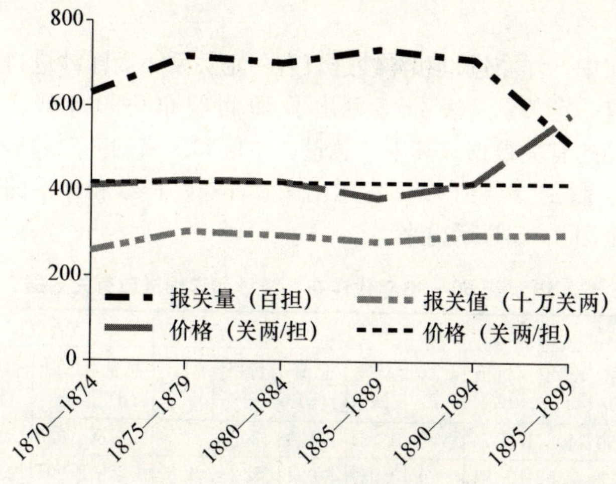

图 4-3　报关量、报关值、价格

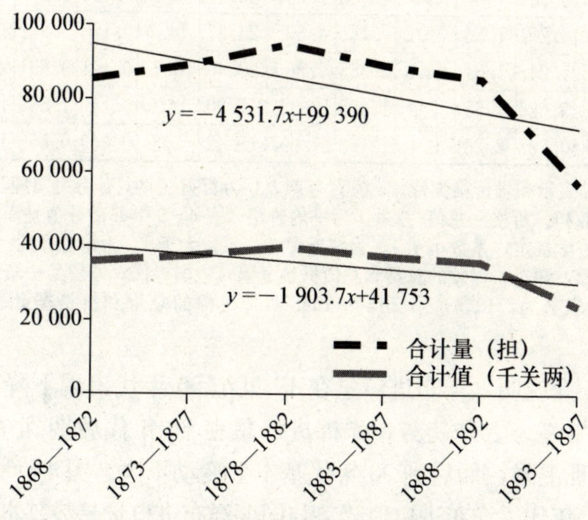

图 4-4　合计量、合计值

2. 19世纪60—90年代洋布洋纱的进口

现实中，洋布进口和洋纱进口有一定关系，而洋纱进口又与洋棉进口有一定关系。表4-5列出了19世纪60—90年代洋布、洋纱和洋棉的有关数据。其中，总量、总值和价格的变动趋势分别由图4-5、图4-6、图4-7显示出来，洋布、洋纱和洋棉的需求价格弹性由图4-8显示出来。

表4-5　19世纪60—90年代洋布、洋纱和洋棉进口有关数据

年份	洋布				洋纱				洋棉			
	总量(a)	总值(b)	价格(c)	E	总量(d)	总值(b)	价格(f)	E	总量(d)	总值(b)	价格(f)	E
1867	4.250	11.671	2.75		0.034	1.450	43.29		0.336	4.633	13.79	
1870	9.958	18.021	1.81	3.9	0.052	1.994	38.21	4.8	0.226	2.995	13.25	8.4
1874	9.575	16.301	1.70	0.6	0.069	1.969	28.62	1.3	0.012	0.101	8.34	2.6
1878	8.962	13.509	1.51	0.6	0.108	2.521	23.26	3.1	0.106	0.970	9.15	80.7
1882	12.159	18.201	1.50	52.2	0.185	4.505	24.37	14.7	0.178	1.912	10.74	3.9
1886	14.041	21.246	1.51	14.3	0.385	7.869	20.46	6.7	0.111	0.891	8.03	1.5
1890	16.561	25.629	1.55	7.9	1.083	19.392	17.90	14.5	0.150	1.581	10.54	1.1
1894	13.796	30.708	2.23	0.4	1.162	21.397	18.42	2.5	0.043	0.555	12.90	−3.2

说明：E表示需求价格弹性。a为百万匹，b为百万关两，c为关两/匹，d为百万担，f为关两/担。价格=总值/总量，为平均价格。表4-5中E的数值是需求价格弹性的系数。经济学规定，系数小于1，为缺乏弹性；系数大于1，为富有弹性。

资料来源：洋布、洋纱的总量和总值据姚贤镐《中国近代对外贸易史资料（1840—1895）》（中华书局，1962）第三册第1368页，洋棉的总量和价格据此书第二册第1249页。

图4-5说明，洋布进口量在19世纪90年代出现下降趋势，洋纱进口量始终为上升趋势，洋棉进口量在60年代后期到70年代前期明显出现下降，而后到90年代基本上变动不大。图4-6说明，在19世纪60年代，洋布进口值趋势与同期洋布进口量趋势基本一致，在90年代，与同期洋布进口量趋势相反，为上升趋势；洋纱进口值趋势

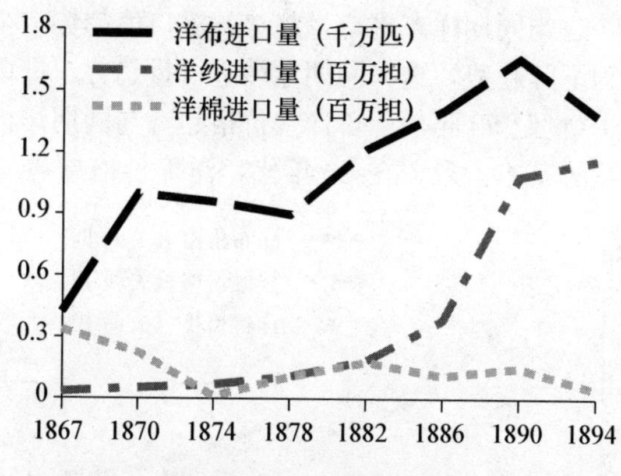

图 4－5　总量变动比较

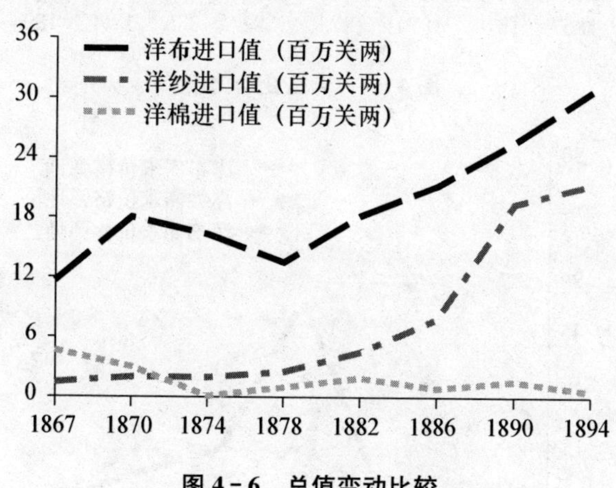

图 4－6　总值变动比较

与同期洋纱进口量趋势基本一致；洋棉进口值趋势与同期洋棉进口量趋势基本一致。图 4 - 7 说明，洋布价格始终变化不大，基本上呈水平趋势，这与同期洋布进口量趋势、进口值趋势完全不同；洋纱价格始终为下降趋势，这与同期洋纱进口量趋势、进口值趋势完全相反；在 19 世纪 90 年代前，洋棉价格趋势与同期洋棉进口量趋势、进口值趋势基本一致；在 90 年代，洋棉价格趋势与同期洋棉

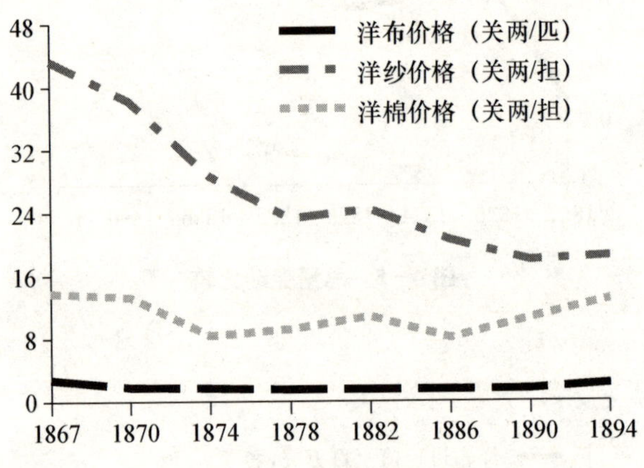

图 4 - 7　价格变动比较

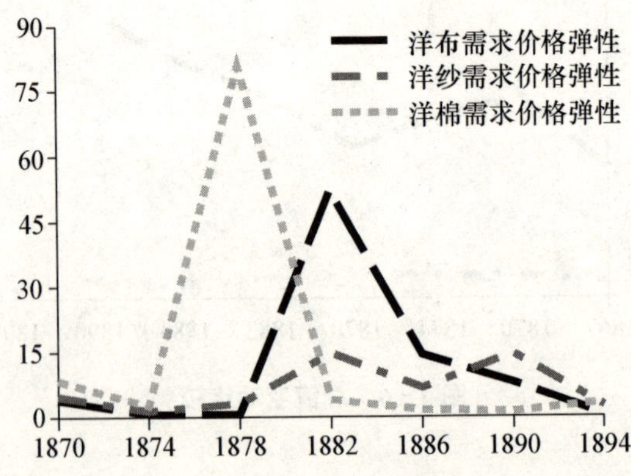

图 4 - 8　需求价格弹性比较

进口量趋势、进口值趋势完全相反，为上升趋势。由于洋棉价格上升趋势始于1890年前，而洋棉进口量下降趋势、进口值下降趋势都始于1890年，所以洋棉进口量、进口值下降的起因是价格上升。

图4-8和表4-5的“E栏”说明，洋布的需求价格在19世纪70年代和90年代缺乏弹性，也就是需求量的相对变动关于价格的相对变动不敏感，但在80年代前期，洋布的需求价格富有弹性，一度达到需求量相对于价格的变动相当明显（系数为52.2）。洋纱的需求价格始终富有弹性，洋棉的需求价格始终富有弹性，都是需求量相对于价格的变动很明显。特别是洋棉在19世纪70年代后期，其价格富有弹性，一度达到需求量相对于价格的变动相当明显（系数为80.7）。

3. 洋纱进口对洋布进口的影响

棉纱是原料，它是用于棉布生产的中间产品。棉布是最终产品，用于居民消费。进口洋纱用于外资织布厂，外资企业生产洋布与进口洋布呈反比关系，增加前者就要减少后者，以便节省国际运输费用。进口洋纱用于中资织布厂，土布通过进口替代而拥有的市场份额，从洋布角度说，就是继续扩展进口空间将受到越来越大的阻力。

表4-6反映了洋布、洋纱和洋棉的进口增长。

表4-6　　洋布、洋纱和洋棉的进口增长

年份	洋布进口增长	洋纱进口增长	洋棉进口增长	年份	洋布进口增长	洋纱进口增长	洋棉进口增长
1867	—	—	—	1 882	0.26	0.71	0.68
1870	1.34	0.56	−0.33	1 886	0.15	1.08	−0.38
1874	−0.04	0.32	−0.95	1 890	0.18	1.82	0.35
1878	−0.07	0.57	7.83	1 894	−0.17	0.07	−0.71

说明：根据表4-5的数据计算得到。

将表4-6和图4-5对照来看，洋布进口量趋势与洋纱进口量

趋势的关系可分为四个阶段。第一个阶段为1867—1870年，洋布进口增长幅度高于洋纱。第二阶段为1870—1878年，洋布进口负增长，洋纱进口保持增长且幅度变化不大。第三阶段为1878—1890年，洋布进口处于正增长，但幅度变化不大，洋纱进口的增长幅度较大。第四阶段为1890—1894年，洋布进口再次负增长，洋纱进口继续增长，但幅度降低。

将表4-6和图4-5对照来看，洋棉进口量趋势与洋纱进口量趋势的关系可分为三个阶段。第一阶段为1867—1874年，洋棉进口较大幅度地负增长，洋纱幅度不大地增长。第二阶段为1874—1882年，洋棉进口正增长幅度高于洋纱。第三阶段为1882—1894年，洋棉进口大多为负增长；与此相反，洋纱进口的增长幅度较大。

洋布、洋纱和洋棉的增长趋势由线性方程同样可以反映出来。洋布进口增长的线性方程$y=-0.1382x+0.9292$，洋纱进口增长的线性方程$y=0.0731x+0.3668$，洋棉进口增长的线性方程$y=-0.2418x+2.1377$，x的系数说明洋布进口和洋棉进口总体上都是下降趋势，洋纱进口总体上是上升趋势。

洋纱进口对洋布进口的影响以及洋棉进口对洋纱进口的影响，还可以从进口趋势线的相关性来考察。图4-9和图4-10通过数理统计方法给出了一种解释。

在图4-9中，线性回归方程$y=6.1978x+8.7787$，拟合度$R^2=0.581$，给定$\alpha=0.05$，相关系数$r=0.762>0.6319$，由此可见洋布进口与洋纱进口相关，但相关性很弱。这说明洋纱进口对洋布进口的影响不大。在图4-10中，线性回归方程$y=-1.6493x+0.6242$，拟合度$R^2=0.1322$，相关系数$r=0.364<0.6319$，由此可见洋棉进口与洋纱进口不相关。这说明，若为单因素决定，洋棉进口不会成为影响洋纱进口的因素。多项式回归方程$y=90161x^5-72295x^4+20564x^3-2533.6x^2+126.23x-1.0826$，拟合度$R^2=0.5847$，相关系数$r=0.7647>0.6319$，由此可见洋棉进口与洋

纱进口相关，但相关性很弱。这说明，若为多因素决定，洋棉进口有可能成为影响洋纱进口的因素之一。

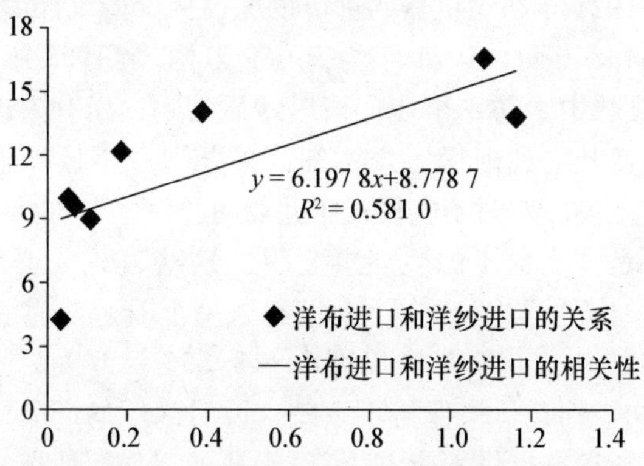

图 4－9　洋布进口和洋纱进口的相关性

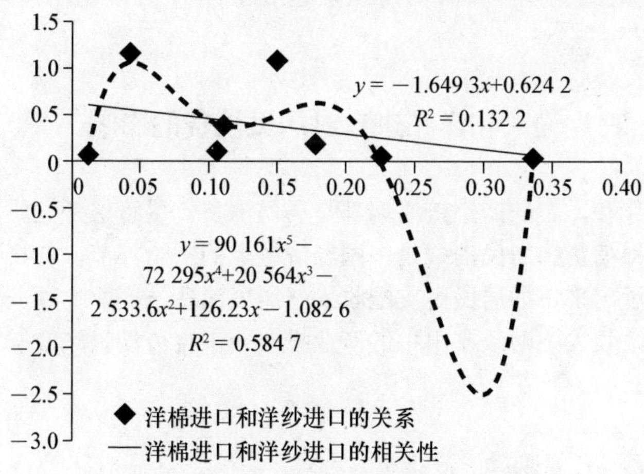

图 4－10　洋纱进口和洋棉进口的相关性

1894 年，张之洞说："近来体察沿海各口商务情形，洋纱一项进口日多，较洋布行销尤广；江、皖、川、楚等省或有难销洋布之区，更无不用洋纱之地，开源塞漏，断以此为大宗。湖北所产棉

花，质地粗壮坚韧，最宜纺纱。其机器工作，较之织布尤为简易迅捷，既能辅佐布局之不逮，兼可协助铁厂之要需。”①

1913—1921 年纺织机器的进口情况，从价格统计的数字上看，1913 年为 64.3 万两，1921 年为 510.9 万两。② 1923 年时曾论说，“近来国人颇热中于纺织事业，请以纱厂为喻。设有人以经营此业获巨利，众竞赴之利渐微。众不知，兴办纱厂不已。于是纱厂折本，有倒闭之势。斯时不宜投资于此业明矣”③。1933 年时曾论说，纺织业当时是“衰退了的生产事业”④。这些言论未必切合实际。图 4－7 反映出的洋棉价格在 19 世纪末呈上升趋势，一直持续到 20 世纪头 10 年。1932 年洋棉进口 118.856 百万关两。⑤ 在 20 世纪 30 年代初，棉花价格保持不下跌，说明纱厂的产品棉纱供不应求，使得原料棉花也供不应求。⑥ 纺织业的兴盛，使植棉业持续不衰。以高阳、潍县家庭棉纺织为代表的乡村工业“日趋衰落”⑦，不能说明工厂制的机器棉纺织业也在衰落，恰恰是后者在日益发展。

4. 鸦片输入和洋布进口对居民消费的影响

鸦片和洋布的产销链终端都是居民消费，尽管这是性质完全不同的两种消费。居民消费是中国经济链上的一个环节，若将这个经济链显示出来，即居民可支配收入→居民消费→产业生存→来自税收的财政收入→财政支出中的产业投资→来自劳动报酬的居民可支配收入。

---

① 张之洞．增设纺纱厂折//张文襄公全集：奏议卷三十五．台北，文海出版社，1970：19－20.

② 杨幸之．论中国现代化．申报月刊，1933，2（7）.

③ 董时进．论中国不宜工业化．申报，1923－10－25.

④ 董之学．中国现代化的基本问题．申报月刊，1933，2（7）.

⑤ 杨幸之．论中国现代化．申报月刊，1933，2（7）.

⑥⑦ 王子建．农业与工业．益世报，1934－12－08.

该问题的讨论可直接切入 1868—1897 年鸦片年均合计值和洋布年均进口值。鸦片年均合计值可通过表 4－4 的数据计算出来。洋布年均进口值可通过表 4－7 的数据计算出来。由此得到，鸦片年均合计值为 35 089 418 关两，洋布年均进口值为 23 537 093 关两。图 4－11 给出了鸦片合计值和洋布进口值的趋势，1868—1877 年鸦片合计值上升，洋布进口值下降；1877—1882 年鸦片合计值和洋布进口值都在上升；1882—1897 年鸦片合计值一直下降，而且在 19 世纪 90 年代下降得更快，洋布进口值继续上升，而且从 80 年代后期上升得更快。就线性方程而言，鸦片合计值总体上为下降趋势，洋布进口值总体上为上升趋势。

表 4－7　　五年平均洋布进口值

时段	进口值（关两）	时段	进口值（关两）	时段	进口值（关两）
1868—1872	20 321 525	1878—1882	19 115 133	1888—1892	29 041 725
1873—1877	16 605 764	1883—1887	20 536 165	1893—1897	35 602 236

鸦片走私输入的逃税值就是关税收入的减少数量，最终是财政收入的减少。通过表 4－8 可知，1868—1887 年鸦片年均逃税值为 670 778 关两，1888—1897 年鸦片年均逃税值为 592 955 关两。图 4－12 说明，1868—1887 年走私量趋势和逃税值趋势基本一致；1887—1892 年走私量为下降趋势，而逃税值为上升趋势；1892—1897 年走私量和逃税值都为下降趋势，但逃税值下降相当大。

表 4－8　　五年平均走私量和逃税值

时段	走私量（担）	逃税值（关两）	时段	走私量（担）	逃税值（关两）
1868—1872	27 306	819 180	1883—1887	21 099	632 970
1873—1877	20 615	618 450	1888—1892	8 778	965 580
1878—1882	20 417	612 510	1893—1897	2 003	220 330

说明：1868—1887 年的逃税值＝走私量×30 关两/担，1888—1897 年的逃税值＝走私量×110 关两/担。这是因为 1887 年鸦片厘金并入关税，由海关并征，鸦片厘金为 80 关两/担。

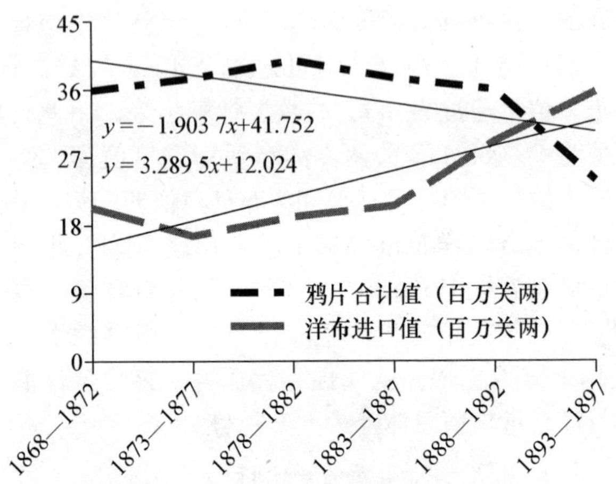

图 4－11　鸦片合计值和洋布进口值

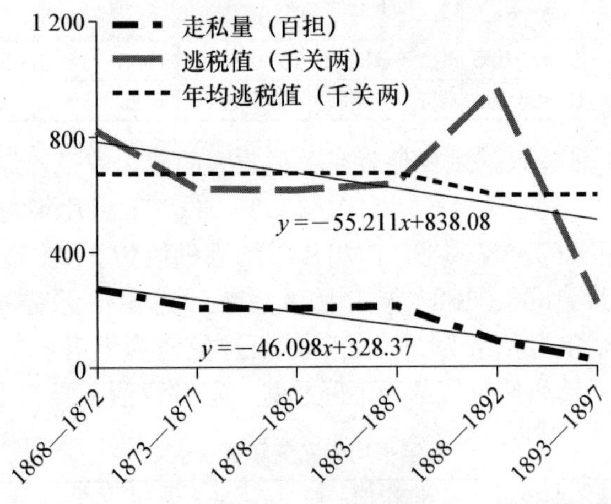

图 4－12　鸦片逃税值

走私输入的年价值：一是关税被减少；二是增加了鸦片消费额，相当于将居民收入中正常消费对国内生产的拉动力减弱。鸦片输入的合计值和逃税值对于中国经济而言，相当于双重减少，逃税值对应财政收入减少，合计值使中国经济链上的“居民消费→产业生存”这个环节，出现平均每年 35 089 418 关两的差额，在投入产

出意义上可归结为产业投资的减少。

"质良价廉"的机织布，使不自织土布的居民家庭节省了一定的消费。洋布畅销中国的时间可上推至上海开埠后，"松、太利在棉花梭布……近日洋布大行，价才当梭布三之一，吾村专以纺织为业，近闻已无纱可纺。松、太布市，消减大半"[①]。尽管自织土布的居民家庭可以用洋纱来织布，但与织布厂的机织布相比，品质上还是有一定差距。因此，洋布进口主要是与中资织布厂生产的土布竞争。另外，我们也要看到，洋布进口使中国经济链上"织布业生存→居民收入→居民消费→产业生存"一系列环节前端的"织布业生存→居民收入"这个环节，出现平均每年 23 537 093 关两的差额，在投入产出意义上可归结为产业投资的减少。

鸦片年均合计值 35 089 418 关两和洋布年均进口值 23 537 093 关两这两个大数字，反映出当时中国既是深受霸权欺凌的国家，又是技术完全落伍的国家。

四、企业生存环境和经济全球化问题

（1）比较东北亚地区中国、日本、韩国的企业生存环境。下面通过表 4－9 把其中的主要问题反映出来。

表 4－9　　　　中、日、韩企业有关问题比较

	中国	日本[②]	韩国
企业规模	中小企业占 95%	中小企业占 99%	中小企业占 95%
经营体制	私人企业少于国有企业	在前高速增长时期解散财阀	维护财阀/规制财阀
工会组织	全国性工会（法定外企也有）	企业内工会（仅 20% 企业有）	全国性工会(仅三星没有)

① 包世臣．答族子孟开书//安吴四种：卷二十六．台北：文海出版社，1968：34.

② 李国庆．日本社会：结构特性与变迁轨迹．北京：高等教育出版社，2001：63、4、70.

续前表

	中国	日本	韩国
管理意识	集体主义→集体认同感淡薄	集团主义→集团意识淡化	集团认同→集团认同感下降
劳务管理	平均主义→关系—实力主义	年功序列制→能力主义	家长制→年功—实力主义

（2）经济全球化与市场经济有直接关系。经济全球化的实质也可以看作市场运行机制和体制的全球化。

凯恩斯曾指出："实行重商主义所能取得的好处，只限于一国，不会泽及全世界。"① 事实上，我们也看到，发达国家充分利用它们的人才优势、技术优势，对广大发展中国家采取了实际上极不平等的重商主义政策。以中国在21世纪伊始所面对的一个情况为例，中国2 000亿美元的外汇储备意味着把相当于当时国民生产总值1/5的黄金和实体财富免费供美国使用。因此，从整个世界范围来考察，少数发达国家经济形势的好转，是以恶化发展中国家经济为代价的。②

五、国际贸易企业市场营销的"波特现象"分析

市场营销带有一种市场竞争的本能。③ 我们从市场营销这个特定窗口，可以观察中国市场上特定竞争对手之间的合作或争斗。在这里，我们只是偏重于以理论方式对那些国际贸易企业的市场营销作分析，并通过它引出某些现实思考。

---

① ［英］约翰·凯恩斯．就业、利息和货币通论．北京：商务印书馆，1997：289.

② 孙天法．非均衡配额经济学．北京：经济科学出版社，2003：70.

③ 市场营销说穿了就是想办法销售。销售为什么需要想办法？这是因为销售还面临着竞争。

1. 与市场营销相关的国际经济理论：国际贸易和国际分工

围绕着成本—价格，有两组国际经济理论要以一种新的方式来理解：一组属于国际贸易范畴的，另一组属于国际分工范畴的。

对于国际贸易范畴的这组经济理论，我们非常熟悉，并且它与国际分工有密切联系。通过什么方式才能把这些理论的普遍适用性揭示出来，使其发挥“与时俱进”的功能，也是笔者一直在思考的，具体问题见表 4－10。对于国际分工范畴的这组理论，笔者与传统认识有很大不同。表 4－11 是传统认识，表 4－12 是笔者的一种设想。对于我们来说，确定国际分工方式非常必要，它总会涉及国际贸易，而国际分工—国际贸易这个总体框架在一些具体的中外企业市场营销问题分析中是不可缺少的因素。

表 4－10　　国际贸易五个基本理论

理论	特征	类比	要点	应归属	理论联系	说明	首创
贸易差额论	对外贸易	交换理论	顺差	国际贸易			托马斯·曼
绝对成本论	前提内产 结果外贸	生产理论	择优确定 生产什么	国际分工	强调协作		亚当·斯密
比较成本论							李嘉图
相互需求论	前提分工 结果交换	交换理论	需求决定 贸易差额	国际贸易	强调协作 回归交换	①②	约翰·穆勒
资源禀赋论	交换始发 回归生产	生产理论	价格竞争 趋于无效	国际分工	强调交换 回归生产	③④⑤	俄林

说明：①反映出一个重要问题，即“需求决定价值”，这个价值就是“交换比率”。②也可以理解为“需求强度是贸易条件的变量”。③国际贸易为什么产生？它源自生产要素的富余与缺乏。国际贸易反映了什么？它反映了商品流向（国际上）及进出口商品结构（一国）。④狭义的该理论可以联想为“生产要素供给比例→商品价格趋于相等→使价格竞争趋于无效”。广义的该理论可以联想为“要素价格均等化→要素价格趋于相等→使生产成本差距趋于消失→使价格竞争趋于无效”。⑤引出“国际资源禀赋差异”论题，它既同“生产要素的富余与缺乏”有内在联系，又让我们去关注自然资源、资本资源、技术资源和人力资源。

表 4-11 对国际分工方式的传统认识

方式	垂直型	水平型	混合型
特征	进口原料 出口制成品	生产分工协作 交换中间产品	把垂直型和水平型混合起来
举例	日本	发达国家之间	联邦德国对发展中国家是垂直型，对发达国家是水平型

表 4-12 笔者对国际分工方式的设想

<table>
<tr><td>性质</td><td colspan="5">非协作性分工</td><td>协作性分工</td></tr>
<tr><td rowspan="5">特征</td><td rowspan="5">生活类产品交换</td><td rowspan="5">生活类产品交换生产类产品</td><td colspan="3">生产类产品</td><td rowspan="5">中间产品交换</td></tr>
<tr><td>未经制造</td><td colspan="2">制成品</td></tr>
<tr><td>原料产品</td><td>材料产品</td><td>工具产品</td></tr>
<tr><td colspan="3">生产类产品交换</td></tr>
<tr><td>原料产品与材料产品交换</td><td>原料产品与工具产品交换</td><td>材料产品与工具产品交换</td></tr>
<tr><td>方式</td><td>AX 型</td><td>AY 型</td><td>AZ_1 型</td><td>AZ_2 型</td><td>AZ_3 型</td><td>B 型</td></tr>
</table>

说明：表 4-12 中没有单列出相当于混合型的类型。我们可以认为，“B 型$+AZ_1$型”或者“B 型$+AZ_2$型”属于这种混合型。

2. “波特现象”以五种竞争力假说为基点

“波特现象”是我们在这里讨论问题时专门用来指美国学者迈克尔·波特所提出假说中与市场营销有关的一些现象。波特研究的竞争战略涉及广义竞争和狭义竞争，前者针对一个产业或者说其中的所有企业，后者针对一个企业。可见，两者就是共性问题和个性问题。

波特的分析有几点需要事先指出：①对产业的定义以产业结构分析为基础，产业结构分析的基点是放在共性的五种竞争力。波特确认的产业结构特征以及由此决定的产业“竞争状态—利润率”都落实在五种竞争力［即目前的对手和两种威胁（入侵威胁、被替代威胁）、两种阻力（买方的议价能力、供方的议价能力）］上，被看

作“延伸的竞争”，连客户、供应商都成为该产业的“竞争对手”，最终产生一种合力。以此作为设定条件，产业的定义就是“选择现有竞争产品与替代产品的界限、现有的公司与潜在的入侵公司的界限，以及现有公司与供方、买方公司的界限”。②产业的定义不等于企业要投入的业务范围的定义，也就是说，“产业的确定并不等于确定了公司要在哪里竞争”。③给出与五种竞争力相抗争的三种竞争战略，即总成本领先战略、差别化战略和专一化战略。[①]

产业竞争可以缩小到企业竞争。企业生存主要靠生产和销售两个环节来支撑，市场营销是为了解决销售竞争问题。[②] 在波特看来，营销的相关环境是客观存在的，外部力量通常影响着企业，关键在于企业“对外部影响的应变能力”。从波特的假说中，我们可以归纳出定位在市场营销上的“波特现象”。

3. 定位在市场营销上的“波特现象”

(1)“波特现象”之一：价格竞争、规模经济、非价格竞争包含的市场营销因素。

先观察我们对波特所认定的“三种通用竞争战略”做出的比较，见表 4－13。总成本领先战略体现的是成本优势，规模经济的要点在获得成本优势，两者既有联系又有区别。两者的区别在于，总成本领先战略是作为一种竞争战略，规模经济只是为实现该战略

① ［美］迈克尔·波特. 竞争战略. 北京：中国财政经济出版社，1989：9－10、37、38－44.

② 竞争现象总要伴随着竞争反应。这种反应在“少数厂商控制市场”的情况下，大体上有两种形式：一是合作性的，企业互相合作、互利双赢。二是报复性的，强烈时会升级为战争，每个企业的情况都会比互相合作差得多。波特认为：“在绝大多数产业中，竞争的中心特性是企业互相依存：企业互相感觉到各自行动的结果并做出反应”，“一个企业竞争行为的后果至少依赖于其竞争者的某种程度的反应行动”。当然，合作性反应“意味着这本身丧失潜在利润和市场占有率”，企业最痛苦的是进退两难（《竞争战略》，87 页）。

而采用的多种方式中的一种；规模经济作为一种经济状态，成本递减是其必然属性，就它的进入领域、实现途径而言都可以不同。关于规模经济，我们通过表 4－14 予以说明。

表 4－13　　比较波特的“三种通用竞争战略”

类型	总成本领先战略	差别化战略	专一化战略
要点	低成本优势	独特性优势 （被顾客确认的唯一性）	狭窄目标优势 （差别化/低成本/两者兼得）
方式	● 规模经济 ● 市场份额 ● 原材料低价位供应 ● 设计制造简便产品	● 名牌形象 ● 技术特点、性能特点 ● 顾客服务 ● 商业网络	● 高效率 ● 优效果 ● 为某一狭窄范围特殊对象服务
问题	为创立市场份额 ● 前期投资很高 ● 定价过程严格 ● 初始亏损	● 与提高市场份额不能兼顾 ● 成本代价很高	● 获取整体市场份额被限制 ● 利润率与销售额互为代价 ● 以总成本优势为代价

表 4－14　　对规模经济的简要分析

<table>
<tr><th colspan="5">进入领域</th><th colspan="2">实现途径</th></tr>
<tr><td rowspan="2">工厂
规模经济</td><td colspan="4" rowspan="2">公司规模经济
（非生产性活动）</td><td>纵向联合经济</td><td>横向联合经济</td></tr>
<tr><td>产销—环节联合</td><td>共享—成本联合</td></tr>
<tr><td>生产
规模
经济</td><td>销售
规模
经济</td><td>研发
规模
经济</td><td>采购
规模
经济</td><td>后勤
规模
经济</td><td>管理本—利平衡
适度半/全联合</td><td>推销队伍
发货系统
无形资产</td></tr>
</table>

说明：(1) 具有“共享—成本联合”特征的横向联合经济，又称“可共享规模经济”。

(2) 纵向联合主要发生在企业内部，属于一个企业的行为。但是，处于半联合状态时，会出现纵向相关的企业之间由于某种媒介因素而“意味着创建一个联盟”，并且带来“联合的许多利润有时在无成本发生的情况下获得”。

(3) 联合成本的共享利益主要来自两种形式：一是兼营副产品，但这必须属于天然具备的能力，企业能从副产品中获得增量收益。二是共享无形资产，如名牌和专门知识。“建立一种无形资产的成本只出现一次，只要花些调整修改的成本，从此这种资产便可以自由地用于其他经营单位。这种共享无形资产的情况能够导致非常可观的经济性。”

(4) 对分级联合、锥形联合、准联合，我们在表中没有显示。从波特的整个论述来看，分级联合就是纵向联合，并且主要是指完全联合，而半联合又称部分联合。准联合是指在纵向相关的业务间建立一种关系，属于完全联合的另一种选择。锥形联合属于部分联合，但它是部分地前向联合或后向联合（《竞争战略》，13 页、270 页、14 页、119 页、286 页、285 页）。

从表 4－14 可以看出，规模经济包含的市场营销因素主要是销售规模经济、可共享规模经济以及与特定环境有关的纵向联合经济。纵向联合是指在某一企业范围内把不同的生产、分销或其他经济过程从技术上结合起来，它反映了企业应用管理职能（内部）而不是利用市场职能（外部）去实现其经济目的。例如，一个拥有自己销售实力的企业进入市场时，可以承包一个独立的销售组织来提供它所需要的销售服务。[①] 在联合的利益方面，首先，联合具有经济性，这正是规模经济的本质（大规模的经济性）；其次，取得技术开发的潜在利益、减少供应和销售的不确定性、提高总投资回收率等。在联合的成本方面，如增加经营力量和固定成本量、机会成本耗费资本资源、保持平衡引出不平衡风险、减弱刺激引出“坏苹果”问题等。[②]

从表 4－13 可以看出，非价格竞争主要是差别化战略。波特认为，实际应用差别化战略时还有一些条件：①就“技能—资源”而言，需要强大的营销能力，在产品品质或技术开拓上声誉卓著，在某产业中有悠久历史或具有从其他业务活动中得到的独特的经验技术构成，与销售渠道的高度协调合作等；②就“组织要求”而言，应注意研发与市场营销部门之间的协作关系等。[③]

---

① ［美］迈克尔·波特．竞争战略．北京：中国财政经济出版社，1989：269.

② （1）纵向联合使企业内部存在机会成本。由于纵向链中每一部分的功能是相互独立的，强迫企业为维护整体做出额外投资，而不是分配资本，所消耗的投资资金仅仅是为了维护在经营过程中资产的价值。这反映出联合能够降低企业分配其投资资金的灵活性。相反，一个独立实体可以应用外部的资本投资。因此，内部的机会成本相当于共同障碍率，联合要求资本投资回收率大于共同障碍率；或者说，纵向联合必须获得大于或等于资本机会成本的资本投资回收。（2）纵向链中某家企业会有多余产量，但纵向联合迫使它向联合体内部的竞争对手销售，即保持平衡规则引出不平衡风险。如果多余产量能在市场上销售，就会减少不平衡风险。（3）纵向联合意味着通过已有的关系来进行销售，这成为在联合体内部的销售而不是竞争（外界销售），它能够减弱刺激。当一方企业在战略上是病态的，它的问题可以蔓延到联合体的其他健全部分，比如通过接受高成本、劣质产品或内部销售用低价格来帮助困难企业，结果毁坏了健康企业（《竞争战略》，278－280 页）。

③ ［美］迈克尔·波特．竞争战略．北京：中国财政经济出版社，1989：44.

（2）“波特现象”之二：前向联合、后向联合包含的市场营销因素。

前向联合涉及供方的前向联合，被称为“前向联合的威胁”，“这种威胁使企业在提高购买条件时的信心大减”。针对这一情况，又出现了企业的后向联合，可以称为“后向联合经营”。这种经营战略主要通过两种方式表现出来：①专有知识。“由于在联合体内部满足各部分生产需求，企业能够避免与其供应商共享专有数据，而供应商需要这些资料生产零件和原材料。”②产品可靠。“通过获得对关键零部件生产的控制”，后向联合促使企业能够确保其“产品更可靠”。实际上，这同样属于企业别具一格的产品特色。[①]

后向联合涉及买方的后向联合，被称为“后向联合的威慑”，买方“为某一项产品实行后向联合”，“可以通过表现这一可能的威慑而受益”。针对这一情况，又出现了企业的前向联合，被称为“前向联合经营”。这种经营战略可以通过多种方式表现出来：①产品特色。例如，“向前联合成一个与零售商至少在部分产品上共用一个商标名的企业”。②销售渠道。“前向联合解决了进入销售渠道的问题，并且取消了销售渠道拥有的争价实力。”③市场信息。“在一个纵向链中，对产品的需求经常在前一个阶段发生。这一阶段决定生产规模和前面生产步骤里需求的组成。”“在这一阶段中要做关键的市场决策，通常这一阶段称为需求领先阶段。”“前向联合需求领先阶段能够给企业提供关键的市场信心，它使整个纵向链更有效地运行。”“在需求领先阶段中，许多企业对于它们的所有业务采取明确的或含蓄的联合战略。”“为实现这类目标进行的前向联合利益依赖于市场不稳定的程度，以及在需求领先阶段生产是为库存还是为顾客的变动程度，同时也依赖于没有进行联合时企业可获得未来市场信息的能力。”④差别价格。第一种方法，“对同一种产品，通过对不同的顾客设置不同的价格，前向联合可使企业实现较高的总

① ［美］迈克尔·波特．竞争战略．北京：中国财政经济出版社，1989：119、284.

体价格”。第二种方法，“为了使产品价格更好地符合企业最终顾客的需求特性，让企业进行联合”。①

前文所述的在供方与企业之间出现前向联合、后向联合，在买方与企业之间出现后向联合、前向联合，见图 4-13。

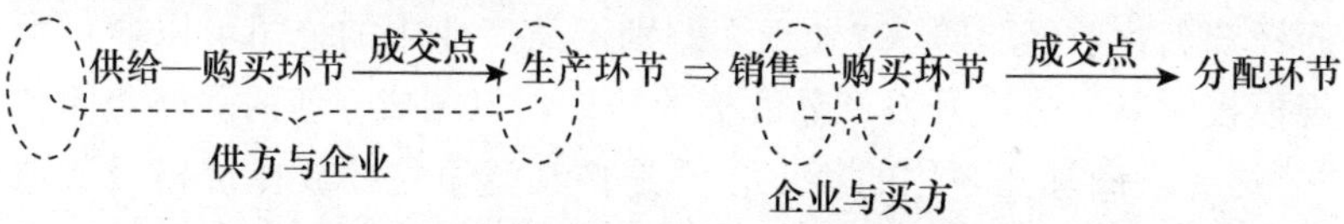

图 4-13　前向联合、后向联合在不同对应体当中有不同显示

说明：(1) 供方与企业在生产之前交易，供方在这个环节上实现联合，这就指“前向联合”。企业在生产环节上以联合来做出反应，从生产环节相对于供—购环节考虑，叫“后向联合”。

(2) 买方与企业在生产之后交易，买方在销—买环节的“买”方位实现联合，这就指“后向联合”。企业在销—买环节的“销”方位实现联合，从“销”方位相对于“买”方位考虑，叫“前向联合”。

锥形联合是部分的前向或后向联合，“它要求企业具有超出其联合体内生产需求的生产规模，并且还必须有额外的需求，并在市场上得到满足”。对于锥形联合的利益，若与完全联合相比，可使固定成本增加较少、可以防范纵向环节间的不平衡、使企业能够获得大量信息的方便、使企业有机会介入外界的研发活动、联合到某一程度能够降低内部关系的风险；在争价方面，这种联合“对供应商与顾客限制很严”，可以避免为抵消争价实力而不得不做出的完全联合，而且这种联合还“给企业提供了详细知识”，它可以产生“额外争价优势”；在竞争方面，“对联合体内部如何鼓励员工的问题提供了部分解决方法，内部的供应者和顾客与外界独立的供应商、顾客之间存在着竞争，这样竞争可以改进他们的工作”。对于锥形联合的成本，如风险成本，“锥形联合要求企业从竞争者处购买或向竞争者销售产品，如果这样做有很大风险，锥形联合就不是一个好的方

① [美] 迈克尔·波特. 竞争战略. 北京：中国财政经济出版社，1989：118、32、281-283.

法”；如协调成本，“当产品是由外部供应商生产，而联合体内部企业的生产必须与此产品完全相匹配时，锥形联合增加了协调成本”。[①]

(3)“波特现象”之三：企业文化包含的市场营销因素。

这可以从四个角度反映出来：①无形资产。例如，商标信誉、商标知名化、经验等。“处于无差别产品产业中的公司可以通过大规模投资做广告，开发产品商标的信誉，以图成立新的战略集团。”“公司寻求商标知名化的程度，不是将其竞争主要放在价格或其他变量基础上；商标知名度可以通过广告、销售队伍或其他许多方法获得。”“当一个公司实体内部有相关活动，则姐妹单位能得益于经验却不付或仅付出很小的代价，因为许多经验成为一种无形资产。”②认识能力。“认识到全球竞争的机会本身就是一种创新，因为这种认识可能包含了远远超出迄今为止的国内活动范围的国际活动。”③观念更新。“一个重新定义产品形象和概念的销售改革，有时对全球竞争也很有帮助。”“由于结构深深嵌入了产业的基本技术、产品特征以及现在和潜在的买主素质中，这个产业可能向一系列结构进化，它取决于研究开发、营销革新等等的方向及成功所在。”④领导风格。“三种通用竞争战略是供选取的、抗衡竞争力量的重要方案”，它“还需要有不同的领导风格，并可以转变成不同的公司文化和公司气氛，从而吸引不同类型的人才”。如果“一个公司未能沿三个方向中的至少一个方向开发自己的竞争战略，即一个公司徘徊其间”，那么“徘徊其间的公司也可能因为没有鲜明的企业文化、组织安排上的与奖励系统的矛盾冲突而引起种种弊端”。[②]

(4)“波特现象”之四：市场营销反射出企业究竟是什么问题。

这可以从四个方面帮助我们理解：

第一，退出成本。一个企业放弃某项业务（经营该业务的公司被放弃），“经常面临着劳动力安置成本”，“管理者和雇员可以要求

① ［美］迈克尔·波特．竞争战略．北京：中国财政经济出版社，1989：285-286.

② 同上书，128页、122页、18页、258页、260页、151页、44-45页。

重新安排工作或者重新培训”；如果又存在“政府不赞同失业，退出的固定成本非常高”，这属于固定成本。“某经营单位对于企业其他经营单位在市场形象、市场活动能力、达到最终市场设施共用等方面的战略牵连，这些因素使企业为攻取高级战略要点而保留该业务。这属于战略成本，远虑在整体利润。”① 放到成本—利润这个有机结构上思考，可见企业始终把利润作为生存的唯一支柱。

第二，干涉后果。在某些情况下，“由于政府干预就业问题和地方团体的影响，一项业务的退出几乎是不可能的”，“即使政府不正式地卷入这一争端，社团对不允许退出的压力及非正式的政治压力也非常高”。企业管理者在这个问题上的同情心可以看作关心社会，“但它不能转化成美元，但却是真实存在的”。“放弃经常意味着许多人失去工作，而且，放弃也意味着削弱地方经济。这种关心与退出的精神障碍相互影响。”② 现实证明，后果会很坏。“在衰退产业中，政府资助一个经营不佳的企业继续停留在此产业中是不好的。它不仅仅是因为一部分生产能力没有离开市场，而且还因为被资助的企业能够进一步降低它的利润潜力，这是因为企业的决策是以不同的经济条件为基础的。”另外，“政府出于对失业和对地区经济影响的关注而对退出做出否决与劝阻”，“当退出障碍很大时，过剩生产能力便无法释放到该产业之外。同时，在竞争战中已失败的公司也无法脱手。这样它们也只有异常地抓住自己的业务。由于它们实力较弱，不得不求助于一些极端化战术。结果，整个产业的利润率就可能持续下降”。③ 那些“极端化战术”都表现为什么形式

① ［美］迈克尔·波特．竞争战略．北京：中国财政经济出版社，1989：234-235、25.

② “同情心是一种社会关心，许多管理者对他们的雇员及地方社团都有这种社会关心。”它又被称为“感情障碍”，具体表现是在“管理上不愿从纯经济角度公正地做出退出决策，原因有对具体业务的认识、对雇员的忠实、对自己事业的担忧、傲慢及其他原因”（《竞争战略》，238 页、25 页）。

③ ［美］迈克尔·波特．竞争战略．北京：中国财政经济出版社，1989：238-239、25.

呢？反正有一点是肯定的，对经济秩序有害无利。①

第三，教育激励。例如，强调纪律，“成熟产业中整体普遍的环境变化允许更少的松弛并从组织内要求更多纪律，以执行其适当的战略，这种需要以有形的和无形的方式遍布组织的各个层次”；意识教育，“组织机制要求建立更多的企业认识和忠诚”，特别是协作意识，“在成熟产业中，协作变得比企业家身份更加重要”；激励方法，“对于最高层领导的挑战是发现新的方法去激励报答员工”，“更多的巧妙的激励方法必须被使用，内部支持和鼓励需要代替外部刺激和过去的报酬方式，并为需要的内部调整提供后盾”；兼顾自治，“创造自治的利润中心，工厂水平的自治”。② 这表明，企业首先是人的集合体。③

第四，劳动组织。我们需要“将劳动力作为一种供应组织来考虑”，“高技术雇员以及紧密团结起来的劳工可以讨价还价削减相当一部分产业的利润潜力”，“在估计劳动力压力时的关键一点是其组织起来的程度，以及劳动力的不同种类供应的短缺是否会缩小；当劳工紧紧地团结起来或者稀缺劳动的供应受到某些局限无法增大时，劳工的势力就会很大”。这可以看作“劳工的前向联合”，劳资协定也会反映出这种“不对称现象”。④ 在这方面必须认清，企业是投资者、劳动者的集合体，由劳资合作构成，劳资对立只能促使企业解体。讨价还价必须以合作为归宿，如果根本就不想合作，争价显然是多余的。由此看来，是否需要在社会中弱化劳资对立观念呢？⑤

(5)“波特现象”之五：市场营销涉及的外部环境。

企业市场营销的外部环境主要涉及买方、政府和同行。

---

① 陈勇勤. 管理思维导论. 北京：经济管理出版社，2000：157-160、145-148.

② [美] 迈克尔·波特. 竞争战略. 北京：中国财政经济出版社，1989：226-227。

③ 陈勇勤. 中国企业文化的发展趋势. 未来与发展，1996 (3).

④ [美] 迈克尔·波特. 竞争战略. 北京：中国财政经济出版社，1989：32、206.

⑤ 陈勇勤. 对企业文化与企业管理二者关系的一种假设//“韩中日三国企业文化比较国际学术会议”报告论文，2004-02-19.

第一，不同需求。一方面，“由于文化上的差异，经济发展状况不同，收入水平以及天气等的不同，不同国家的市场要求对产品在成本、品质和性能，甚至在式样、尺寸及其他方面进行不同的权衡”；另一方面，“尽管内在的产品需求是相同的，但不同的法律限制、建筑条例或者技术标准都迫使不同的产品种类适应不同国家市场的需求”。这种需求在生产上、资源利用上都会对企业的全球竞争产生不利影响，比如“妨碍企业获取全球规模经济或学习经验的积累”；“如果不同的产品种类需要不同的原材料或零件，利用全球资源也受到影响”。①

第二，需求趋势。“某产业产品的需求受买主群的生活作风、情趣、哲学和社会条件的影响，任何时候任何社会都能发现这一点。”“像这样的需要趋势不仅直接影响需求，而且通过中介产业间接影响对工业品的需求。需要趋势影响了产业的总需求，尤其影响了产业的市场面。社会趋势创立了新需要或加强了需要。”②

第三，制度阻力。一方面，涉及政府障碍。“全球竞争有很多政府障碍，多数都是以保护当地企业或当地就业人员为借口。”“政府障碍或者帮助本地企业，或者要求在已废除全球生产的潜在规模经济的国家生产。政府的规则也能强迫某一种产品只对某一国家销售，并且在使产品更加国家专业化上影响销售实践。政府障碍最有可能在那些有显著特点的产业，或者对一些重要的政府目标有影响的产业里发生。这些政府目标如就业、区域发展、战略原材料的本地来源、防御和文化重要性。”另一方面，涉及政府影响。“政府作为买方或供方机构，通过其实行的政策影响着产业的竞争”，“政府在成为供方或买方机构的过程中，政治因素往往多于经济因素”；此外，“政府的规定也可限制供方或买方公司的行为”。“政府还可以通过规章条例、补贴或其他方法帮助替代品的生产，从而影响产

① ［美］迈克尔·波特．竞争战略．北京：中国财政经济出版社，1989：254.
② 同上书，154 页。

业的处境。”“政府还可以对产业成长速度施加影响，从而引起竞争者之间争夺的激烈程度发生变化，或通过规章条例影响产业成本结构。”再有一点就是，“政府条例的变化也能增加或减少对产品的需要”，这又同需求趋势联系在一起。①

第四，销售阻力。一方面，销售阻力与销售渠道有关，“一个外国企业很难进入已占用的销售渠道”，“需要同那些已经建立起来的、独立的、有库存的批发商们竞争”；另一方面，销售阻力又与销售力量有关，“如果产品是由一个当地制造商的直接销售力量来销售，那么国际竞争者即面对一个潜在规模经济的障碍，特别是当竞争者销售一个产品系列时，这种竞争的潜在规模经济的障碍最为明显”。②

第五，市场信号。它是指一个竞争对手的任何行动，“这种信号能直接或间接反映出竞争对手的意图、动机、目标或内部情况”，“从竞争对手的行为中发现信号，是对竞争对手分析的有效补充因素”。市场信号有真实信号和虚假信号的区分。市场信号的形式有提前预告、事后宣告、对手评论、对手战略、目标偏离、惯例偏离、交叉回避、格斗商标、秘密诉讼等。“研究历史上一个企业的公告和行动之间的各种潜在信号及后果的联系，可以有效地增强准确地辨别信号的能力。”“战略制定本身就包含着对竞争者及其行为的某些明确和不明确的假设。市场信号可以有效地增加企业对竞争者的了解，并因此而增强这些假设的准确性。”我们应当认识到，“无视市场信号就等于无视全部竞争者”。③

(6)“波特现象”之六：市场营销涉及的内生变量。

内生变量主要涉及技术和管理：①为技术创新反馈信息。技术创新体现在产品上就是产品革新，它“可以扩大市场，因而促进产业增大，并加强产品的差别化”。另外，革新有时会“要求新营销

---

① ［美］迈克尔·波特．竞争战略．北京：中国财政经济出版社，1989：257、33、154.

② 同上书，255页。

③ 同上书，76-86页。

方法、新销售渠道”相应出现。属于技能创新的营销革新，主要在于“增加需求”。发现新的销售渠道“可以扩大需求，提高产品的差别化”。“使销售渠道提高效率的营销革新，可以降低产品的成本。”“新营销方法能影响规模经济性”；“营销革新还能改变与买主的力量对比，影响固定和可变成本的平衡，从而影响竞争的激烈性”。②为企业管理反馈信息。生产过程或生产方法的革新会引起内部管理的相应变化。[①]

内生变量与其他三个因素也有一定的关系：①规划。它反映在市场细分，主要关注大需求量和特殊客户，又有供货细分市场和消费细分市场的区分。“即使在一些国家之间存在着必需的产品特征，但仍然有一些细分市场，它们对于许多国家是共同的，并且市场经营得不理想。”“这些细分市场要求不同的技术、设备和占领市场的方法，所有这些都要服从于全球经济和国内企业的不协调。”②机会。选择“正确的进入时间”，有时会伴随高风险，但也可能“在另一方面涉及低进入障碍”。外国企业有时能比进入国企业更好地“观察到全球竞争的时机，这是因为它们在国内市场上有这种竞争的经验”。③产业演变。结构进化“取决于研究开发、营销革新等等的方向及成功所在”，它又是投资决策的直接作用对象，也就是投资决策包括对新的营销方法进行投资。企业的“运气、技能、资源和方向能形成产业将真正进行的进化路径”。[②]

---

① ［美］迈克尔·波特. 竞争战略. 北京：中国财政经济出版社，1989：164-165.

② 同上书，108-109 页、260 页、209 页、261 页、151-152 页。

第5章 价格制度

价格是商品外在的交换比率。但是，这也引出一个问题，即琼·罗宾逊夫人说的，一定存在着“价格之所以表现为价格的某种东西”，那么“价值是可以用来解释的”。价值相当于西欧“中世纪经院哲学家的公平价格”，“价值有支配作用是因为价值公平且公正”；“古老的公平价格概念”在“各种含义不同的价值概念”中是“一个一直隐藏着的含义”；“价格是边际效用的尺度”，“价格度量的是欲望”；“效用的重点就是证明自由放任的正确性”，“对每个人来说，唯一需要做的就是获取利益的自利行为”。[①] 沃西里·里昂惕夫针对投入产出涉及的价格说道：“在开放式投入产出体系中，价格是由一个方程组确定的，后者表示经济的各生产部门

① ［英］琼·罗宾逊. 经济哲学. 北京：商务印书馆，2015：31、33、54-55、62.

每单位产出的价格一定等于它在生产过程中的支出总额。”①

一、先秦对价格的认识

范蠡对价格从农业和商业的关系上做出解释，他说：

> 夫粜，二十病农，九十病末。末病则财不出，农病则草不辟矣。上不过八十，下不减三十，则农末俱利，平粜齐物，关市不乏，治国之道也。②

李悝论平籴，反映了农与民以粮食为核心、由粮食价格所连接成的经济关系。他说：

> 籴甚贵伤民，甚贱伤农。民伤则离散，农伤则国贫，故甚贵与甚贱，其伤一也。善为国者，使民毋伤而农益劝。……善平籴者……使民适足，贾平则止。③

孟轲披露了市场垄断这一经济现象，同时也指出，商品不同必然价格不同，如果不同商品被强行规定为同一价格，后果将是市场混乱，经济无法正常运行。他说：

> 古之为市也，以其所有易其所无者，有司者治之耳。有贱丈夫焉，必求龙断而登之，以左右望，而罔市利。人告以为贱，故从而征之。征商自此贱丈夫始矣。④

① ［美］沃西里·里昂惕夫. 投入产出经济学. 北京：商务印书馆，2011：160.

② 《史记·货殖列传》。

③ 《汉书·食货志》。

④ 《孟子·公孙丑下》。

二、市场经济中的价格

1. 商品和价格

商品和价格是“一对对偶的概念”①，因此讨论价格首先必须谈商品。美国学者德布鲁认为，商品包括货物和服务，而服务分为三种类型，即劳动类服务、使用类服务、其他类服务。他指出，如果关注时间的变化，将涉及商品理论中关于储蓄、投资、资本和利息等理论；如果关注地点的变化，将涉及商品理论中关于选址、运输、国际贸易和国际汇兑等理论。②

对于价格，德布鲁认为，价格概念包括两个要点：一是“想获得商品所必须付出的货币量”，这个实数就是商品的价格；二是“通过比较地点相同、时间不同的价格，可以得到利息率和贴现率；通过比较时间相同和地点不同的价格，可以得到汇率”。现货价格和期货价格密切相关，两者的区别只在于交割时间和交割地点，从而涉及利息率、贴现率和汇率。③

既然每种商品都与它的价格相关，那么商品空间和价格体系应当不可分割。按德布鲁的约定，用R^l表示商品空间（l意味着可识别的商品数量有l种）。对任何经济主体来说，一个行动就是对每种商品的数量说明，这些商品要么是他提供给别人使用的，要么是别人提供给他使用的，而这个行动就是该经济主体投入和产出商品数量

① ［美］吉拉德·德布鲁．价值理论及数理经济学的20篇论文．北京：首都经济贸易大学出版社，2002：45.

② 同上书，45-50页。劳动类服务和使用类服务的数量都用时间来表示。其他类服务主要是交通运输服务、仓储服务等

③ 同上书，45-46页、51-54页。

的完整列表。一个行动，用 R^l 中的一点 a 来表示。价格体系是 l 元组 $p=(p_1, \cdots, p_h, \cdots, p_l)$，它可以用 R^l 的一点来表示，h 是取值为 1 到 l 的指标。反过来说，a 可以表示价格体系 p。总之，行动 a 与价格体系 p 有关。a 的价值，或行动 a 相对于价格体系 p 的价值是 $\sum_{h=1}^{l} p_h a_h$，即 p 与 a 的内积 $p \cdot a$。① 这里的行动是指经济主体的行动计划，就是现在对未来的全部安排。它可以说明商品数量，事实上代表了一个生产过程，因为商品数量终归要由生产来提供。所以，行动计划可以看作生产计划，行动 a 也可以看作生产 a。因此，a 的价值（即 $p \cdot a$）就相当于行动的收益，也相当于生产的收益。

2. 生产和利润

按德布鲁的约定，一个生产计划或一项生产由商品空间 R^l 中的一点 y_j 表示。对第 j 个生产者而言，y_j 点又称第 j 个生产者的供给。给定价格体系 p 和生产 y_j，第 j 个生产者的利润是 $p \cdot y_j$。② 如果我们把内积 $p \cdot y_j$ 和内积 $p \cdot a$ 相对照，就会发现行动 a 相当于生产 y_j，这样行动的收益 $p \cdot a$ 也就相当于利润 $p \cdot y_j$。

德布鲁把讨论选择在私有制经济范畴，设想“其中消费者拥有资源并且控制生产者；给定价格体系，每个生产者最大化其利润，利润分配给消费者——股东；后者的财富从而得以确定，并且在财富约束下满足其偏好”③。

3. 总资源

按德布鲁的约定，总资源由商品空间 R^l 中给定的一点 ω 表示。

---

① ［美］吉拉德·德布鲁．价值理论及数理经济学的 20 篇论文．北京：首都经济贸易大学出版社，2002：51、132．

② 同上书，57 页、63 页。

③ 同上书，100 页。

经济 E 包括每个消费者的消费集 X_i 和其偏好的预序关系 $\leq_i$、每个生产者的生产集 Y_i 和总资源 ω。E 的状态是 R^l 中的点的一个 $(m+n)$ 元组。令 C 是 R^l 中 p 的集合，当价格体系是 C 中的 p 时，第 j 个生产者从对该价格体系最优的生产集 $\eta_j(p)$ 中选择 y_j，其利润是 $\pi_j(p)=p\cdot y_j$，因此财富分配是 m 元组 $(p\cdot\omega_j+\sum_{j=1}^{n}\theta_{ij}\pi_j(p))$，同时第 i 个消费者从对该价格体系和财富分配最优的消费集 $\xi_i\{p,[p\cdot\omega_j+\sum_{j=1}^{n}\theta_{ij}\pi_j(p)]\}$ 中选择 x_i。这个集合依赖 p 并记作 $\xi_i'(p)$；加总 $\sum_{i=1}^{m}\xi_i'(p)$，记作 $\xi'(p)$。由于对每个 i，x_i 都是 $\xi_i'(p)$ 中的任意一点；对每个 j，y_j 都是 $\eta_j(p)$ 中的任意一点；所以，超额需求 $z=x-y-\omega$ 是 $Z=X-Y-\{\omega\}$ 的子集 $\zeta(p)=\xi'(p)-\eta(p)-\{\omega\}$ 中的任意一点。因此，C 中的每个价格体系 p 都与超额需求的非空集合 $\zeta(p)$ 相关，而超额需求又和每个消费者在财富约束下选择的最优消费以及每个生产者在该价格体系下选择的最优生产相协调。从 C 到 Z 的对应 ζ 称为超额需求对应。“均衡问题相当于在 C 中找到一个 p，使得相应的超额需求为 0。”①

通过对市场均衡的分析，德布鲁说：如果“一种商品价格的上升使该商品的总供给增加或不变”，那么“这暗示着一种趋势，即商品价格上升将减少相应的超额需求。该趋势促使人们在试图减少正的超额需求时，把价格体系的权重放在超额需求最大的那些商品一边”。他认为，“价值均衡同时也是帕累托最优”，“帕累托最优同时也是价值均衡”。②

---

① ［美］吉拉德·德布鲁．价值理论及数理经济学的 20 篇论文．北京：首都经济贸易大学出版社，2002：101-102、107-108.

② 同上书，111 页、302-306 页。

三、价格连接着供求关系和货币制度

美国布雷特等学者在讨论经济学家的学术思想时曾指出："马歇尔关于生产成本通过市场供给方（古典主义关于价值的生产成本理论），边际效用通过市场需求方（新主观效用理论）相互作用共同决定相对价格的精巧论述引起了广泛的关注。当然，他不是第一个发现供给和需求在价格决定中关系的人，但他是将这些理论进行最有效综合的第一人，揭示了许多分析的内涵，并提出了许多后来为经济学家们经常使用的分析工具。当前价格理论的学术观点，在方法论、分类、专有名词以及对各种经济政策含义的结论方面，与当年马歇尔提出的在本质上没有多大区别。"①

为了讨论商家工资在两个部类之间的价格影响因素，我们在这里给出图5-1。

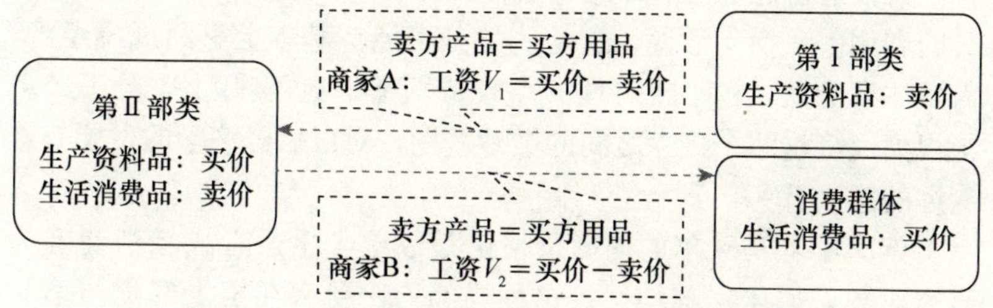

图5-1　商家工资在两个部类之间的价格影响因素

根据图5-1可以认为，对于第Ⅱ部类来说，商家A的存在，使它在购入生产资料方面的成本降低，并且假设它的产品卖价与成

① ［美］威廉·布雷特，罗杰·L. 兰塞姆. 经济学家的学术思想. 北京：中国人民大学出版社，2004：20-21.

本降低成正比；那么，只要商家B的工资V_2等同商家A的工资V_1，则对于消费群体来说，意味着他们的买价并没有发生变化。实际上，这个说法想要表达的意思是：商家A的存在，相应地减少了第Ⅱ部类的购货成本；商家B的存在，相应地减少了消费群体的购货成本。

事实上，这个假设——商家A的存在，相应地减少了第Ⅱ部类的购货成本；商家B的存在，相应地减少了消费群体的购货成本——并不是绝对的，有时情况可能恰恰相反。杨小凯说，“分工和专业化程度越高，生产效率就越高”，但“分工越发达，则交易成本就越高”，因而“分工和专业化一方面带来经济效率的极大提高，另一方面又带来交易成本的上升”，这是“一个两难问题”①。分工在提高经济效率的同时减少了稀缺程度，但这无疑会增加交易费用。按杨小凯的看法，这类两难问题实质上是组织结构问题（古典经济学研究的重点），而不是资源配置问题（新古典经济学研究的重点）。②

商家的存在使第Ⅱ部类和消费群体都减少了购货成本，这被看作是规模经济起了主要作用，它涉及分工可以节省原材料、增加工具的利用率。换句话说，这是认为分工经济基本上等同规模经济。需要注意的是，杨小凯对这一点曾特别指出：“实际上，分工经济与规模经济这两个概念之间的微妙差别，对以后经济学的发展有着深远的意义。”③

英国学者马歇尔的均衡价格论是以单个生产者或者消费者为研究对象，属于局部均衡。这种局部均衡要么在第Ⅰ部类与第Ⅱ部类之间出现，要么在第Ⅱ部类与消费群体之间出现。问题在于，如果有商家A的工资V_1存在，第Ⅰ部类的卖价和第Ⅱ部类

① 杨小凯，张永生．新兴古典经济学和超边际分析．北京：社会科学文献出版社，2003：3.

② 同上书，3-4页。

③ 同上书，10页。

的买价能否看作均衡；如果有商家 B 的工资 V_2 存在，第Ⅱ部类的卖价和消费群体的买价能否看作均衡。撇开这个问题不谈，我们要注意马歇尔所说的："当供求均衡时，一个单位时间内所生产的商品量可以叫作均衡产量，它的售价可以叫作均衡价格。"[①] 在这里，马歇尔所讨论的供求均衡是指微观经济运行分析中的供给与需求。

通常认为，宏观经济运行分析中的总供给与总需求有均衡、非均衡两种基本状态，而且涉及静态的均衡、动态的均衡、静态的非均衡和动态的非均衡。总供给又经常被称作总供给价格，即社会商品的价格总额。同样，总需求又经常被称作总需求价格。关于总供给与总需求的均衡这个问题，现在我们通过图 5－1 来讨论。如果说第Ⅰ部类的卖价、第Ⅱ部类的卖价可以归属总供给，第Ⅱ部类的买价、消费群体的买价可以归属总需求，那么商家工资应归属哪个范畴？商家从本质上说既为供给方的销售服务，又为需求方的购买服务，所以理论上供求双方都应该为商家付费，从而形成商家工资。不过，在现实中，商家工资要通过需求方买价减去供给方卖价这一途径才能得到。此时，需求方买价等于商家卖价。因此，商家工资应归属总供给。于是，有：总供给＝第Ⅰ部类卖价＋第Ⅱ部类卖价＋商家 A 工资 V_1＋商家 B 工资 V_2；总需求＝第Ⅱ部类买价＋消费群体买价。

如果将总供给和总需求综合在一起，从事物的发展过程来看，显然存在着：第Ⅰ部类卖价→商家 A 工资 V_1→第Ⅱ部类买价→第Ⅱ部类卖价＋商家 B 工资 V_2→消费群体买价。我们可以认为，在这个过程中作为中间环节的各价格因子可以舍去不计，而两端的价格因子是关键性的。明确地讲，第Ⅰ部类的卖价决定了消费群体的买价，两者具有正比关系。

---

① ［英］阿尔弗雷德·马歇尔．经济学原理：下卷．北京：商务印书馆，1983：37.

我们还应注意到杨小凯所说的价格负反馈机制，他认为，“通过这种机制实现各行业效用均等化”。不过，杨小凯针对的是专业生产粮食和专业生产衣物，而价格反馈机制得以建立起来的原因在于“市场竞争和择业自由会使得商品的相对价格同生产它们的专业的相对人数成反比”。这个价格机制又称市场负反馈调节机制，“负反馈调节会不断进行下去，直到供求相等、生产粮食和衣物的效用都相等，人们不再愿意转换行业时，市场就会达到角点均衡。……整个价格机制完全是分权的而非集权的。众多的个人自由择业过程，决定了各种专业的相对人数，这相对人数决定相对价格，而相对价格成为人们在专业之间变换的推动力。在这千万人无意的交互作用过程中，市价就形成了”。①

对粮食的专业生产和对衣物的专业生产，如果联系图 5－1，专业生产衣物可以相当于第Ⅱ部类，但专业生产粮食不能相当于第Ⅰ部类。实际上，这说明生产粮食和生产衣物之间没有供求关系，所以不存在商家 A。

四、市场形成价格和市场决定价格

1. 市场力：自由、竞争与法律、意识形态的相互对应

“市场是一种很有效地组织经济活动的方式，它们通常能够在给定的资源条件下使社会的福利最大化。”② 市场配置是法制下根据供求而实现的配置。配置有自然分配的含义，但配置的规律又是什

① 杨小凯，张永生．新兴古典经济学和超边际分析．北京：社会科学文献出版社，2003：31－32.

② ［美］保罗·克鲁格曼．克鲁格曼经济学原理．北京：中国人民大学出版社，2011：158.

么？有效的市场组织方式有可能决定了配置的规律，这是否存在？

亚当·斯密说的“看不见的手”就是市场力，即保罗·克鲁格曼所说的“经济学家们使用‘看不见的手’一词来形容市场经济管理和驾驭追求个人利益的力量实现社会良好目的的方式”①。在卡尔·波拉尼看来，“国家缔造了非人格化的市场……导致‘自我调节市场’死亡”②。综合来看，需要我们注意的是“拥有财产的集团为削弱市场竞争的无所不在的斗争”，比如“欧洲自由贸易的成功是惊人而短命的，它不仅很快为反对外来竞争的贸易壁垒的复兴所取代，而且也同样为对内削弱市场竞争的努力所取代”③。

诺思把威拉德·赫斯特在《19 世纪的法律与自由的条件》中的话理解为“‘能量释放’的根源是私法的发展……私法的产生把产权的解释从一种明显的反发展观转变成了一种发展观”。据此，诺思指出，法律结构（以 19 世纪中期出现的美国社会的法律结构为例）“清楚地反映了新古典理论中所说的效率标准”。④

政治—法律结构对国家经济实绩的影响，始终是新制度经济学关注的问题。诺思说：“正是政治结构与司法观念的变化重构了决策的费用—收入结构”。他认为，还需要权衡“意识形态与利益集团压力在立法通过过程中的重要性”。⑤

2. 竞争中的价格决定

“看不见的手”就是市场机制，或市场的竞争性价格机制，它可以自动使资源达到最优配置状态。在这个明显由竞争推动非均衡

---

① ［美］保罗·克鲁格曼．克鲁格曼经济学原理．北京：中国人民大学出版社，2011：2.

② ［美］道格拉斯·诺思．经济史中的结构与变迁．上海：上海人民出版社，1994：203.

③ 同上书，206 页。

④ 同上书，212-213 页。

⑤ 同上书，216 页、221 页。

趋于均衡的变化中，不难看出，核心问题是价格以及价格理论。

《国富论》第七章中的均衡理论“是斯密所提出来的最优秀的经济理论”，它“预示了萨伊的理论，并通过萨伊的著作，预示了瓦尔拉斯的理论。19世纪，人们在很大程度上正是依靠对这一理论的改进，才使经济理论得到了发展”①。熊彼特认为，斯密把价格“看作是原始均衡系统的核心”②。产品的价格分解为工资、地租和利润，也就是说，三收入又是三价格；同时，由三者又构成了“均衡价格”。斯密所要表达的是“在经济体系的诸要素之间具有一般的相互依存关系”，不要轻易就把它看作“循环论证”。当价格和收入分别属于交换和分配这两个问题时，作为交换比率的工资、地租和利润是各自独立给定的，即三价格互不相干，但作为总收入构成因子的工资、地租和利润涉及要素贡献和分配份额的对应关系，即三收入相互依存。如果三收入的分配份额决定三价格的交换比率，那么同样会有三价格相互依存。遗憾的是，“亚当·斯密试图表明地主和资本家的份额是怎样从总产品——这‘自然’完全是劳动的产品——中‘扣除’的，这似乎暗示了一种不同的概念安排，它把生产要素的作用单单保留给劳动，从而排除了三要素学说，尽管亚当·斯密在第七章第一页上的文字很清楚地暗示了三要素学说”。这相当于用劳动价值替代了要素价值，或者说用劳动价值替代了土地价值和资本价值。他认定生产要素包含三要素，而后又排除了生产要素包含三要素，自相矛盾地反映出收入分配理论尚处于萌芽阶段。日后真正建立起来的要素价值论的“全部意义”在于：生产不仅需要劳动，而且需要其他要素。③

收入是分配问题，价格是交换问题。我们可以认为，来自两个价格之差的利润首先相当于价格，然后才能作为收入。维塞尔笔下

---

① ［美］约瑟夫·熊彼特. 经济分析史：第1卷. 北京：商务印书馆，1992：287.

② 同上书，第1卷，462页。

③ 同上书，第2卷，276-278页。

的“自然价值”是在“假定了没有个人的自私、错误、财富的不平等和存在着强烈的集体目标”这一“状况下所产生的价值”。维塞尔认为：“在现实世界中，自然价值仅仅是价格形成中的一个要素。现存的购买力的分配，与错误、欺诈和强制一起构成另一个要素。”①

相互需要引出交易，交易又引出竞争，竞争产生了市场价格。按英国学者勒纳的观点，计划经济和极端自由放任都是不可取的。② 根据熊彼特的观察，欧洲人在 17 世纪已十分熟悉垄断和竞争。

联系工业革命以来的社会经济生活，剔除勒纳说的不可取的那两个极端，则竞争下同时存在个体决策和集体决策。市场总是分散决策，竞争促成集体决策。市场、竞争、个体决策、集体决策的相互关系需要进一步研究，同时，完全竞争、垄断竞争、寡头垄断、垄断与个体决策、集体决策的直接或间接的联系也需要进一步研究。

在《20 世纪 30 年代的边际成本分析》中，勒纳对边际分析原理的解释是：“社会所必需的经济效率要求每种价格都与边际成本相等（更为严格地——等于多生产一单位产品所需增加的生产要素价值，且与所放弃的可供选择的产品价值相等）。”③ 克鲁格曼说，“‘多少’是在边际上做出决策”，因此“比较某种行为增加或减少一小部分的成本和得益”，也就是“在边际上进行权衡取舍”的这种“决策就是边际决策”。“对这种决策的研究就是所谓的边际分析。”④

边际分析不过是为“竞争—均衡”这个假设的组合体找到唯一不变规律的一种思考方法，它的作用并非万能的，而是有限的。唯一不变的规律就是均衡的规律。阿罗不可能定理认为，从个人偏好

① ［英］埃里克·罗尔．经济思想史．北京：商务印书馆，1981：398.

② ［美］威廉·布雷特，罗杰·L. 兰塞姆．经济学家的学术思想．北京：中国人民大学出版社，2004：175.

③ 同上书，157 页。

④ ［美］保罗·克鲁格曼．克鲁格曼经济学原理．北京：中国人民大学出版社，2011：8-9.

推导出社会偏好必须满足一些合理化条件，而能够同时满足这些合理化条件的社会选择机制是不存在的。该定理证明，同时满足公理A和公理B以及五个合理化条件的制度是不存在的。

3. 价格变动的一个重要因素：利率与企业经营收益、个人资产收益

利率是经济和金融领域的一个核心变量，既代表资金的价格，又能反映资金的供求关系。也就是说，利率能够左右金融市场的价格。

(1) 在现有的研究中可见到对利率与利润率之间关系的关注。[①] 例如，假设一定技术条件下一家企业的投入资本为 k_t，劳动力为 l_t，资本贡献份额为 $\alpha\in(0,1)$，资本折旧率为 δ，企业面临的同质性技术冲击为 A_t，第 $t+1$ 期的资本来源于第 t 期剩余资本和第 t 期投资，给出生产函数和资本积累形式，即

$$y_t=A_t k_t^{\alpha} l_t^{1-\alpha}$$

$$k_{t+1}=(1-\delta)k_t+I_t$$

建立一阶自回归，有

$$\ln A_t=(1-\rho_A)\ln A+\rho_A\ln A_{t-1}+\varepsilon_{At}$$

在生产函数的约束下，最小化成本函数 $\min\limits_{k_t l_t} k_t z_t+w_t l_t$，其中 z_t 为单位投资品成本，w_t 为单位劳动力工资，则 $k_t z_t$ 为总成本，$w_t l_t$ 为总工资。对 k_t 和 l_t 求一阶条件，得到：

$$z_t=\alpha\lambda_t\times\frac{y_t}{k_t}$$

① 高国华，潘英丽. 货币政策与逆周期资本监管政策的权衡与协调——基于DSGE模型的研究. 经济研究与探索，2013 (2).

$$w_t=(1-\alpha)\lambda_t\times\frac{y_t}{l_t}$$

其中，λ_t为拉格朗日乘子，暂且看作成本加成定价。假设企业产品价格标准化为 1，成本加成为 x_t，则中间产品的相对价格为$\frac{1}{x_t}$，有 $\lambda_t=\frac{1}{x_t}$。令 r_t^k为利润率，q_t为资本价格，E_t为条件期望算子，给定前面给出的生产函数，则 t 期至 $t+1$ 期的预期利润率为：

$$E_t r_{t+1}^k=E_t\left[\frac{(1/X_{t+1})\alpha(y_{t+1}/k_{t+1})(1-\delta)q_{t+1}}{q_t}\right]$$

假定信贷市场有摩擦，即市场有税收、交易成本，则企业的最优投资规模应使利润率等于外部融资成本，即

$$E_t r_t^k=r_t^l E_t\left[s\left(\frac{q_t k_t}{n_t}\right)\right]$$

式中，r_t^l为银行贷款资金成本；s(·）为外部融资风险升水；n_t为企业净资本。

令 γ 为企业每期的存活概率，企业净资本 n_t的演化路径和企业消费 c_t^e 为：

$$E_t n_{t+1}=\gamma\left(r_t^k q_{t-1}k_t-r_t^l s\left(\frac{n_t}{q_t k_{t+1}}\right)(q_t k_t-n_t)\right)$$

$$c_t^e=(1-\gamma)n_t$$

（2）在现有的研究中可见到对利率与消费之间关系的关注。① 例如，假设一个消费者的效用函数为 $u(c_t,\ w_t/\overline{w}_t)$，其中 c_t为第 t 期消费者的消费水平，w_t为第 t 期消费者的财富。$\overline{w}_t$ 为第 t 期社会平均财富。假定市场无摩擦，即市场无税收、无交易成本，消费者没有禀赋和劳动收入，并且经济中有 J 种资产，$r_{j,t+1}$表示第 j 种

① 陈彦斌. 行为资产定价理论. 北京：中国人民大学出版社，2006：387-390.

风险资产从 t 期到 $t+1$ 期的随机收益率；令 $v(w_t)$ 为消费者的值函数，E_t 为条件期望算子，β 为效用的主观折现因子，那么在 t 期有财富 w_t 的消费者希望使用该财富最大化期望终身总效用，即

$$u(w_t) \equiv \max E_t\left\{\sum_{k=0}^{\infty}\beta^k u(c_k, w_k/\overline{w}_k)\right\}$$

在 t 期，消费者的一部分财富用在消费品 c_t 上，一部分财富（即 $\sum_{j=1}^{J} n_{jt}$）买入各种风险资产，n_t^j 为资产 j 的数量。在 $t+1$ 期，消费者的财富等于各种资产的本息和，即 $\sum_{j=1}^{J} n_{jt}(1+r_{j,t+1})$。因此，消费者的预算约束方程为：

$$w_t = c_t + \sum_{j=1}^{J} n_{jt}$$

和

$$w_{t+1} = \sum_{j=1}^{J} n_{jt}(1-r_{j,t+1})$$

用动态规划可以得到消费者的消费—资产组合选择模型（内含预算约束方程），即

$$v(w_t) = \max_{n_{jt}}\left\{u\left(w_t - \sum_{j=1}^{J} n_{jt}, w_t/\overline{w}_t\right) + \beta E_t\left[v\left(\sum_{j=1}^{J} n_{jt}(1+r_{j,t+1})\right)\right]\right\}$$

对 n_{jt} 求一阶条件，对消费—资产组合模型使用 Benveniste-Scheinkman 公式，得到：

$$u_c(t) = \beta E_t[(1+r_{j,t+1})v_w(t+1)]$$
$$v_w(t) = u_c(t) + u_w(t)/w_t$$

由以上两个等式得到欧拉方程：

$$u_c(t)=\beta E_t\left\{(1+r_{j,t+1})\left[u_c(t+1)+\frac{u_w(t+1)}{\overline{w}_{t+1}}\right]\right\}$$

假设 J 种资产中有一种是银行储蓄，利率为 r_{t+1}。对欧拉方程使用隐函数定理，得到：

$$\frac{\partial c_t}{\partial r_{t+1}}<0$$

和

$$\frac{\partial w_t}{\partial r_{t+1}}>0$$

可见，若降低利率，则消费者将会减少财富、增加当前消费。也就是说，降低利率将减少 $t+1$ 期的利息收入，消费者会提前消费。

第6章 货币制度

货币是价格的计量符号，也是充当交换媒介的实物或“虚拟”。价格只有在进入交换领域的商品上才能表明其实际意义，因为此时的价格显示了一个交换比率。同样，货币只有进入交换领域才能表明其交换媒介这一身份的实际意义，而且此时的货币相当于一种商品，否则它不过是一个实物或一个标有规定数字的实物，或者是一个表示一定货币数量的“虚拟”。不充当交换媒介的一个实物只能看作财富，不充当交换媒介的一个标有规定数字的实物或一个表示一定货币数量的“虚拟”也只能看作财富。财富和商品是两个不同范畴，财富只有进入交换领域才能转化为商品。货币和用货币单位计量不是一回事。用货币单位计量的财富是变量，随市场上同类商品价格的变动而变动，这个财富未来进入交换领域的价格不可知。用实物单位计量的财富是不变量，但这个财富未来进入交换领域的价格也

不可知，因为交换比率是变量。

一、货　币

1. 造币权和货币政策

关于造币权，历史文献中有一条资料说："今令细民人操造币之势，各隐屏而铸作，因欲禁其厚利微奸，虽黥罪日报，其势不止。"①

为什么要得到造币权？其原因就是可以造假，并从中获取厚利。在法与利之间，往往利超越法。"法使天下公得顾租铸铜锡为钱，敢杂以铅铁为它巧者，其罪黥。然铸钱之情，非殽杂为巧，则不可得赢；而殽之甚微，为利甚厚。……今农事弃捐，而采铜者日蕃……奸钱日多，五谷不为多。……国知患此，吏议必曰禁之。禁之不得其术，其伤必大。令禁铸钱，则钱必重；重则其利深，盗铸如云而起，弃市之罪又不足以禁矣。"②

货币类型。"黄金刀币，民之通施也。……先王……以珠玉为上币，以黄金为中币，以刀布为下币。"③ 刀币是青铜钱币。至于黄金，有争议。④ "农工商交易之路通，而龟贝金钱刀布之币兴焉。"⑤ "有司言曰：……金有三等，黄金为上，白金为中，赤金为

①② 《贾谊集·谏铸钱疏》。

③ 《管子·国蓄》。

④ 有人谈道，我国历史上有个奇怪的问题，在汉代之前，黄金出现的频率很高，成为一种法定货币，但汉以后暴减，以至不再作为货币。汉代的黄金有别于黄铜。我国从汉代开始生产黄铜，而汉代之前，黄金的实物和文献记载已大量出现，也不可能指青铜。战国文献的记载说明，当时的"金"和"黄金"分得比较清楚。在春秋战国时期，由于楚国境内盛产黄金，使楚国成为当时唯一盛行黄金铸币的国家，现存最早的金币就是楚国的"郢爰"。

⑤ 《史记·货殖列传》。

下。……造银锡为白金。”“虞夏之币，金为三品，或黄，或白，或赤；或钱，或布，或刀，或龟贝。及至秦，中一国之币为三等，黄金以溢名，为上币；铜钱识曰半两，重如其文，为下币。而珠玉、龟贝、银锡之属为器饰宝藏，不为币，然各随时而轻重无常。”①

货币政策。譬如，“天子与公卿议，更钱造币以赡用”。像这样的货币政策，曾有从“孝文更造四铢钱”，到“令天下非三官钱不得行，诸郡国所前铸钱皆废销之，输其铜三官”。政策的最终结果是，“民之铸钱益少，计其费不能相当，唯真工大奸乃盗为之”②。

盗铸货币处以极刑不说，上述资料反映出，仅汉武帝时期就有六次货币变更：废四铢钱铸造，发行三铢钱；废三铢钱，再用四铢钱；第二次发行白金三铢钱；废白金三铢钱，令郡国铸白金五铢钱；发行赤侧钱，废白金币；发行三官五铢钱，郡国铸钱全部废弃。

“商贾以币之变，多积货逐利。”③ 官有政策，民有对策。

2. 铸造货币到印制货币

汉初，国家的铸币权一度出让给民间，“任民私铸”④。汉武帝把铸币权收归国有，诏书说：“日者有司以币轻多奸，农伤而末众，又禁兼并之途，故改币以约之。”⑤ 桑弘羊进一步实行币制改革，取消了郡国的铸币权，将铸币权专由中央掌控。霍光在“盐铁会议”后改变桑弘羊的经济政策，其结果之一就是汉昭帝时币制日渐坏乱。汉平帝时政府铸造的五铢钱多达“二百八十亿万余”⑥，通货膨胀使国家政局动荡、经济萧条。

唐代的铜钱问题既引起过通货膨胀，又引起过通货紧缩。唐前

①②③ 《史记·平准书》。
④ 《汉书·食货志》。
⑤ 《汉书·武帝纪》。
⑥ 《汉书·食货志》。

期，私铸存在，“恶钱”（劣币）流行。到安史之乱时，铜钱数量超过市场上物资数量，出现物资短缺，导致物价上涨，形成通货膨胀。唐后期，“钱荒”（铜钱短缺）逐渐严重起来，形成通货紧缩。钱荒的出现有多种原因。与钱荒有关，在商业领域自发出现了飞钱。飞钱只是汇兑性质的。

宋代出现了新货币。交子（四川发行的“钱引”），1136 年政府设置了行在交子务，印制交子，用于江淮。会子，1160 年政府设置了行在会子务，印制会子，用于东南地区，后来又用于湖北及西南一些地区。南宋会子以金、银和铜钱作为准备金，会子为可兑换纸币。关子，早期为汇票，后来可用于兑付现金，称为“现金关子”。

3. 元朝纸币制度和民国纸币制度

（1）元钞。金代发行以铜钱为本位的纸币，钱钞并用。元代承袭金的纸币制度，但以白银为本位，并废止使用铜钱。钞是唯一法定通货，有十足准备，可以兑换。流通中纸币过量时，平准库“出银收钞”[①]，以稳定纸币购买力。按规定，钞币统一印造，印钞机构先后有印造局、印造库、印造宝钞库。

（2）法币。国民政府的货币改革，先后出台了废两改元和法币政策。废两改元是把称量货币改变为面值货币，法币政策是把金属货币改变为纸币。

法币采用了与外币双挂钩的形式，也就是法币既和英镑挂钩，也和美元挂钩。从 20 世纪 30 年代开始，由官方设计的纸币制度再次出现在中国。

使用纸币的先决条件是废元改币，即废除银元、改用法币。在这种情况下，不再是货币的银元就要兑换成法币。兑换比率由政府

① 《新元史・食货志》。

指定，只要政府想从中渔利，给个让银元贬值的兑换比率就可以。此时，国民所持有的银元，其原值与贬值之差这部分财富，不费吹灰之力就流入了政府的腰包。

所以，法币改革本身具有正反两方面的作用，它生来便已暗藏了政府掠夺国民财富的杀机，就看政府给出的那个兑换比率是以公平面对国民，还是以不公平面对国民。当时，坊间盛传宋子文捞了一大笔银元。实际上，这能够造成一定可信度的一个重要原因就在于：兑换比率可以成为政府手中像赌场上“出”的那个“老千”。

二、汇　率

货币和汇率的关系实际上是个重要的理论问题。我们要注意汇率制度。就货币政策而言，对内就是利率政策，主要涉及存款利息和贷款利息；对外就是汇率政策，主要涉及买入价和卖出价。

在这里，我们从“价格波动传导”引出汇率问题。

弗里德曼的“一价定律”，又称绝对购买力平价理论，假设同一商品在各国间的标价一致（通过汇率折算之后，相当于以同一种货币计价），即价值一致。用 e 表示汇率，P_a、P_b 分别代表 A 国和 B 国的一般物价指数，弗里德曼公式为 $e=\frac{P_a}{P_b}$。

总会有 $P_a=k_a+s_a$，$P_b=k_b+s_b$，其中 k_a、k_b 表示产品成本，s_a、s_b 表示利润。根据弗里德曼公式可知，当汇率既定时，若 $P_a\neq eP_b$，而 $k_a\equiv ek_b$，则必有 $s_a\neq es_b$，即不存在 $s_a=es_b$ 或 $s_a=es_b=0$。换言之，$P_a=eP_b$ 的前提是 $s_a=es_b$ 或 $s_a=es_b=0$。显然，$s_a=es_b=0$ 经常出现，$s_a=es_b$ 不常出现。因此，在汇率既定时，$P_a\equiv eP_b$ 必然意味着 $k_a\equiv ek_b$，即 $s_a=es_b=0$，此时的标价是成本价；$P_a\neq eP_b$ 必为 $s_a\neq es_b$，此时的标价是非成本价。由于产品成本不变，所以价格

差异就是利润差异。

不过，绝对购买力平价理论实际上是从价格反推汇率，价格比 P_a/P_b 就是汇率 e。从销售获利角度说，P_a/P_b 对应于 $s_a=es_b\neq 0$ 或 $s_a\neq es_b$，此时的标价必为非成本价。

价格波动传导是指价差引起商品在两个市场的运动，此时有两种情况：①价差就是利差，汇率取决于利差。②价差不是利差，价差来自汇率。[①]

从以上分析可知：①若汇率取决于成本价，则不符合销售获利的客观现实。②要么汇率取决于同利，而同利就意味着同价。但是，同利是非恒定现象，同价也是非恒定现象。何况有同利就没有异价。③要么汇率取决于利差，表象为汇率取决于价差，但与价差来自汇率相矛盾。

"一价定律"假设，异价→国际贸易→价差消除，即同价→贸易停止。公式给出的汇率又称均衡汇率[②]，从异价到同价或价差消除是经过均衡汇率折算的。这说明均衡汇率出现在异价→同价之间。反过来说，均衡汇率出自同价。最终同价（即最终是 $P_a=eP_b$）意味着 $P_a\equiv eP_b$，但这只能对应于 $k_a\equiv ek_b$，不能对应于非恒定的 $s_a=es_b$。

实际上，均衡汇率 e 只能来自作为成本价的 P_a/P_b，而不是含利润的 P_a/P_b。因为 $k_a\equiv ek_b$ 暗含着产品成本不变，可保证 $e=k_a/k_b$。但 k_a+s_a 和 ek_b+s_b 不能保证 $e=s_a/s_b$。若 $s_a/s_b=u$ 且 $u\neq e$，则 $k_a+s_a=ek_b+us_b\neq ek_b+es_b$，即 $P_a\neq eP_b$，$e\neq P_a/P_b$，$e\neq(k_a+s_a)/(k_b+s_b)$。

无利同价、同利同价是"一价定律"成立的先决条件。异利异

---

① 对于第一种情况，利差决定了价差，然后由产生这个价差的两个价格得出价格比。汇率来自价格比。对于第二种情况，汇率的改变不是来自价格比，而是当局根据外汇市场的交易行情来确定。此时，价格变动来自汇率变动。弗里德曼主张"由自由市场力量来确定价格与汇率"（《经济学家的学术思想》，284 页）。

② 按通常的定义，均衡汇率是指当外汇市场上一种货币的需求量等于供给量时的汇率（《宏观经济学》，586 页）。与此不同，弗里德曼公式中的汇率是汇率的定义，即价格比，而均衡汇率是指价格差消除或价格差为零时的汇率。前者是一种货币（如美元）供求相等时的汇率，后者是同一商品（如奥迪汽车）价格差为零时的汇率。

价按照“一价定律”趋于同价，即异利趋于同利或无利。利润是变量，同利的“一价”难以客观形成，无利的“一价”难以主观采用。

“作为制定汇率政策的规则和依据”的汇率制度主要有两种：一是固定汇率制度，它让本币兑其他货币的汇率维持在或接近于某一目标水平上；二是浮动汇率制度，它让汇率由市场决定。政府对于这个问题始终面临两难抉择。在汇率给定的情况下，它对宏观经济政策的影响“引出三个政策焦点”：固定汇率制度下的货币贬值和升值，浮动汇率制度下的货币政策，国际商业周期。①

购买力平价可用于“预测名义汇率的实际变化”。汇率是一国货币相对于另一国货币的价格或外汇市场中“交换货币之间的比价”，名义汇率既由供求决定或“由外汇市场所决定”，政府又对它有很大的影响力。②

三、货币政策和货币交易

“健全以国家发展战略和规划为导向、以财政政策和货币政策为主要手段的宏观调控体系……加强财政政策、货币政策与产业、价格等政策手段协调配合。”③ 其中，货币政策与财政政策既有区别，又有联系。货币是财政和金融之间必然存在的一个纽带，货币政策和货币交易是从货币母体上繁衍出来的。

1. 货币交易

有市场必有交易，因为市场是交易的产物，而不是相反。当货币被确定为交换媒介，商品经济也就等价于货币经济，也就是实物

① ［美］保罗·克鲁格曼，罗宾·韦尔斯．宏观经济学．北京：中国人民大学出版社，2009：593、598-600.

② 同上书，590页、584页、583页、592页。

③ 《中共中央关于全面深化改革若干重大问题的决定》，2013-11-15。

经济转化为货币经济。在经济思想史上，货币理论也就应运而生。价格并非一定是货币形式的，但货币一定与价格有关。从物物交换到币物交换都不会缺少定价，无非以实物定价和以货币定价的表现不同。“把货币因素引入了分析结构的基础部分”的“货币分析”，引出“作为一种技术工具的货币理论”。①

按照美国学者弗里德曼的看法，“货币，以及货币能买到什么东西，这两者之间的关系问题一向是货币理论的中心问题”；换言之，货币理论的中心问题是货币数量论，即在其他条件不变的情况下，一国的“价格水平由货币的数量决定”。②

究竟是流通中的货币量取决于商品的价格，还是商品价格取决于流通中的货币量？当这个问题需要给出一个答案时，“创立了一种价格的供求学说”的斯图亚特认为：商品价格决定流通中的货币量，而不是相反。他还认为，流通中的货币量必须同进入市场的商品价格相适应，如果货币量过剩，“任何金属超额部分都将被收藏起来”。③

比较斯图亚特的价格决定货币数量和弗里德曼的货币数量决定价格，如果这两个假说成立，都要有一定的前提条件。④“货币理论的发展，与更精致的决策理论的发展完全无关，但是，确实与市场组织演化方面可接受的经验解释密切相关，而市场组织则维持了我们所知的世界中的货币交换。”⑤

---

① ［美］约瑟夫·熊彼特. 经济分析史：第 1 卷. 北京：商务印书馆，1992：418、432.

② ［美］约瑟夫·弗里德曼. 论货币. 世界经济译丛，1981（5）.

③ ［英］埃里克·罗尔. 经济思想史. 北京：商务印书馆，1981：125-126.

④ 第一，当货币数量是因变量，既定的价格下要达到供求均衡，就要求有与价格总量对等的货币总量。货币总量大于价格总量，则货币贬值、商品升值，导致物价上涨。货币总量小于价格总量，则货币升值、商品贬值，导致物价下跌。第二，当价格是因变量，既定的货币数量下要达到供求平衡，就要求有与货币总量对等的价格总量。价格总量大于货币总量，则商品贬值、货币升值，导致物价下跌。价格总量小于货币总量，则商品升值、货币贬值，导致物价上涨。

⑤ ［法］安托万·多迪默，让·卡尔特里耶. 经济学正在成为硬科学吗. 北京：经济科学出版社，2002：280.

2. 货币数量与价格和收入与价格

与货币流通速度相关的费雪方程式被称为“现金交易数量说”，也就是熊彼特提到的“周转率法”；与持有现金余额相联系的剑桥方程式被称为“现金余额数量说”，也就是熊彼特提到的“现金余额法”①。剑桥方程式与费雪方程式“从根本上说是等价的”，两者的差别在于，剑桥方程式“完全是恒等式”。② 其他学者列出的“现金余额数量说的循环流通恒等式”为 $M=kPy$，其中 y 表示实际收入，k 是货币余额与收入的比率 M/Py，且现金余额的需求与货币流通速度成反比。③

“在给定的货币流通速度下，费雪的交易方程式只是一个会计恒等式。”④ 无论对 $P=MV/T$ 和 $P=KR/M$，$M=PT/V$ 和 $M=KR/P$ 这样的一个对比是否持有异议，最终可由此导出 V 和 K 互为倒数，即 $V=1/K$。尽管对货币数量这个概念有现金交易数量和现金余额数量两个不同的定义，但在其他条件不变的前提下，货币数量的变化会影响价格水平的基本观点是一致的。

正因为 $MV=PT$ 是一个“均衡关系式”⑤，所以供求均衡应当是它的原点。从理论上说，货币总量转化为总需求，价格总量转化为总供给。货币总量＝价格总量，相当于总需求＝总供给。

需要注意的是，与“用货币数量解释价格水平的方法”不同，奥地利学派维塞尔创立的“收入法”要用“消费者的收入”来“解释货币的价格”。与“货币数量作为接近价格水平的因素”相比较，

---

① ［美］威廉·布雷特，罗杰·L. 兰塞姆. 经济学家的学术思想. 北京：中国人民大学出版社，2004：15.

② ［美］约瑟夫·熊彼特. 经济分析史：第 3 卷. 北京：商务印书馆，1992：514-515.

③④ ［美］威廉·布雷特，罗杰·L. 兰塞姆. 经济学家的学术思想. 北京：中国人民大学出版社，2004：16.

⑤ ［美］约瑟夫·熊彼特. 经济分析史：第 3 卷. 北京：商务印书馆，1992：501.

“收入甚或消费支出”是“一个更为接近价格的因素”。当然，我们也不要忽略，“实质上，收入法只不过是数量理论的另一种说法而已”。与此同时，我们也要看到，“增加的货币量如何起作用，仍是有意义的，更何况收入法还具有一个在经济学中非常重要的优势，那就是人们对交换方程式抱有某些偏见，而对收入—支出方程式则没有这些偏见”。① 引文中，“交换方程式”是指费雪方程式和剑桥方程式。

“是货币量的增加还是工资总额的增加‘造成了’通货膨胀”②，这个争论现在看来还是有意义的。③

假设货币需求量=收入，则货币需求量=工资+利润。当利润的增量为零，货币需求量的增量=工资的增量。

假设工资的增量为零，由于货币供应量的增量直接生成货币需求量的增量，则利润的增量=货币需求量的增量。此时，如果利润的增量为零，根据我们导出的货币需求量=商品总需求的价格总量，则货币需求量的增量=商品总需求的价格总量的增量。显然，等号右边就是物价上涨。这个因果关系显示为：货币供应量的增量→货币需求量的增量→商品总需求的价格总量的增量→物价上涨。

物价上涨对应工资不变，相当于商品价格的货币数量大于工资的货币数量，待成交的商品数量大于可成交的商品数量，商品滞销，供给大于需求，生产必然走向紧缩。

“货币、价格和实际收入之间的关系，可以通过支付款项的循

① ［美］约瑟夫·熊彼特. 经济分析史：第 3 卷. 北京：商务印书馆，1992：482、516-517.

② 同上书，517 页。

③ 之所以这样说，是因为根据我的观察，工资总额的增加通常属于社会性的、各行业工资增加的集合，而货币数量的增加必为政府性的，只有政府才有货币发行权。另外，收入不仅是工资，还包括利润。工资的增减和内生利润的减增成反比，工资和外生利润无关。外生利润的增减和成交价格的升降成正比。如果工资和中间产品价格所组合的产销成本与产品成交价格同步上升，那么内生利润不变。如果交易成本与产品成交价格同步上升，那么外生利润不变。其理论依据是，内生利润=成交价格-产销成本，外生利润=成交价格-交易成本。令企业利润=内生利润+外生利润，则企业利润=成交价格-(产销成本+交易成本)。

环流动来表示。”①

3. 货币的价值和价格指数

货币交易现象要求人们弄清货币的价值，而“价格水平”实际上就是“货币价值”，那么最终的落脚点无疑是在价格水平，也可以说是“货币的购买力”，即“货币的交换价值”②。似乎存在这样一个等价关系：货币价值＝价格水平＝货币的购买力＝货币的交换价值。因此，用指数法来分析和讨论货币价值又引出对价格指数的研究。

学者们基本上“都同意把供求分析应用于货币方面，以此来解释货币的交换价值”③。

“关于货币的摸索性理论解释”，出现的问题是“没有认识到在货币经济中交易既不是一个无成本的集中化的活动，也不是杂乱无章的和无组织的活动，而是通过一个利用真实的资源、努力获得利润的企业组成的非集中的网络”；“如果仅有的平衡交易是零，那么，不可能存在着互利的贸易，而且也没有市场。如果平衡交易的集合数量大，那么，有许多可能的互惠贸易类型，并且预测其中的一个人将会实际上进行交易的情况才会出现”。④

4. 货币循环理论和非货币循环分析

经济中的循环现象大多是围绕商业循环而存在的，同时，商业循环必然包含货币循环这个因素。这正是熊彼特所说的，“一些经济学家把商业循环现象归因于变化莫测的黄金量”，“没有人否认，任

---

① ［美］威廉·布雷特，罗杰·L. 兰塞姆. 经济学家的学术思想. 北京：中国人民大学出版社，2004：15.

② ［美］约瑟夫·熊彼特. 经济分析史：第3卷. 北京：商务印书馆，1992：527、487-489.

③ 同上书，487-489.

④ ［法］安托万·多迪默，让·卡尔特里耶. 经济学正在成为硬科学吗. 北京：经济科学出版社，2002：265、314.

何有关循环现象的解释都必须考虑其货币特征”。按照熊彼特的认定，“货币循环理论是一种解释性假说，用货币和放款活动来解释循环”①。

产品价格变动带来的利润变动所引起的货币循环，可看作“滞后循环”。成本价格变动带来的利润变动所引起的货币循环，可看作“超前循环”。在这种意义上，“商业循环主要是价格循环”等同于“商业循环主要是投资循环”②。

就业和收入分配属于社会问题，归入政府对社会的治理这一范畴。“很难认为马克思提出过明确的循环理论”；另外，“把循环看作是从外部强加在资本主义正常生活过程上的一种现象，通常把它看作是病理现象”。③

5. 为货币政策提供参考的货币需求量标准

货币交易现象引起了宏观经济政策制定者的关注。

凯恩斯从提供政策性建议的角度出发，把就业与货币、利息联系起来：就业对应货币工资这个实际收入，货币工资对应消费；“储蓄与投资恒等”，储蓄推动借贷关系的发展并使利息的经济地位提高，利息率成为货币循环的重要因素，利息是货币的价格，利息率是“现行的提供资金的代价”④；投资对应利润，利润率成为投资循环的重要因素。追随维克赛尔的“用利息率作为解释（供求变动）的中心原则”⑤，凯恩斯通过引入利息率这一变量，给出了他的货币需求函数：$M=M_1+M_2=L_1(Y)+L_2(r)$，$M=\frac{M^*}{P}=L(Y,r)$。⑥

---

① ［美］约瑟夫·熊彼特. 经济分析史：第 3 卷. 北京：商务印书馆，1992：533.

② 同上书，544 页。

③ 同上书，546 页、553 页。

④ ［英］约翰·凯恩斯. 就业、利息和货币通论. 西安：陕西人民出版社，2004：79、151.

⑤ ［瑞典］米尔达尔. 货币均衡论. 北京：商务印书馆，2011.

⑥ ［英］约翰·凯恩斯. 就业、利息和货币通论. 西安：陕西人民出版社，2004：185.

弗里德曼主要是考虑多个自变量，由此构建了他的多元货币需求函数①：

$$\frac{M}{P}=f\left(y,w;r_m,r_b,r_e,\frac{1}{p}\frac{\mathrm{d}p}{\mathrm{d}t};u\right)$$

把货币计划量和财政赤字作为解释变量，货币供给方程为：$\widetilde{M}^S=\beta_{11}\cdot MP+\beta_{12}\cdot FD+\varepsilon_1$；货币需求方程为：$\widetilde{M}^D=\beta_{21}\cdot NI+\varepsilon_2$。② 解方程，总要有一组相关数据，见表 6-1。③

表 6-1　1953—1992 年中国的价格指数、国民收入指数和货币供给量指数

年份	*PR*	*NI*	*MS*	年份	*PR*	*NI*	*MS*
1953	100.000 0	100.000 0	100.000 0	1973	113.321 8	308.070 2	432.353 0
1954	102.335 6	105.789 5	105.700 2	1974	113.927 3	311.579 0	459.682 5
1955	103.373 7	112.543 9	98.204 06	1975	114.100 3	337.456 1	475.325 4
1956	103.373 7	128.421 1	147.006 8	1976	114.446 4	328.508 8	531.025 6
1957	104.930 8	134.210 5	135.476 3	1977	116.782 0	354.122 8	508.615 4
1958	105.190 3	163.771 9	173.971 9	1978	117.560 6	397.719 3	551.848 1
1959	106.141 9	177.193 0	192.686 1	1979	119.896 2	425.526 3	696.824 6
1960	109.429 1	174.649 1	246.069 8	1980	127.076 1	452.894 7	901.145 3
1961	127.126 2	122.807 0	322.540 4	1981	130.103 8	475.000 0	1 031.546
1962	132.006 9	114.824 6	273.217 1	1982	132.612 5	513.859 7	1 142.946
1963	124.221 5	127.105 3	230.661 2	1983	134.602 1	565.087 8	1 378.917
1964	119.636 7	148.070 2	205.283 7	1984	138.408 3	642.017 6	2 061.713
1965	116.436 0	173.157 9	232.977 7	1985	150.605 5	728.596 4	2 571.135
1966	116.090 0	202.631 6	278.292 6	1986	159.602 1	784.649 1	3 171.161
1967	115.224 9	187.982 5	312.675 7	1987	171.280 3	864.649 1	3 785.737
1968	115.311 4	175.701 8	267.022 4	1988	282.941 2	962.456 1	5 554.478

① ［美］密尔顿·弗里德曼等．弗里德曼的货币理论结构．北京：中国财政经济出版社，1989：32.

② 张世英，李忠民．非均衡经济计量建模与控制．天津：天津大学出版社，2002：65-66.

③ 同上书，248-249 页。

续前表

年份	*PR*	*NI*	*MS*	年份	*PR*	*NI*	*MS*
1969	114.013 8	209.649 1	351.665 8	1989	239.100 3	997.543 8	6 101.042
1970	113.754 3	258.421 1	321.579 6	1990	244.117 7	1 048.684	6 882.796
1971	112.889 3	276.578 9	354.554 9	1991	251.211 1	1 128.421	8 271.214
1972	112.629 8	284.473 7	393.597 1	1992	264.792 4	1 303.333	11 285.79

凯恩斯认为，“从解释现实世界的目的而言，货币数量论的最大缺点是，它并未区分由于产量的变动而引起的价格变化与由于工资单位的变动而引起的价格变动”[①]。在凯恩斯看来，对于古典学派来说，“他们的思想偏见，认为价格取决于货币数量”[②]。而凯恩斯不赞同的这一点，恰恰是弗里德曼赞同的。长期不能达成共识，使得价格决定尚无定论。价格决定的导因看似简单，实则极其复杂，这个难题等待着学术界去破解。

6. 货币政策

货币政策就是通过改变货币供给、利率或者双管齐下来稳定经济。[③] 货币政策的宗旨是货币均衡，“货币均衡是一种稳定的均衡……摸索性货币模型的主要目标是研究货币均衡将会存在的条件”[④]。

货币均衡的理论源头可追溯到维克赛尔，他“建议的方程式”为“国民总收入中未被储蓄的部分经常等于出售的消费品数量乘以它们的价格水平”。如果在存在储蓄的动态条件下应用这个方程式，就必须把收入分为储蓄和消费需求，把生产分为实际资本的投资和

① ［英］约翰·凯恩斯．就业、利息和货币通论．西安：陕西人民出版社，2004：194.

② 同上书，13 页。

③ ［美］保罗·克鲁格曼，罗宾·韦尔斯．宏观经济学．北京：中国人民大学出版社，2009：438.

④ ［法］安托万·多迪默，让·卡尔特里耶．经济学正在成为硬科学吗．北京：经济科学出版社，2002：268.

消费品的生产。维克赛尔货币理论的新观点就是“把这四个数量组合起来”[①]。

根据米尔达尔的《货币均衡论》，第一个货币均衡条件是实际资本的收益率，第二个货币均衡条件是储蓄与投资，第三个货币均衡条件是价格水平。[②]

既可以有货币政策通过改变货币供给来影响总需求，又可以有货币政策通过改变利率来影响总需求，后者主要涉及利率变化引起的投资支出变化，因为利率变化对于消费支出的直接影响“要显著小于对投资支出的影响”。在假定没有税收或对外贸易并且总价格水平不变的情况下，实际 GDP 总的增加额是初始投资支出增加额的乘数：$\Delta Y=\Delta I\cdot\frac{1}{1-MPC}$。[③] 这揭示了货币政策和乘数的关系。

在长期，货币政策对经济不会产生重要的影响，包括不影响实际 GDP、不影响利率水平以及其他所有变量。[④] 所以，货币政策只能在短期内对经济产生重要的影响。

四、金融危机的贷款膨胀起因

金融危机表现为银行挤兑、银行破产。发生银行挤兑的原因是存款人恐慌，他们害怕银行倒闭。存款人为什么会恐慌？现实提供的一个证据是银行有问题。那么，有问题银行的问题是什么？通过抽象经济学理论的逻辑推导，也许可以给出答案。

---

① [瑞典] 米尔达尔. 货币均衡论. 北京：商务印书馆，2011：24.

② 同上书，31 页、35 页、37 页、48 页、81 页、116 页。

③ [美] 保罗·克鲁格曼，罗宾·韦尔斯. 宏观经济学. 北京：中国人民大学出版社，2009：440-441.

④ 同上书，446 页。

1. “利息率的作用”①

人们持币的三大基本动机②，即交易需求、备用需求和投机需求，与货币基本职能之间始终存在着对应关系。

利率是贷款的价格。③ 用凯恩斯的话说，“利息率不过是一定数量的货币，与根据契约将来例如一年以后得到的超过我们称之为‘现货’的差额，或者根据契约将来支付的一定数量现金的价格之间的百分比”④。在“各种商品利息率”中，货币利息率具有“特殊性”。

金融领域的利息率问题需要重点研究。因为政府可以停止多印发钞票，但不可能取消信贷，而只要有信贷，就有利息率问题。

2. 什么决定利息率

凯恩斯将资本边际效率看作借贷投资“愿意支付的代价”，将利息率看作“现行的提供资金的代价”，然后他说，“需要知道，什么决定利息率”⑤。

针对 1930 年欧文·费雪在《利息理论》一书中提出的“超过成本的报酬率必须大于利息率”，凯恩斯说，报酬率和资本边际效率的含义“完全一样”⑥。比照利润＝售价－成本，报酬率就是利润率，从而资本边际效率也就是利润率。不过，这是未来的利润率，而不是现在的利润率。因此，凯恩斯又指出：“关于资本边际

① ［英］约翰·凯恩斯. 就业、利息和货币通论. 西安：陕西人民出版社，2004：180-181.

② 这三大动机实际上来自凯恩斯概括的交易动机、谨慎动机和投机动机（《就业、利息和货币通论》，156 页、181-182 页）。

③ ［美］哈尔·R. 范里安. 微观经济学：现代观点. 上海：三联书店，1994：378.

④ ［英］约翰·凯恩斯. 就业、利息和货币通论. 西安：陕西人民出版社，2004：206.

⑤ 同上书，151 页。

⑥ 同上书，128-129 页。

效率的意义和重要性的最重要的混乱，来源于未能看清它取决于资本的未来收益，而不仅仅取决于资本的现行收益。”①

利息率不等于零，借贷问题才有切实的研究意义。为了进一步研究的需要，我们假设了下面的表 6-2。

表 6-2　借用投入产出平衡表原理思考时间纬度和不确定性是利息率变量的成因

时间	构成因子	中间产品			最终产品		总产出
		本利	关系	部门	投资	关系	量
上期	物质资本	c_{11}^{1}	c_{11}^{1}＝投入≠产出 c_{1n}^{1}＝产出＝投入	c_{1n}^{1}	${Y_1^1}^*$	${Y_1^1}^* = {V_1^1}^*$ ${Y_1^1}^* > {V_1^1}^*$	$0+c_{1n}^{1}+{Y_1^1}^*$
		c_{n1}^{1}		c_{nn}^{1}	Y_2^1		$c_{n1}^{1}+c_{nn}^{1}+Y_2^1$
	工资储蓄	${V_1^1}^*$		${V_n^1}^*$			
	利润	${M_1^1}^*$	$M_1^1=P_1^1-C_1^1-V_1^1$ ${M_1^1}^{*A}={Y_1^1}^{*A}-{V_1^1}^{*A}$	M_n^1			
	利息	A_1^1	$A_1^1=c_{11}^2-{Y_1^1}^*$	A_n^1			
	总价值	P_1^1		P_n^1			
本期	物质资本	c_{11}^{2}	$c_{11}^{2}>{Y_1^1}^*$ c_{11}^{2}＝投入≠产出 c_{1n}^{2}＝产出＝投入	c_{1n}^{2}	${Y_1^2}^*$	${Y_1^2}^* = {V_1^2}^*$ ${Y_1^2}^* > {V_1^2}^*$	$0+c_{1n}^{2}+{Y_1^2}^*$
		c_{n1}^{2}		c_{nn}^{2}	Y_2^2		$c_{n1}^{2}+c_{nn}^{2}+Y_2^2$
	工资储蓄	${V_1^2}^*$		${V_n^2}^*$			
	利润	${M_1^2}^*$	$M_1^2=P_1^2-C_1^2-V_1^2$ ${M_{11}^2}^{*A}={Y_1^2}^{*A1}-{V_1^2}^{*A1}$ ${M_{12}^2}^{*A}={Y_1^2}^{*A2}-{V_1^2}^{*A2}$	M_n^2			

① ［英］约翰·凯恩斯. 就业、利息和货币通论. 西安：陕西人民出版社，2004：129.

续前表

时间	构成因子	中间产品			最终产品		总产出
		本利	关系	部门	投资	关系	量
本期	利息	A_1^2	$A_{11}^2=M_1^2-(M_1^2-A_{11}^2)$ $A_{12}^2=c_{11}^3-Y_1^{2^*}$	A_n^2			
	总价值	P_1^2		P_n^2			

说明：(1) 上标 1 表示上期，上标 2 表示本期，上标 3 表示下期。$Y_1^{i^*}$ 表示借贷投资，$V_1^{i^*}$ 表示工资储蓄，$M_1^{i^*}$ 表示毛利润 M_1^i减去利息 A_1^i后的净利润。$M_1^{1^*A}$表示银行息差利润，$Y_1^{1^*A}$ 表示借贷投资 $Y_1^{1^*}$ 的贷款利息，$V_1^{1^*A}$ 表示工资储蓄 $V_1^{1^*}$ 的存款利息。$M_{11}^{2^*A}$表示借贷资金 c_{11}^2的贷款利息 $Y_1^{2^*A1}$ 减去工资储蓄 $V_1^{2^*}$ 的存款利息 $V_1^{2^*A1}$ 之后的差额，$M_{12}^{2^*A}$表示 c_{11}^3包含的借贷资金 $Y_1^{2^*}$ 的贷款利息 $Y_1^{2^*A2}$ 减去工资储蓄 $V_1^{2^*}$ 的存款利息 $V_1^{2^*A2}$ 之后的差额。“本利”栏目指的是第一部门（本意是要限定在提供中间产品的部门，这个假设与通行的“三次产业划分”无关；另外，本利既指成本和利润，表示利润涉及成本，利息涉及利润；又指本金和利息，表示借贷涉及还本付息）。“部门”栏目是指第一部门之外的所有部门。“总产出”栏目下的“量”意味着产出统计的基础是实物数量。

(2) ①考虑到“下期”基本上等同“本期”，本表将“下期”略去。②可以认为 $c_{11}^i=0$，但同时也有 $c_{nn}^i\neq 0$。当然，结果是一样的，它给出了总产出价格≠总产值。③宏观经济中总供给和总需求的统计必须是指一定时期，中间产品就成为统计盲区。这就是为什么凯恩斯的总供求均衡被严格限定在最终产品的根本原因，而不是仅仅因为凯恩斯说的“有重复计算的困难”。④本表还存在一个难以处理的问题，有待进一步解决。

从表 6－2 可以察觉到存在以下三个问题：

第一，如果出现 $Y_1^{i^*}>V_1^{i^*}$，相当于 $Y_1^{i^*}-V_1^{i^*}$ 的差额的那部分投资款从哪里来？是否来自加印货币？

第二，本期用售价 P_1^2 中的等同于物质资本 c_{11}^2的部分去抵偿 c_{11}^2，相当于对上期借贷投资 $Y_1^{1^*}$ 提供还本付息的资金。$c_{11}^2-Y_1^{1^*}$ 为还本后的利息，就是从毛利润 M_1^1分割出来的利息 A_1^1。c_{11}^2包含的借贷资金 $Y_1^{1^*}$ 的贷款利息 $Y_1^{1^*A}$ 减去工资储蓄 $V_1^{1^*}$ 的存款利息 $V_1^{1^*A}$ 之后的差额 $M_1^{1^*A}$，就是银行信用业务的利润。

第三，本期事先购买物质资本 c_{11}^2需要借贷资金 c_{11}^2。显然，$c_{11}^2>Y_1^{1^*}$，因为 c_{11}^2的售价需要包含 $Y_1^{1^*}$ 的利息。用本期售价 P_1^2 中

的等同于借贷资金 c_{11}^2 的部分去还本 c_{11}^2，用从本期毛利润 M_1^2 分割出的利息 A_1^2 支付借贷资金 c_{11}^2 的利息。借贷资金 c_{11}^2 的贷款利息 $Y_1^{2^* A1}$ 减去工资储蓄 $V_1^{2^*}$ 的存款利息 $V_1^{2^* A1}$ 之后的差额 $M_{11}^{2^* A}$，就是银行信用业务的利润。

与第二个问题的解释同理，c_{11}^3 包含的借贷资金 $Y_1^{2^*}$ 的贷款利息 $Y_1^{2^* A2}$ 减去工资储蓄 $V_1^{2^*}$ 的存款利息 $V_1^{2^* A2}$ 之后的差额 $M_{12}^{2^* A}$，就是银行信用业务的利润。

总之，利息差产生出银行利润。

3. 为了利息差的利润

产销者总是关心价格差的利润。然而，我们始终没有弄清楚，也从来没有人能够真正告诉我们，价格的第一依据是什么？

金融危机总是与通货膨胀有关联，而通货膨胀无一不是人为制造出来的。针对经济危机，凯恩斯学说的特点是主张实行“温和的”通货膨胀。① 弗里德曼学说针对“滞胀”现象，指出通货膨胀随时随地都是一种货币现象，导致其发生的原因是货币数量增长快于产量增长，当政府印发通货或银行存款融资，并且货币增长率快于产量增长率时，财政政策就会导致通货膨胀；利息率不是货币政策的一个好的导向。②

银行信贷是调节整个货币收支的“总闸口”和“调节器”，银行扩大贷款可以增加流通中的货币数量；反之，紧缩贷款就会减少流通中的货币数量。另外，在国家垄断货币发行权的前提下，作为

---

① 凯恩斯的《就业、利息和货币通论》首次出版于 1936 年，而 1933 年开始的“罗斯福新政”的内容已经包括实行通货膨胀政策。对此，美国学者福克纳说，“事实上，这就是‘新政’已经在做的事，而凯恩斯用高度的技巧和理论的根据在他的名著《就业、利息和货币通论》一书里加以阐述。这部书成了‘新政’经济学家们的‘圣经’”（《美国经济史》，375 页）。

② ［美］弗里德曼．论货币．世界经济译丛，1985（5）。

唯一的货币发行机关的银行随时可以加印钞票，“凭空”增加流通中的货币数量。货币发行过量也被看作信用膨胀，或过多的现金发行（即存贷差额），或过多的存款发行（即虚假性存款），这是“凭空创造”购买力，而不是通过销售收入形成购买力。人们逐渐注意到，信用资金收支出现失衡，问题只能从银行信贷收支方面去分析，这是银行贷款过度膨胀造成的。[①]

金融危机是银行一手导演出来的。没有银行变着法的生财之道，不会有金融危机。当然，银行毕竟不是没有人管教的野孩子，那么生财之道背后的深层原因又是什么呢？

① 一般来说，存款＋流通中现金＝贷款，但在大多数情况下是贷款大于存款，自然也就有了现金发行增加。这是过量的现金发行（存贷差额）引起信贷收支不平衡。与此不同，是过量的存款发行（虚假性存款）引起信贷收支不平衡（《财政与金融》，464-465 页、477-479 页）。

第7章 收入分配制度

一般来说，收入分配制度涉及分配的宏观性与微观性。宏观性主要表现在税收调节。微观性主要表现在初次分配。西斯蒙第在《政治经济学新原理》中写道："我确定了全民的收入和研究了这种收入的分配"，"我相信我给政治经济学奠定了一个新的基础"；"收入既然给国家带来莫大的幸福，那末通过研究收入就能够最好地达到这门科学的目的"[①]。西方学者比较重视穆勒对分配的看法，即"它只单单是一种人的制度"[②]。言外之意，既然分配是人为产生的制度，那么它就具有选择性和任意性。

---

① ［法］西斯蒙第．政治经济学新原理．北京：商务印书馆，1977：12.

② ［美］英格里德·H．里马．经济分析史．北京：中国人民大学出版社，2016：442.

一、地租制度

地租制度属于微观性的收入分配制度。地租制度和土地制度相关联。土地制度的要点在产权问题，地租制度的要点在产品分配问题。诺思把产权的界定看得极其重要，甚至认为“国家基础结构的创立旨在界定和实施一套产权”，或者说，“离开产权，人们很难对国家做出有效的分析”；至于“有效率的产权”和“无效率的产权”，无非分别导致国家的高收入或低收入。① 显而易见，产权所涉及的主要是效率问题。从一个特定的角度说，产品分配与产权中的收益权有联系。但我们必须清楚，收益权不可能等同分配比例，这是两个问题。事实上，分配比例所涉及的主要是贫富问题。

1. 租赁经济

在农业方面，土地产权的存在引出了多种经济形式，其中之一是租赁经济，即通常所说的土地租佃。

土地是一种不动产。“普天之下，莫非王土”制度下的分封土地，相当于可转租的土地租赁。假设存在这样一种情况，天子的一部分土地租（分封）给诸侯，诸侯再把他得到的租用地（封地）的一部分转租给属下，然后又是逐级向下的层层转租。从总体上看，天子和诸侯之间的土地租约要求承租人（诸侯）不能出售土地，并且有义务向天子纳贡，有义务让诸侯国中的军队服从天子的随时征调。诸侯在占有这块租用地的同时，土地上的所有居民都成为他的

① ［美］道格拉斯·诺思．经济史中的结构与变迁．上海：上海人民出版社，1994：25、21、28.

佃户，其中一部分属于直接佃户，一部分属于间接佃户。在井田制下，佃农有相当于租借的私田，并通过公田缴纳劳役地租。

这里的关键在劳役地租。我们可以这样说，西周的劳役地租和欧洲中世纪的劳役地租在本质上都一样。不过，如果将领主和农奴的关系与地主和佃农的关系进行比较，那么很明显，与领主的领地合为一体的农奴是没有人身自由的，与地主的土地不存在一体关系的佃农是有人身自由的。事实上，劳役地租本身就存在着役使的成分。集体劳作必须服从管理，仅从这一点还不能说明问题，因为管理的存在有其必要性。但是，此时的集体劳动是必须先完成公田上的生产任务，然后才能去耕作私田。这样一来，私田的农时有可能就耽误了，而农业生产的一条重要规律恰恰就是不误农时。我们可以认为，劳役地租只与农奴的存在相联系，也就是说，佃农与劳役地租无关，与佃农的存在相联系的，只有实物地租和货币地租。

地主和农民的关系保持在土地租赁的基础上，领主和农奴的关系保持在农奴为私有物的基础上。所以，从配第创立了政治经济学开始，人们所讨论的地租基本上都是资本主义地租，而不是封建地租。

我们可以认为，劳役地租属于封建地租，特权田的地租都属于封建地租。特权田包括宗室授田、代禄之田等。也就是说，属于封建地租的有两种：一是劳役地租；二是特权田的实物地租和货币地租。一般来说，实物地租可以与市场无关，但货币地租必然要同市场有直接联系。在这里，我们还需要设定两个概念。第一个概念是把与特权田相对的田叫作平民田。第二个概念是把既不同于资本主义地租，也不同于封建地租的地租，叫作资本性地租。因此，我们可以认为，平民田的实物地租和货币地租属于资本性地租。资本主义地租是与资本主义社会形态相联系，与此不同，资本性地租是与封建地租并存，而且都是与封建社会形态相联系。换句话说，资本主义地租存在于资本主义社会形态下的资本主义农业，封建地租和资本性地租存在于封建社会形态下的封建农业。

马西的利息学说给了我们一个启示，即利息是利润的分割。因此，我们也可以说，地租是利润的分割。在这里，利润的分割，换句话说，就是利润的一部分。笼统地看，配第把地租当作利润好像也有一定的道理，但具体地看，配第的观点就有错误：毕竟利润的一部分不等于全部利润，而配第是把全部利润等同于地租。

应当说，土地的租金与社会形态无关，它既不姓“封”，也不姓“资”。在封建农业中的土地租金包括封建地租和资本性地租。在资本主义农业中的土地租金只有资本主义地租。相比较而言，封建地租的特点为在封建社会形态下，以特权田为前提，出租地主与租地农民之间出现的地租；资本性地租的特点为在封建社会形态下，以平民田为前提，出租地主与租地农民之间出现的地租；资本主义地租的特点为在资本主义社会形态下，土地所有者与租地农场主之间出现的地租。

假如西欧在从领主制封建社会过渡到资本主义社会的中间，没有出现一个地主制封建社会，那么我们可以认为，在领主制封建社会的演化方面，中国与西欧所走过的确实是不同的两条道路。西欧封建领地上也存在自由农民，虽然他们不像农奴那样在人身方面依附于领主，但他们中的许多人依然是领主的佃户，要交纳地租。① 领主与佃户之间出现的地租，等同于中国的封建地租。这似乎又可以反映出西欧封建农业中的土地租金是没有资本性地租的。

中国古代的封建农业中长期存在资本性地租，这能引出什么问题？

法国重农学派的杜尔哥认为，土地所有者收取的地租不在土地耕种费用之中，这意味着土地所有者不是生产的当事人，从而也不是资本主义生产关系的必要组成部分。就学理而言，李嘉图在同一问题上的研究迈出了重要的一步。

① 厉以宁．资本主义的起源．北京：商务印书馆，2003：233-234.

2. 分成租、定额租和剥削问题

关于分成租，有一个问题必须弄清楚：原定租额[1]是多少，折实租额又是多少？

人们把什么样的分成比例看作是合理的？或者说，合理的地租率是多少？对半分（50%），还是参考什一税（10%，官税）而产生的税率？

实际上，地租应分为国家地租和民间地租。国家地租是政府与土地所有者之间的地租，土地所有者包括地主和自耕农，以及拥有一定数量自有地的半佃农。民间地租是地主与佃农之间的地租。在此，凡是出租土地的人，我们都把他叫作地主。显然，这个地主概念不等于划定阶级成分的那个地主概念。

如果税收有特定的含义，比如是对国家管理这种服务的一种偿付，那么农业税就不能等同于国家地租。也就是说，农业税带有交换国家提供的服务这个因素，而地租带有交换土地这种生产资料的因素。

3. 两个量的确定问题

第一个问题，地租如何确定？

对于地租率的确定这个问题，西方经济学从理论上给出了一种解释：地租率由土地的供给和需求的均衡来确定。假定土地只有一种用途，而且土地的供给量固定不变，那么土地的供给曲线是一条垂直线，它不随地租率的变动而变动。土地使用者对土地的需求取决于土地的边际产品价值，使用土地的边际产量服从递减规律，因而土地的需求曲线向右下方倾斜。土地的需求曲线和供给曲线的交

---

① 陈正谟. 中国各省的地租. 北京：商务印书馆，1936.

点是均衡的地租率，见图 7－1。[①]

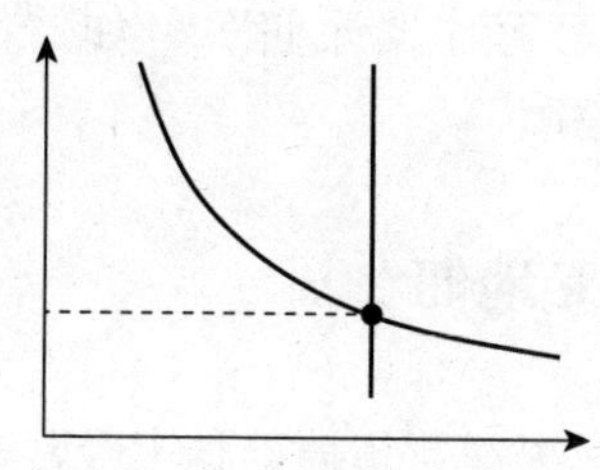

图 7－1　地租率的决定

关于地租率的研究实例，可参考国外学者提供的决定土地地租价格和价值的方法。[②]

第二个问题，剥削如何界定？

这实际上是一个不解之谜，因为人们无法给出以哪一个量度为标准，以便确认超过这个度就属于剥削，没有达到这个度就不能说是剥削，以致剥削这个词渐渐地成了一个模糊概念。你说这是剥削，他说这不是剥削，最终谁也说服不了谁。

4. 国家地主与官地佃农

国家地主产生于政府经营田地。政府经营的田地也叫官地、官田、公田。租种官地的农民，最初叫田农。例如，“若军事、田农、酤酒，未得皆从人心，权设其法，太平当除，故不入律，悉以为令”[③]。田的古义，作名词指农田，作动词既可指打猎，如“宣子田于首山”[④]，后写作“畋”，也可指耕种，后写作“佃”。课，作

① 中国人民大学经济学院．西方经济学．北京：中国财政经济出版社，1999：236-237.

② ［美］史蒂文·C．布拉萨．公有土地租赁制度．北京：商务印书馆，2007：46-47.

③ 《晋书·刑法志》。

④ 《左传·宣公二年》。

名词指赋税，作动词指征收（赋税）。田课即田税，课田即征收田税。有人认为课田也可写作“课佃”[①]，如“都督可课佃二十顷，州十顷，郡五顷，县三顷”[②]。

5. 私人地主与私地佃农

私人地主产生于私家经营田地。私家经营的田地也叫民地、民田、私田。租种私地的农民，用董仲舒的话说，就是“耕豪民之田”[③] 的佃耕者。王夫之用“佃耕者”来指代佃农，如“轻自耕之赋，而佃耕者倍之”[④]。

6. 小农维系的地租

佃农属于小农，说明有些农村户（不等于农户）缺乏必要的家庭生计来源。就当时的社会经济状态而言，“耕者有其田”主张的合理性应当是以此为依据的，而该主张也正是具有这一因素的思想观念长期延续下来后所给出的一个最恰当的概括。

必须弄清楚，按照孙中山的意思，“耕者有其田”是在土地国有制度下，农民得到对土地的使用权。[⑤] 与此相对照，共产党的土地革命和土改，同样是要实现“耕者有其田”，但其所采用的手段不是在土地国有制度下，而是在不变动土地私有制度的情况下，强制地把一部分人（指地主）的土地私有转换成另一部分人（指农民）的土地私有。

---

① 高志辛．西晋课田考释//魏晋隋唐史论集：第一辑．北京：中国社会科学出版社，1981.

② 《晋书·应詹传》。

③ 《汉书·食货志上》。

④ 《读通鉴论》卷二。

⑤ 陈勇勤．中国经济思想史．郑州：河南人民出版社，2008：299.

讨论高王凌《租佃关系新论》中的一些观点，我们可以认为，他的看法既有合理的一面，也有逆反心理作怪的一面。前者指出了实收地租往往少于原定租额[①]，所以实收地租又称折实租额。对于后者，不仅共产党要重新分配农村土地，而且国民党同样提出过这个主张；就这一点来说，事实上，国民党还先于共产党一步。当然，共产党的政策是剥夺地主的土地给无地或少地的农民。在这一点上，符合自然资源人人可以享有的原则，具有合理性。在此，地主占有土地的比例实际上并不重要。[②] 例如，关中地区在抗战前地主占有的土地不过 5%[③]，即所谓的“关中无地主”。但是，这只能说明该地区在很大程度上不需要重新分配土地，并非关中地区完全不需要重新分配土地。即便用全国的平均数来显示，旧中国地主的土地约占 40%[④]，也不能改变剥夺地主的土地所具有的一定合理性。

这又引出对地主的概念如何解释的问题。如果单纯按占有土地的数量来划分地主，那么小地主与富农很难区别。实际上，如果不涉及阶级成分，富农是指富裕的自耕农。如果按划定阶级成分的标准来进行区分，富农参加农业生产劳动，小地主不参加农业生产劳动。然而，问题在于：第一，如果小地主占有土地的数量与富农占有土地的数量相差不大，而且认定时的起点都是超过一个农户可维持生计而需要拥有的土地数量，那么剥夺小地主的土地但不剥夺富农的土地，似乎不公平。第二，如果仅仅因为富农参加农业生产劳动就不剥夺他们的土地，小地主不参加农业生产劳动就剥夺他们的土地，那么土地租赁就成为不合理的行为。

显然，我们不能说土地租赁不合理。因此，只有地主超量占有土地是不合理的。从历史上看，政府必须限制地主超量占有土地的

① 高王凌．租佃关系新论．上海：上海书店，2005：23.

② 同上书，8-9 页。

③ 同上书，12 页。

④ 同上书，11 页。

思想意识，早在西汉时期就已经出现了，其典型代表就是董仲舒的限田主张。

有土地租赁的存在就有地租的存在，土地租赁的存在是合理的，地租的存在也就同样是合理的。①

二、非均衡经济与利润变动

马克思指出："供求实际上从来不会一致。……假定供求是一致的……是为了找出供求变动的实际趋势，为了在一定程度上把这种趋势确定下来。……（各种）不平衡会彼此接连不断地发生……由它们之间互相之间的矛盾而互相平衡。这样，虽然在任何一个场合供求都是不一致的，但是它们的不平衡的接连发生……从一个或长或短的时期的整体来看，使供求总是互相一致；然而这种一致只是作为过去的变动的平均。"② 瓦尔拉斯说："生产平衡与交换平衡一样，是理想状态，不是真实状态。任一种产品的售价与投入这一产品的生产服务的成本绝对相等的情况，或者是产品或服务的有效需求与有效供给绝对相等的情况，在现实世界绝不会发生。然而这却是一种正常状态……在交换和生产的自由竞争制度下，情势自然会走向这一状态。"③ 熊彼特说："从一开始就说得很明白，现实生活中的市场是绝不会达到均衡的，所以只能对观察者高度抽象地想象出来的市场提出均衡问题。"④

由于经济研究的需要，产生出假定均衡。

① 对"公有土地租赁"的研究，可参考布拉萨、康宇雄的《公有土地租赁制度》。

② ［德］马克思．资本论：第三卷．北京：人民出版社，2004：211.

③ ［法］莱昂·瓦尔拉斯．纯粹经济学要义．北京：商务印书馆，1997：228.

④ ［美］约瑟夫·熊彼特．经济分析史：第三卷．北京：商务印书馆，1994：374.

学者在研究上有了假定均衡，随后又有了假定零利润。熊彼特说："在纯粹经济逻辑的范围内，生产问题就是如何使厂商的收入和成本之间的差额最大的问题……最主要的混淆不清的问题，当然是零利润命题……在已经指出的那些确实防止该命题循环论证和同义反复的限制条件下，在走向纯粹竞争的完全均衡的道路上，纯利润是趋于消失的。所要做的只是列出我们能想到的、产生剩余（即超过已付成本或估算成本的收入）的全部来源，然后说明为什么剩余会减少并在极限情况下会消失。由此便可以正当地推论出（适当折扣后的）计划收入和计划成本之间的相等。"①

瓦尔拉斯假设"当生产处于平衡状态时，企业家是既得不到利润也受不到亏损的"，认为在"合理的簿记"条件下，企业家"在他的企业中他也参与管理，如果在企业中有他自己的投资，那就应当一方面记入业务开支，另一方面将相应的租金、工资和利息，按照生产服务的当时市场价格计算，记入他自己账户的贷方。这样，他作为一个企业家时不一定要获致任何利润或遭受任何亏损，而他的生活仍然得以维持"②。瓦尔拉斯提出"既不赚也不亏的企业家"概念，相当于假设均衡对应的零利润。实际上，这反映的正是瓦尔拉斯派理论"主张利润有消失趋势"③。再借用熊彼特使用的概念，则趋向均衡是"零利润趋势"，是"利润率趋于零"。④

熊彼特说："利得会诱使各个资本家……扩大产出，直至剩余降至零为止。只要我们局限在静态过程的图式中……直到剩余消失之前，静态过程是不会达到均衡的。"⑤ 范里安假设"一个可自由出入的行业……处于长期均衡，厂商数目确定，利润为零"，因为"在一个自由进入行业中，新进入行业的厂商会使利润逐渐趋向于

---

① ［美］约瑟夫·熊彼特．经济分析史：第三卷．北京：商务印书馆，1992：433.

② ［法］莱昂·瓦尔拉斯．纯粹经济学要义．北京：商务印书馆，1997：229-230.

③ ［美］约瑟夫·熊彼特．经济分析史：第三卷．北京：商务印书馆，1992：429.

④ 同上书，428-429 页。

⑤ ［美］约瑟夫·熊彼特．经济分析史：第二卷．北京：商务印书馆，1994：416.

零”，“经济利润是用所有生产要素的市场价格来确定的……在一个自由进入的竞争行业中……谋取经济利润的动机使经济利润最终趋于零”；进一步说，“在利润为零的长期均衡情况下，一切生产要素费用均以市场价格支付……该行业中每种生产要素所得到的报酬与它在其他行业所能得到的报酬一样，所以不存在额外的报酬——没有纯利润——来吸引新的生产要素进入该行业。但也没有理由使厂商离开该行业。利润为零的长期均衡行业是成熟的行业。”①

可以看出，假定均衡和实际非均衡是我们思考的主要问题。

三、税收参与收入再分配

税收是财政收入的构成部分之一，它来自对每一个经济体的收入的分割。税收也是再分配调节机制的主要手段之一，具有“税收调节力度”②。

“税收当然必须交给政府”，“在全国范围征收的国税，主要是针对个人收入和企业利润征收的”③。作为国税主要部分的个人收入和企业利润这两项，正是经济总量平衡等式中的总收入 Z，即 $\sum(v_i+s_i)$。

税款是价格形成的一个因素，价格相当于收入的支出，所以税款相当于收入的分割。再从投入（包括购进中间产品、“雇用劳动并支付商业税”）来看，商业税“在经营买卖时”是“需要的，因此这些税可以看作是一种投入”④。如果投入是储蓄的转化，储蓄又是收入的一部分，那么仍然是税款相当于收入的分割。

---

① ［美］哈尔·R. 范里安. 微观经济学：现代观点. 上海：三联书店，1994：489-492.

② 《中共中央关于全面深化改革若干重大问题的决定》，2013-11-15。

③ ［美］保罗·克鲁格曼，罗宾·韦尔斯. 宏观经济学. 北京：中国人民大学出版社，2009：364.

④ ［美］沃西里·里昂惕夫. 投入产出经济学. 北京：商务印书馆，2011：305.

之所以可以“加大税收调节力度”，正是因为税收被政府当作自动稳定器（automatic stabilizer）；或者说，“自动稳定器的政策手段”之一是税收法规。政府使用它来“降低经济中乘数系数的大小”，“乘数是连锁反应的结果”。“当我们计算没有税收的乘数的时候，我们知道等于$\frac{1}{1-MPC}$。但是，当我们假定实际 GDP 增加的部分被征收了 t 部分税收时，乘数变为$\frac{1}{1-MPC\times(1-t)}$。这个值总是小于$\frac{1}{1-MPC}$，随着 t 的增加，乘数值会变小。”在此，MPC 为边际消费倾向，t 为税率。“许多宏观经济学家认为在现实生活中，税收导致了乘数系数降低是一件好事情。”①

在刘易斯看来，收入分配也相当于“税收负担的分配”。针对经济增长问题，他认为：欠发达国家“收入分配比发达国家均衡还是不均衡，首先取决于人口和土地之间的关系，其次取决于经济部门资本化的程度”；其中，还涉及“在资本化部门，利润与工资的比率”；“在收入表上，税收应达到何种程度在一定程度上取决于收入分配的不均衡程度如何，但是有一部分也取决于税收对积极性和储蓄的影响如何”。②

四、收入和再生产的相关性或分离性

中共中央提出“形成合理有序的收入分配格局”的同时，特别指出：①“着重保护劳动所得，努力实现劳动报酬增长和劳动生产

① ［美］保罗·克鲁格曼，罗宾·韦尔斯. 宏观经济学. 北京：中国人民大学出版社，2009：373、395-396.

② ［英］阿瑟·刘易斯. 经济增长理论. 北京：商务印书馆，2002：491-492.

率提高同步，提高劳动报酬在初次分配中的比重”；②“健全资本、知识、技术、管理等由要素市场决定的报酬机制”；③关注“投资者回报”，“保护投资者尤其是中小投资者合法权益”。[①]

1. 资本连接收入和再生产

西斯蒙第说：“绝对的消费决定一种相等的或者更高的再生产，再生产又产生收入。”[②]

马克思通过《资本论》在研究资本周转和再生产的同时，从揭示剩余价值存在的角度，始终关注“工资收入”与“再生产出相应的分配关系”的联系和它在“产品中归个人消费的部分的各种索取权”，以及它的增长要同步于劳动生产率提高；也注意到被资本家“当作收入”的利润表现为“资本和劳动本身在不同生产部门之间分配的因素”；还提出“资本在不同社会生产部门之间的分配”和平均利润率调节生产价格，生产价格对生产过程“起调节作用”。[③]

把问题集中在一起进行整体思考，就收入和再生产来说，两者以资本作为一条连线，它们无形中存在着一种平衡关系。

2. 国民收入平衡的思想源头

马克思的商品价值理论体系以模型 $w=c+v+m$ 为基点，并进一步给出模型 $p_w=c+v+\bar{r}(c+v)$，着重讨论剩余价值与价值的联系以及生产价格与平均利润的联系。把两个“联系”放在一起共同来讨论，就组合出《资本论》第三卷阐述的价值向生产价格转化问题，简称“转形问题”。

① 《中共中央关于全面深化改革若干重大问题的决定》，2013-11-15。

② ［瑞士］西斯蒙第．政治经济学新原理．北京：商务印书馆，1977：80.

③ ［德］马克思．资本论：第三卷．北京：人民出版社，2004：994-995、236、999.

“斯密教条”理论体系以模型 $w_2=v+m$ 为基点，发现并揭示出总收入与生活资料总量平衡这一重要问题。

曼德尔在讨论马克思主义经济学的“再生产和国民收入的增长”问题时说：$v+m$ 既是“新价值”，又是“新收入和转移的收入”；就劳动力的“双重职能”而言，“社会的劳动生产率”取决于其中的“价值转移”这一性质，“创造一种收入”（即“增殖价值”）取决于其中的“生产新价值”这一性质，而且“这种收入……分成为劳动收入（工资）和资本收入（剩余价值）”①。

可以说，国民经济投入产出平衡表的基本原理、计算 GDP 的基本原理都来自“斯密教条”的原始创意。“斯密教条”在经济学基础理论上留下的宝贵遗产是国民收入平衡思想。

3. 收入分配 $Z=V+S$ “合理的分割比例”还没有找到

收入分配涉及两方面问题：一方面，初次分配和再分配；另一方面，国民收入和“产品含收入”。

初次分配是企业内部的分配，通常将效率作为分配的基本原则。企业不过是实现投资获利两个步骤（产品实现和交换实现）的一个产销实体，产品是从投资（成本）到投资增殖（成本＋利润）这一过程中必要的中间环节。因此，以产品的价格结构式 $p=c+v+s$ 为参照尺度，其中工资 v 和利润 s 组合的 $v+s$ 可以看作收入的微观表达式，用 z 表示个量收入。

再分配是政府用税收手段调节收入，通常将公平作为分配的基本原则。这个经济行为有正、负两方面效应。正面效应的前提条件是税收有一个合理的度，由此才能通过调节的结果体现出公平原则；否则，税收是一个不合理的度，或者说高于合理的度的税收，就会出现负面效应。

① ［比］曼德尔．论马克思主义经济学：上卷．北京：商务印书馆，1979：316.

国民收入是宏观层面的总量。由总工资 V 和总利润 S 组合的 $V+S$ 可以看作收入的宏观表达式，通常用 Z 表示总收入，即国民收入。在宏观经济学中，总量平衡的假设等式为：国民收入=最终产品总价格。再分配的决策依据来自宏观层面的总工资和总利润的比例数字。

“产品含收入”是微观层面的个量。收入的微观表达式为 $z=v+s$，因为它是产品的价格结构式 $p=c+v+s$ 的一个组成部分，所以，也可以称为“产品含收入”。对于国民收入来说，“产品含收入”意味着宏观经济的微观基础。实际上，再分配的调节结果就是在微观层面的工资和利润上政策（指收入分配调控政策）的具体落实。

收入分配 $Z=V+S$ 中“合理的分割比例”是个什么数字？它至今还没有找到。

在宏观层面，收入分配要根据收入的宏观表达式 $Z=V+S$ 提供的“合理的分割比例”这个数字。在微观层面，收入分配调控政策的具体落实要从收入的微观表达式 $z=v+s$ 反映出来。

$v+s$“合理的分割比例”$=V+S$“合理的分割比例”意味着企业在收入分配上既取决于效率，也要兼顾公平。

企业的收入分配在事后进行，而事后的收入只有利润，没有工资（归属成本）。在事后这个时点上让工资走进收入分配，那么企业的收入分配就演变成工资参与利润分割。

企业在事前按 $v+s$“合理的分割比例”来预付工资，但在交换实现之前，利润都属于未知数，除非利润是常数（相当于已知数）。只要利润变化，那么预付工资+利润变数的分割比例就不会是“合理的分割比例”。也就是说，企业以“合理的分割比例”预付工资为开端，以利润变数使“合理的分割比例”未实现而结束。由此看来，企业的收入分配究竟是什么样的运作形式，还需要我们进一步研究。

第8章 税收制度

税收是一个历史范畴，也是一个古老的经济范畴。税收的特殊属性是税收的强制性、无偿性和固定性，或者说税收的规范性、制度性和刚性。税收起源和财政起源互融互动，而财政是一个分配问题。有国家，必然就有税收。政府管理社会是公共事务，提供公共产品需要费用，税收的合理性体现在取之于社会、用之于社会。问题只在于，税率是否合理①，征税对象是否合理。

税收制度或赋税制度可能最初是从“贡”到“且”，从“助”到“彻”的演化。②“赋”是指税，

① “政府使用的资金在国民收入中所占的比例”或“税收在国民收入中所占的比例”在各国之间的“差别，是和施政的质量有很大差别联系在一起的”（《经济增长理论》，488页）。

② “贡”等同“共”或“献”，“任土作贡”（《尚书·禹贡》）是指贡纳方物。“且”是指氏族公社的成员在公有土地上的劳动。提供物品可理解为“共”，也可理解为“租”。“助”含“力”，是指力役税，相当于力役地租。“彻”含“禾”，是指实物税，相当于实物地租。

譬如“有税有赋，税以足食，赋以足兵”[①]，“有赋于军”[②]，田赋是指地税，“关市之赋”[③] 是指商税。里昂惕夫说，投入产出的“投入”包括购入生产资料、雇佣劳动和“支付商业税”，商业税不是“在物质上生产货物所需要的，但在经营买卖时却是需要的，因此这些税可以看作是一种投入”[④]。

一、田赋、工商税和徭役

据说，夏、商、周的税法分别为“贡”“助”“彻”三种形式。[⑤] 它来自《孟子》记载的“夏后氏五十而贡，殷人七十而助，周人百亩而彻，其实皆什一也”。这里要注意：①“贡”相对应的耕地，并没有做出公田、私田的区分，是用十分之一土地上的收获物来交税。②“助”相对应的耕地，划分为公田和私田，公田的亩数是私田亩数的十分之一，对公田要无偿地耕种。③《孟子》上说，“诗云：‘雨我公田，遂及我私’。惟助为有公田。由此观之，虽周亦助也”。也就是说，周在一定的范围内还保留了“助”。《孟子》又提到，“彻者，彻也；助者，藉也；其实皆什一也”。“藉”即借，指在公田进行无偿劳动。由此看来，“助”即助法，指的是力役地租。相应地，这里显然有将“彻”和“藉”做出区别的意思。“彻也”的“彻”，指不再分公田和私田。由此看来，“彻者”的“彻”即彻法，指的是实物地租。如果与“国”“野”联系起来

① 《汉书·刑法志》。

② 《左传·昭公十六年》。

③ 《周礼·地官》。

④ [美] 沃西里·里昂惕夫. 投入产出经济学. 北京：商务印书馆，2011：305.

⑤ 在西周的青铜器铭文中，我们可以看到“赋”字和“宾”字，但没有“税”“贡”这两个字。因此，有人认为：“税”字和“贡”字成为国家财政的收入名称和制度，实际上是春秋战国的事。

分析，那么“彻”应当是在“国”中采用。

西周的“赋”，也就是《孟子》说的“国中什一使自赋”。在这里，“什一”是指以十分之一为税率的、与“贡”相似的“彻”。“赋”指军赋，也就是军事装备的费用。“使自赋”就是“国”中居民要向国家提供军事装备的费用，如出车、马等。

夏、商、周的关税在古文献中记为“关”“关市”，实际上是指货物运输通过各处关卡时缴纳的通过税，即货物出入关之税，也可称为货物税。一般来说，国内的商品交易称为“市”，边境的商品交易称为“关”。虽然边关与关税都与“关”相联系，但设关御敌与设关征税并非一回事①，两者只是地理位置相同，本质上边关≠税关。由“关”“市”合称的“关市”所决定的“关赋”+“市赋”②，构成一种税收来源形式的集合——商业税，即“征商”③。“关市之赋”和“山泽之赋”④基本上可以看作工商税收之始。由此也有了关卡的官制，征收关税的机关——“司关”，各关关员——士、府、史、胥、徒。⑤

在中国古代，徭役多与田赋联系在一起，通常叫作赋役制度。赋役的“赋”即田赋，“役”即徭役。实际上，两者完全是两回事。田赋是农业税，属于农业的生产成果（产品）分割。而徭役相当于成人税，属于成人以其劳动力为政府尽一定义务。不过，这里还存在一个需要注意的问题。如果以劳动力尽一定义务原本是替代农业税的一部分，也就是说，部分农业税不是缴纳农产品，而是用劳动力尽一定义务来替代，那么徭役与田赋联系在一起也就顺理成章了。

---

① “关”或关卡的差异：设关御敌，“古之为关也，将以御暴”（《孟子·尽心下》）。设关征税，“今之为关也，将以为暴”（《孟子·尽心下》）。“关讥而不征，市廛而不税”（《礼记·王制》），或“关市讥而不征”（《孟子·梁惠王下》），即建议只稽查而不征税，正是针对“关市之征”（《孟子·滕文公下》）或“关市之赋”。

② 《管子·幼官》。

③ 《孟子·公孙丑下》。

④ 《周礼·天官》。

⑤ 《周礼·地官》。

二、近代中国关税

1. 近代中国关税自主的思想基础

保护关税政策究竟对谁有利？保护关税有不同的目的：一是增加财政收入；二是保护国内产业。以增加财政收入为目的，应当有所节制，否则会损害消费者的利益。保护国内产业必定反映到提高关税，这就和增加财政收入有了内在联系。但是，提高关税也许并不能直接与增加财政收入相吻合，因为提高关税很可能带来进口下降，而进口下降有可能导致关税总量的减少，反倒使财政收入减少。不过，在进口下降的同时，有可能适当提高国内产品的税率。这样，提高关税实际上等于间接地使财政收入增加了。总之，保护国内产业与增加财政收入最终殊途同归。

“从自由竞争转变到保护制度时进口税应当提高到什么程度……这些是不能从理论上来决定的，这是要看比较落后国家在它对比较先进国家所处关系中的特有情况以及相对情况来决定的。”[①] 李斯特认为，无论何种保护方式，比如明确禁止输入，或税率事实上相当于禁止输入，或税率高到限制输入等，“没有一个是绝对有利或绝对有害的”[②]。可见，事物都具有两面性，非保护关税既有利也有弊；同样，保护关税既有利也有弊。因此，关键在于对谁有利。

保护关税对生产商和政府都有利，但它在一定意义上侵犯了消

① ［德］弗里德里希·李斯特. 政治经济学的国民体系. 北京：商务印书馆，1961：264.

② 同上书，261页。

费者的商品自由选择权。价格会使消费者对外国商品望而却步，这直接影响到外国商品的销路。相反，非保护关税对消费者有利。从价值判断角度讲，这属于是关注政府利益和生产商利益，还是关注广大国民利益的问题。

1927 年，有人把李斯特的《政治经济学的国民体系》翻译成中文，当时的书名是《国民经济学》。

距此大约半个世纪前，也就是晚清时，爱国人士已经开始借助舆论，以保护关税、关税自主等经济主张，向公众宣讲税收制度与维护国家主权的问题。

1878 年，马建忠在《论洋货入内地免厘》一文中，提出仿效西方实行保护性关税，说“查欧西各国通商税则……税物总不外进出口货，出口之货概不征税，所以为土产筹销路，与他人争利权，即征亦无多”，“进口货略分四种：其第一种天生物科，如煤铁之类，为中国所自有，惜乎无人采取，又兼转运为难，每不敌外来之贱，应于外来者仍旧值百抽五，以广招徕。……其第二种为外来制成之货，中国亦出者，如洋布之类，应加重征，至值百抽十五之数，庶几中国产棉，仿用机器织布，资本虽重，亦可夺西人之利。其第三种制成之货，中国不产者，如钟表、玻璃器、洋伞之类，此必有力者方可置办，应加征至值百抽二十五……洋酒、吕宋烟、糖菜之类……今则一切加征至值百抽三十，较之外洋税则，犹不为重。其第四种远来之货，本国无产者，鸦片烟为首，以其危害人之毒物，自宜苛征以困之。……利权归我，农贾殷商，亦可靳此些须厘金，培养国脉”。可以看出，这是个有理有利的建议。

陈炽比较早地提出了关税自主问题，说“中国当道光年间……误将税则加载约章……授人以柄”，指出“泰西诸国……税则之或轻或重，无不由君主自主之”，提醒说“税则者，国家自主之权也，非他国所得把持而搀越者也”[①]。

① 《庸书・外篇・税则》。

2. 关税收入

海关收入从新海关成立时的每年 500 多万两，到 1911 年的 3 600多万两，60 年中增加了五倍半多一点。民国元年（1912 年）至民国二十三年（1934 年）的海关税收入，从 38 258 922.203 两关平银，到 301 884 091.91 元国币。①

按照 1843 年“五港出进口应定税则协约”，新税率原则上是值百抽五。据统计，出口税率降低了 50%～80%，进口税率降低了 16%～90%。按照 1858 年修订的税则，许多货品的税率又有大幅降低。例如，出口货中茶叶的税率降低了 60%，进口货中印花布的税率降低了 65%。按照 1902 年修改的进口税则，从表面上看提高了进口税率，但由于是按前三年的平均物价作为调整税率的基数，所以实际上低于修订时的物价水平。据有人估算，实际税率只达到 3.7%左右。②

针对中国关税税率，马建忠谈道，“税物总不外进出口货，出口之货概不征税，所以为土产筹销路，与他人争利权，即征亦无多。……惟国内独有之土产，不畏他人争利者，则不妨于出口重征之。……至进口货……轻则至值百抽五抽十，重则至值百抽五六十，且有值百抽百之多”③。针对关税自主问题在东西方的不同影响，陈炽指出，“泰西各国……其出口税必轻，轻则成本不贵，本国商人之获利者多也；入口税必重，重则物价过昂，本国诸民人之爰异物者少也”，“中国不尔也，出口税重，此外犹百计诛求；进口税轻，他物仍百端规避”④。连外国人自己都说，“事实上他们并不满足于获得比过去低而又低的关税，所有商人利用一切机会，偷

① 陈诗启．中国近代海关史．北京：人民出版社，2002：863-890.

② 朱契．中国租税问题．北京：商务印书馆，1936：270.

③ 《适可斋记言记行》中的卷四“论洋货入内地免厘”。

④ 《庸书・外篇・税则》。

漏正税，甚至逃避全部课税。以多报少是极普遍现象。……改报货品，把某一品类货物改为另一低税品目，这是极普通的事。生丝的单位是一包，但经常把两包捆成一包，海关税吏睁只眼闭只眼，以折半的重量纳税。直接走私，即洋货入口、土货出口一概不报关不纳税，也是常事。有时是借助于疏通胥吏，但在不少的情况下，并不依赖他们的帮助，简直是存心藐视疏懈的监视”①。

3. 条约制度与关税

“条约”是政府之间签订的，具有法律效力。“条约制度”② 就是“不平等条约体系”。第一，有害性质的，如赔款、片面最惠国待遇、领事裁判权、外国人掌管海关行政管理权等。第二，中性的，如“约开商埠”、“自开商埠”、取消行商（公行）制度、沿海贸易权和内地通商权等。③ 第三，双重性的，如协定关税、租界、内河航行权。④ 另外，中外条约事实上还是有一定的法律效力，这

---

① ［美］马士. 中华帝国国际关系史：第 2 卷. 上海：上海书店出版社，1998：6-7.

② 宁可主编的《中国经济发展史》第 4 册第 1893 页有“条约制度”一词。刘佛丁、王玉茹的《中国近代的市场发育与经济增长》中第 84-90 页为“不平等条约中有关中外市场关系的制度安排”。

③ 这里需要注意，增加通商口岸与外国人得到沿海贸易权、内地通商权属于两个问题，不能混为一谈。通商口岸主要涉及商品进出口问题，沿海贸易、内地通商主要涉及商品销售采购问题。

④ (1) 协定关税，从一方面说，中国失去了关税自主权，它侵害了中国的国家税收主权，也就是主要是在进口税方面；从另一方面说，对中国自然经济的解体，对中国以农业为主的经济结构的改变，可能还产生了一定的作用，也就是主要是在进口的工业品（价廉物美）方面。(2) 设立租界，从一方面说，它侵害了中国领土主权；从另一方面说，它给城市的现代化起了一定的示范作用。(3) 内河航行权，从一方面说，它侵害了中国内河主权，特别是占有了中国内河利权（这件事与外国人取得铁路修筑权，从而侵害了中国铁路主权、占有中国铁路利权，性质完全一样。因此，19 世纪 70—80 年代出现了收回内河利权、维护内河主权的大量舆论，20 世纪初出现了收回铁路利权、维护铁路主权的铁路风潮）。从另一方面说，它对中国内河航运业的现代化起了一定的示范作用。

一点我们也不能忽略。[①]“条约制度”的“不平等”，主要反映在外国得到了某些特权。

在这些特权当中，影响到中国政府税收总量的是协定关税，也就是中国海关进出口货物的税率必须与外国人共同议定，这说明中国已经丧失了关税自主权。与协定关税相联系的有两个税率：一是海关税率，被定在“值百抽五”，即税率一律为5%；二是内地的“子口税”税率，被定在“值百抽二点五”，即税率属于一次性缴纳2.5%，所以又称“子口半税”。我们很容易就可以发现，“值百抽五”关税和“子口半税”的危害是洋货与中国商品在中国市场上进行价格竞争时，具有交易成本减少的价格优势。这种优势体现在，当净收入处在同一水平线上时，纳税少的一方可以降低销售价格，可以通过低价格在销售上占先。再从收益角度讲，纳税的减少相当于利润的增加。

我们用平均税率来比较中国关税与英、美两国关税（见表8-1）。1922年，中国的关税税率与英、美两国的关税税率相差如此之大，可见19世纪中后期中国关税会有多么低了。

表8-1　　中国关税与英美两国关税的比较

1922年		1934年	
中国	5.0%	中国	31.3%

① （1）一个明显的事例是，甲午战争前外国在中国开设工厂是非法的，就是说外国人在不平等条约中没有获得在中国设厂的特权。只是清政府对这个时期外国在各通商口岸设厂，基本上采取了默许的态度。1895年《马关条约》规定：“日本臣民得在中国通商口岸城邑，任便从事各项工艺制造”，即日本最先正式获得在华设厂的特权。因此，其他国家才援引“最惠国待遇”条款，纷纷来华投资设厂。可见，只有条约的相关条款才能给外国在华设厂以合法性。（2）另一个事例是，在1846年、1853年和1855年，沙俄连续向清政府施加压力，力图取得在黑龙江、乌苏里江的航行权，遭到清政府拒绝。《中俄瑷珲条约》和《中俄北京条约》使黑龙江、乌苏里江成为国界河，沙俄又肆意在中国松花江中、上游江段和嫩江非法航行。但是，直到沙皇政府被推翻之前，中国政府始终没有给予沙俄在中国境内松花江航行的合法权。这又说明某些特权并不是外国人想怎么做就总能达到其目的。清政府毕竟还不是某个列强控制下的殖民地政府。

续前表

1922 年		1934 年	
英国	33.3%	英国	43.3%
美国	38.5%	美国	53.2%

资料来源：孙健．中国经济史（近代部分）．北京：中国人民大学出版社，1989：436.

国民政府发起的关税自主运动始于 1927 年 4 月 21 日。20 世纪 10—20 年代的中国产业结构与 19 世纪 40—90 年代的产业结构已经有很大区别，此时政府采取保护关税的政策应具有现实意义。1929 年，外交部长王正廷曾说："即想保护本国实业，亦非求关税自主不可。而我们政府办理外交，先由关税自主下手，也就是这个意思。"①

4. 与关税自主运动有关的几个问题

关税自主运动是指 20 世纪上半期国民政府为恢复中外贸易中"关税自主"的权力所进行的一系列活动，最终基本上达到预期目的。

(1) 关税自主权与海关自主权。两者的区别是海关管理权（即海关自主权）和海关税务管理权（即海关税务自主权），海关管理权和海关税务管理权是近代海关主权的两个基本权利。税务只是海关职能当中的一项职能，或者说征收关税只是海关的一项重要任务之一。② 我

① 参见王正廷的《外交力量与废除不平等条约》和吴天放的《王正廷近言录》。德国学者李斯特有一个主要的论点就是保护关税，这是他在对外贸易政府方面的一个重要论点。不过，我们必须注意到，李斯特的主张是有前提条件的，他把本国的经济还没有开化阶段与本国的某些产业逐步发展阶段做了严格的区分。李斯特认为，在经济发展的初期或者说仍然是以农业为主的发展阶段，应该与经济发达国家进行贸易，这样会得到利益。当工业的地位基本上已经与农业的地位没有差距了，特别是本国某些产业正在逐步发展，就应该采取保护关税的政策，防止发达国家的工业品打击本国的产业，目的是培育本国的生产。我们不妨思考一下，19 世纪中后期的中国处在哪一个阶段？

② 这里有个关键性的前提条件，即我们把海关定位在税务机关这种单功能的国家行政管理机关，还是把海关定位在包括税务职能在内的、多功能的国家行政管理机关。

认为，中国在那个时代丧失了海关税务自主权，而海关自主权基本上还可以继续维持。①

（2）关税主权与海关主权。关税制定权、税款收支权和税务管理权就是近代关税主权的三个基本权利。与关税制定权相对应的是关税自主权，与税款收支权（这里的收支权从法学角度可以认定为处理权）相对应的是税款自主权。税务管理权将海关主权与关税主权紧密连接在一起，关税主权、海关主权共同要争取到的就是税务自主权。

海关税则原则上服从于关税政策。关税的基本内容见表 8－2。

表 8－2　关税的基本内容

<table>
<tr><th>征收目的
（征收
性质）</th><th>征收对象
（征收
类别）</th><th>征收标准
（征税
方法）</th><th colspan="4">税收最基本要素
（构成税法的基本因素
中的四个因素）</th><th>税率
制定</th><th>税则
制度
（关税税则）</th></tr>
<tr><td rowspan="2">● 财政关税
● 保护关税</td><td rowspan="2">● 进口税
● 出口税
● 优惠税</td><td rowspan="2">● 从价税
● 从量税</td><td rowspan="2">纳税人</td><td rowspan="2">课税对象</td><td>税目
A
B
…………
● 有税品
● 无税品
● 禁止品</td><td>税率
● 财政关税
● 保护关税
● 进口税
● 出口税
● 优惠税
● 从价税
● 从量税</td><td rowspan="2">● 国定关税
（自主关税）
● 协定关税</td><td rowspan="2">单一税则
● 国定税则
● 协定税则
二重税则
● 国定、协定并行税则
● 最高、最低并行税则
三重税则
● 特惠税则</td></tr>
<tr><td colspan="2">海关税则</td></tr>
</table>

从表 8－2 中不难看出，税率本身与两方面的重要因素有关：一是“征收”性因素，涉及征收目的、征收对象、征收标准；二是“制定”性因素，直接与制定税率的主体相关，涉及是自主制定的，

① 美国学者费维恺谈道：“在 1930 年中国重新得到海关自主权之前，关税收入不可能大幅度增加。”这里反映出他认为中国曾丧失的是海关自主权（《剑桥中华民国史》，113 页）。

还是协商制定的。由于征收关税所依据的主要是海关税则，我们也可以把关税制定权理解为税则制定权，并且它应该包括税率制定权和“三类品”（有税品、无税品、禁止品）制定权。

（3）海关外籍税务司制度。晚清时期，随着海关外籍税务司制度的确立①，中国丧失了关税自主权，而后连自开商埠竟然也要与税务司“会商”“商酌”后“另订专章”②。

（4）关税自主意识的萌发。谭嗣同在 19 世纪 90 年代曾针对当时的中国关税发表议论：“每逢换约之年，渐改订约章中之大有损者。……援各国之例，加重洋货进口之税。如不见许，即我往彼国之进口税，亦当视他国而独轻矣。去年湖北筹饷，加抽洋油厘金，止加于中国商民，于西人无与，而西人谓有碍其销路，竟不准行，此正苦于无以相报也。但使一国能改约，余皆可议改，如此又十年，始可由富而强，始可名之曰国。”③ 这里的“如此又十年”是就改订约章而言，其相对于谭嗣同在前面提到的另一个“如此十年”，它是就兴利除害而言，即“凡利必兴，凡害必除，如此十年，少可自立，不须保护，人自不敢轻视矣”④。兴利除害、改订约章分别属于国内治理方面和中外关系方面的变革措施。兴利除害的效应在于国家自立，不被他国轻视；改订约章的效应在于国家由富而强，切实具有“国”的含义。由于国家致富必然与财政相关，关税又是财政收入的一项主要来源，所以谭嗣同认为，无论是进口税还是内地关税都应该在通商条约中体现出签约

---

① 鸦片战争前后，海关从地方军事长官改辖中央，隶属于总理衙门。1860 年 12 月，一份给军机大臣的上谕中提道：“新定通商税则既有外国人帮办税务一条。”也就是说，海关外籍总税务司制度的推行是根据条约的规定。海关有“外国人帮办”，“替中国征收关税”。为什么要用外国人？总理衙门大臣文祥说：“用中国人不行，因为显然他们都不按照实征数目呈报。”1861 年 1 月，用李泰国的话说，“恭亲王派我任海关总税务司”。1864 年颁布《募用外国人帮办税务章程》，这表明海关外籍税务司制度的确立。

② 朱寿朋．光绪朝东华录（五）．北京：中华书局，1958：92.

③ 谭嗣同．谭嗣同全集：上册．北京：中华书局，1981：216.

④ 同上书，216 页。

各方的对等原则。要求履行关税对等原则，这反映了近代关税自主意识的萌发。

20 世纪 20—30 年代，在收回关税自主权的呼声中，漆树芬说："这关税问题，如从国家地位而论，是财政收支之一个好手段，从国际经济而观，是抵抗资本帝国主义侵略一个最精良之武器。所以近代各国，都非常重视它，保护它，而认为立国之要图。"① 马寅初赞成实行保护关税，主张保护民族工业。在这一时期，马寅初发表了多篇有关文章，如"中国关税问题""关税自主权何以必须收回""关税自主与出厂税问题""关税征金与改革币制"等。有感于外货涌入造成中国入超严重，他说："足见国际贸易均衡之说，是不足信者。"②

三、政府开征所得税

根据崔敬伯在 1936 年所言，"现代'文明'诸国的租税制度，实以所得税为中枢"；而且"现代所得税，不仅以国税的资格而存在"，也"以地方税的资格，获得相当的发展"。在国税中所得税所占的比重，从 1932 年来看，德国为 23.6%，意大利为 24.2%，法国为 30.1%，英国为 43.3%，美国为 50.7%，即"美之百分率最高"。③

英国"号称所得税祖国"，"自 1798 年开始采用所得税"。在法国，"物税，支配人心颇久，所得税的课税，认为违反'人权宣言'，有背法兰西大革命之精神，不为法国人所欢迎"。意大利"所

① 漆树芬. 经济侵略下之中国. 上海：光华书局，1931：207.

② 马寅初. 中国历年入超之解释及其危险//马寅初全集：第 3 卷. 杭州：浙江人民出版社，1999：367.

③ 参阅崔敬伯的《所得税实施问题》和《财税存稿选》。

得税，遵奉生产第一主义而立法”。“所得税在德国，并不以国税而存在，而实发展于各邦”，直到中央集权打破地方分权，所得税归为国税。“苏联之所得税”是要“努力实现社会革命之精神”。①

塞里格曼认为，“所得税之成立，以文化之比较的高度发展与货币之充分普及，为前提条件”。崔敬伯又作了补充，“此等条件具备后，不必即成立所得税。如果政治的要件与社会的要件，不能齐备，仍不能成立所得税”。②

中国试行所得税，第一次在清末，第二次在 1914 年，第三次在 1915—1925 年，第四次在 1929 年。要知道，“近代所得税是资本主义的产物”③。

“近代所得税的发展，要具备三个条件：第一，要有巨额所得的存在，这是经济的条件；第二，要有方法，很清楚很确定地，知道所得的存在，这是行政技术的条件；第三，要有制裁的力量，足以捕捉课取巨额所得的存在，这是社会的条件。这三个条件，都要等着资本主义，而后得到充分的发展。”由此可知，“中国所以不能实行所得税……主要是因为中国没有资本主义的生产。没有相当的经济基础，勉强施行所得税，纵令见诸实行，诚恐利未见而害已多”。何况，“社会上的民众意志，倘不能蔚为力量以制裁政治，则对于富有阶级所课的直接税，必难推行尽利，中国过去所以不能树立所得税，此亦原因之一”。当然，“吾国欲办所得税，极应宽其税限，详其减免，轻其税率，严其逋脱，使人民心目中，树立一课税公平的新指标，逐渐养成其忠实纳税的良习惯，为国家财政制度建立一现代化的健全机构，方是开征所得税的本旨。否则动机不正确，求效太急切，必使西洋所行之良税制，‘逾淮为枳’，增加中国财政制度的新纠纷”。“过去吾国屡次试办所得税，结果都归于流

① 参阅崔敬伯的《所得税实施问题》和《财税存稿选》。

② 崔敬伯. 财税存稿选. 北京：中国财政经济出版社，1987：33.

③ 同上书，52 页。

产”，要“中国实行所得税”，“还要政府在主观上有坚决的意志，更要社会各方，锲而不舍，将民众的意志，影响到国家的财政上，方能促成税制的革新”。①

1936年10月，中国实行公务人员工薪所得税，1937年元旦“全部所得税，业已开征”，包括存款利息所得税。中国财政从“多年以间接税为骨干”已“实际走入直接税”，即实现所得税，这是“中国财政之划时代的表现”②。

“直接税既经引用到中国，民主政治也应该引用到中国。”此外，“国家财政与国民意志的合致，这便是现代民主政治的出发点，也是宪政制度的主要精神”。“制定宪法”作为“保障民权的主要工具”，“宪法实质”是把“监督财政”作为“人民对于政治的重大要求”。不仅要有“有力的宪法规定和政治机构”，还要有“蔚成正确的、健全的国民意志”。也就是说，“政府应该从政府自身去作，人民也要从人民自身去作，问题本来是两面的”；实现“国家财政与国民意志的合致”，既要有“贤明的政府”，也要有“有出息的国民”。③

四、税收与经济增长

按刘易斯的定义，经济增长是指一国人均产出的增长。与此相关，他还就“产出增长”指出：第一，增长不是分配，产出增长与产出分配之间的关系需要考虑，但他主要分析增长而不分析分配；第二，产出不是消费，产出、消费、储蓄和政府活动之间的关系需

① 参阅崔敬伯的《所得税实施问题》和《财税存稿选》。

② 参阅崔敬伯的《中国财政的新阶段》《舆论与财政公开》和《财税存稿选》。

③ 参阅崔敬伯的《舆论与财政公开》和《财税存稿选》。

要考虑，但他主要探讨产出增长而不是消费增长，见表 8 - 3。[①]

表 8 - 3　　产出增长的条件因素[②]

	资本因素	劳动因素	技术因素
追因分析	资本—产出比 投资与储蓄率[③] 个体储蓄＝可支配收入－个体消费 可支配收入＝税前收入－纳税 政府储蓄＝财政收入－政府消费 财政收入＝税收＋资本经营所得	劳动—产出比 人口增长率 生产与就业率 社会需求与消费量 消费量与生产量	技术—产出比 技术更新率[④]

通常经济增长被定义为总产出量或者国内生产总值或国民收入的增加，但要注意，关键是限定于一定时期内，即必须在两个时点基础上才能进行比较。难怪有人把经济增长的时间含义确定为一个经济周期。因为在经济周期扩张阶段出现的国民收入增加往往被用于补充经济衰退期出现的国民收入亏空，只有两者抵消之后出现的增长才有意义。

---

① ［英］阿瑟·刘易斯. 经济增长理论. 北京：商务印书馆，2002：4.

② 根据柯布-道格拉斯生产函数 $Y=AL^{\alpha}K^{\beta}$，A、L、K 分别涉及技术因素、劳动因素、资本因素；或者说，产出增长可以分解为技术增长、资本增长和劳动增长的贡献之和。

③ 刘易斯先谈了资本—收入比率、平均资本—收入比率、边际资本—收入比率、积累率等，然后谈到储蓄与投资的关系（《经济增长理论》，244－275 页）。

④ 技术更新主要表现为知识进步，它包括技术（技术知识）水平的提高和管理知识的进步。第一，技术水平的提高反映为机械化水平的提高、自动化水平的提高等，而这又关系到劳动就业问题。例如，农业机械化水平的提高，导致农业劳动力向外转移；非农产业机械化水平的提高，导致劳动岗位减少。第二，管理知识的进步可以认为反映在三个方面：(1) 宏观范畴，客观支配的、属于社会要素调整的资源配置优化，其一方面表现为农业劳动力向外转移，另一方面表现为独立经营者向工资劳动者转化。(2) 中观范畴，客观支配的、属于社会要素调整的规模经济，起决定作用的是以市场扩大为前提，协作和专业化程度相应提高。(3) 微观范畴，主观支配的、属于企业要素调整的企业管理，包括管理技术知识，涉及工艺、流程等；管理组织知识，涉及人事管理、市场预测、竞争战略等。刘易斯针对知识和利润，谈到获得知识必然引来差别努力，应用知识则要求把差别努力同差别报酬联系起来；针对知识与技艺，谈到教育；针对企业家的经营动力，谈到取得成功和害怕破产这两种正反动力都取决于竞争的存在（《经济增长理论》，217－218 页、224－227 页、238－243 页）。

从理论上讲，首先应该是消费量=生产量，如果消费量<生产量，则出现库存积压，导致再生产难以正常循环。“消费量<生产量”状态可以用“有效需求不足”假说来解释。当然，该假说的有效需求包括消费需求和投资需求两部分，“消费量<生产量”状态只涉及消费不足。

结合以上所谈的，我们再给出下面三个关系式：

税前收入→纳税→税收→财政收入→政府储蓄→政府投资→资本投入增长/产出增长 (1)

劳动就业/企业生产→税前收入→可支配收入→个体储蓄→个体投资→资本投入增长/产出增长 (2)

社会需求→个体消费/政府消费→消费量→生产量→可持续生产 (3)

在此，(3) 式的“可持续生产”应该看作 (1) 式、(2) 式中的“产出增长”的前提条件。也就是说，如果没有可持续生产，也就不可能有产出增长。当然，可持续生产也可能等于产出增长，也可能不等于产出增长。在一定时期内，末端产量等于始端产量，表明产出无增长，则可持续生产不等于产出增长；末端产量大于始端产量，表明产出增长，则可持续生产等于产出增长。按照诺思的说法，“经济持续增长是指产出的增长快于人口的增长”①。需要注意，“可持续生产”与“经济持续增长”同样是两个问题。

刘易斯在《经济增长理论》中就政府与经济活动的关系谈到了税收。他说，“政府的行为……在促进或阻碍经济活动方面起着重要的作用”，“政府在许多方面的活动是同经济增长有关的”，认为政府有九种职能，其中一个是影响收入分配，涉及“利润税收”，就是做出通过税收来收取利润的决定，并对税收的使用方向进行了讨论。②

① [美] 道格拉斯·诺思. 经济史中的结构与变迁. 上海：上海人民出版社，1994：22.

② [英] 阿瑟·刘易斯. 经济增长理论. 北京：商务印书馆，2002：463-467.

显然，这个问题与我们给出的（1）式有直接联系。刘易斯又说，“从政治上说，对利润征税很容易……但是对利润征税可能损害积极性和储蓄。储蓄这一点倒不是很重要的，因为明智的政府可以用公共储蓄来代替私人储蓄，但是在企业精神还欠缺的国家，积极性这一点可能是很重要的”①。

“如果一个政府想通过税收在国民收入中得到更大的份额在政治上困难太大的话，它通过通货膨胀可以取得同样的结果，如果这样做不会在政治上遇到同样困难的话。在欠发达国家，通货膨胀和税收具有同样的效果。”通货膨胀与税收的差别在于，“它往往会使利润提高，因此会刺激私人企业家积累资本。一定程度的通货膨胀如果加以控制，对经济发展是有帮助的”。“政府可以对经济的增长产生明显的影响”，“如果作为政府经费的税收是用挫伤积极性的办法征来的，那么政府大量用钱除了实际浪费资源外，还可能阻碍经济增长。……高税率如处理不当可能会挫伤积极性，但如使用适当的方法，可能不会影响积极性。高税率对经济增长造成的实际负担是，它可能把本来可以作为效益更高的投资的资源用光”。②

常识告诉我们，个体收入要么消费，要么储蓄。显然，储蓄与投资、消费与投资所构成的是不同的关系。这个问题“已经提出很久”，据刘易斯解释，“投资对经济的增长是必要的。由此，我们在被动的意义上可以说，储蓄是经济增长所必需的，因为要投资就必须进行储蓄。尽管如此，人们仍然要问，投资过程是否会自动创造所需的一切储蓄，因此我们不必为储蓄的数额担心，而集中力量进行投资。我们还可以进一步提出这样的问题，储蓄是否可能因破坏商品需求而抑制投资，所以鼓励人们花钱比鼓励人们储蓄要好”。他从辩证的角度指出，储蓄额超过或少于投资额（卖方成本投资），将直接关系到销售额（等同于买方消费额）少于或超过投资额，决定

---

① ［英］阿瑟·刘易斯. 经济增长理论. 北京：商务印书馆，2002：492.

② 同上书，497 页、502 页、509－511 页。

了消费品生产厂家是亏本还是获利，从而涉及厂商支出、劳动收入、就业岗位等的增加或减少。他又指出，在我们这个时代，投资水平和储蓄水平是各自独立的两个东西，就是说储蓄并非必然等于投资，而决定储蓄的力量和决定投资的力量也是单独存在的，“任何时候都十分可能存在对当时的投资水平来说储蓄过多或过少的现象”①。

萨伊在他提出的财富研究“三分法”（即生产、分配、消费）中，是把税收放在消费范畴来讨论。他所描述的过程大致如下②：

政府收税→纳税人交税→税款通过政府转化为公共消费

对于税收通过政府转化为公共消费，萨伊还强调说，政府“事实上仅是公共财富的托管人”。另外，消费绝不等于浪费，特别就政府来说，它所浪费的将是公共财富。③

按照萨伊的解释，“所谓课税，是指一部分国民产品从个人之手转到政府之手，以支付公共费用或供公共消费”，“它实际上都是政府在某一时候加在个人或团体上的负担，以应付政府认为应由人民出钱的消费”，“课税是向私人提取他们的一部分财产充作公用”，“课税就它本身来说并不是再生产方法”。④ 他进一步说，“一个产品是生产另一个产品的手段，所以减除一个产品必然使生产力减少，绝不能使生产力增加”，“课税不能促进再生产。课税使生产者失去一个产品，在没缴纳租税的假设下，如果他喜欢非生产性地消费这产品，它就给他带来个人满足，如果他喜欢有利地使用这产品，它就给他产生利润”。萨伊指出，“征税行为在开始时总是有害的”，“虽然课税所征收的款项，如果用得其宜，可能带来好处，而且事实上往往带来好处”，所以“课税事实上剥夺了纳税者用以满足个人愿望或用以再生产的产品”。⑤

---

① ［英］阿瑟·刘易斯．经济增长理论．北京：商务印书馆，2002：260-262.

② ［法］萨伊．政治经济学概论．北京：商务印书馆，1982：465-466.

③ 同上书，467 页。

④ 同上书，501 页、504 页。

⑤ 同上书，502-504 页。

当代学者普遍认为，在投资主体多元化的条件下，税收对投资规模的调节作用是比较重要的。[①] 国家财政收入主要以税收形式征收，被称为广义税收。国家把广义税收中的一部分用于政府投资。

政府的税收融资也是一个被普遍关注的问题。罗默认为："只有政府购买路径影响经济，对这些购买融资的税收路径对经济没有影响。"他还谈道，"政府融资决策的无效性，就是著名的债务和税收之间的李嘉图等价"；但"有好多理由让人们认为李嘉图等价可能不会不折不扣地成立"，"李嘉图等价很可能不完全正确"。"李嘉图等价失效"大概"有三个可能性"，即"流动性约束""非一次性付清的税收""拇指规则消费行为"。鉴于"对李嘉图等价的偏离很可能在数量上是重要的"，那么"关于政府在债券和税收之间的选择为什么会影响消费的任何其他解释，都必须清楚地说明，李嘉图等价的基本假定如何失效，以及这些失效为什么会有影响"。罗默的结论是："无论如何，对于我们讨论过的李嘉图等价失效的几种可能来源，数据并未明确否定其中任何一种的重要性。因此，尽管李嘉图等价在逻辑上很诱人，但似乎没有充分理由表明我们应使用李嘉图等价，以估计政府融资决策的实际可能效果。"[②]

① 厉以宁. 中国宏观经济的实证分析. 北京：北京大学出版社，1992：361.
② ［美］戴维·罗默. 高级宏观经济学. 北京：商务印书馆，2004：88-89、95.

第9章 财政制度

财政是一种国家行为，也是一种分配形式（按老穆勒“四分法”归类），或社会产品分配中的一种形式。“国家无处不在”[①]，有国家就有财政。政府在行政权限上划分为中央和地方，就会有中央财政和地方财政。一般来说，财政权限会以两种状态——财权上移和财权下移——之一表现出来，它们直接地分别对应于中央集权制和地方分权制。不同的财权格局反映了在政府层级的权利分配上的不同观念。[②] 因此，财政制度首先是财权的重心是上移还是下移的问题，后者主要是政府层级的权利分配以什么为主导思想的问题。作为东方的一个典型实例，秦汉到明清的中央集权是讨论财政制度时不

---

① ［美］亚当·普沃斯基. 国家与市场：政治经济学入门. 上海：世纪出版集团，2015：12.

② 说“政治经济学的全部内涵”是“研究特定的集权和分权机制的特点”的美国学者亚当·普沃斯基，从“集权分配机制”和“分权分配机制”角度认为，“分配”可以有以下情况：“三种集权机制：独裁制、彩票制和多数决规则”，“三种分权机制：‘强力多占’‘纸条—商品交易’‘纸条为中介的易货交易’”（《国家与市场：政治经济学入门》，11-12页）。

可忽略的政治背景。作为西方的一个典型实例，美国的地方分权也是讨论财政制度时不可忽略的政治背景。

一、财政收入和财政支出

1. 财政收入

司马光对中央政府财政收入有一个精辟的概括，他说：“农家所有，不过谷、帛与力，自古赋役无出三者。”[①]“谷、帛”对应农家男耕女织，构成赋税。“力”对应农户人丁，构成徭役。赋税主要涉及赋役计丁而征、租税计亩而征、两税法和地丁合一，徭役可分为力役、兵役、差役三大类。

晚清和民国时期，财政收入的主要来源是田赋、关税和盐税。其中，盐税成为财政收入的一大支柱，这应当是中央政府具有历史传统的特色。从春秋战国时的“官山海”到西汉时的盐铁专营，然后一代一代延续下来，财政收入总是在民生必需品上打主意，反映出政府财政筹划能力的局限性。国民政府的关税自主和开征所得税[②]，表明对这一局限性有了一定的突破。

2. 财政支出

财政支出主要涉及军费支出、官俸支出、经济活动支出、救济支出、文教支出等。

在此，我们不妨以办洋务为例，对经济活动支出做个观察。

---

① 《司马文正公集·遗表》。

② 陈勇勤. 所得税与国民党政府财政. 学术研究，1996 (2).

1899年（光绪二十五年），御史熙麟在一件奏折中谈道，“近今之大费有三，曰军饷，曰洋务，曰息债”。据他估计，“洋务则仍递增，而岁已约需两千余万”。由此推论，清末新政开始后的洋务开支必然进一步“递增”，有可能超过3 000万两。

马建忠在《重振海军论》中说：“谈时务者，或谓泰西重商战因富而致强，故中国而欲自强也宜先重商；或谓泰西重兵备因强而致富，故中国而欲谋富也宜先讲武。要知二者并行不背，不能偏倚。然以今日之时势论之，谋富之策固不可缓，而自强之策似更急于谋富。”①

1896年，直隶总督王文韶、湖广总督张之洞奏请修筑卢汉铁路。《辛丑条约》签订后，卢汉铁路改名为京汉铁路。1906年京汉铁路全线通车。卢汉铁路总费用约银4 000万两。兴办初期，“以商股难恃，请岁拨帑金二百万两以备路用。上如所请”②。按新政前的情况计算，财政上给卢汉铁路每年拨款200万两，在2 000万两洋务支出中占1/10，可见修建铁路在清政府的洋务中具有重要地位。当时，人们已经指出：“以铁路为救时要图，凡有奏请，立予俞允。”③

在出现地方分权后，各省借口洋务开支，截留应上交中央的款项。“借洋务两字为开支巨款之地”，“开支巨款，或三四百万，或数十万不等，各该督抚仅于兴办时自行奏明，办结后开单奏销，多半借口与洋人交涉，比内地情形迥殊，无凭造册”④。

二、晚清的赔款与债息支出

据资料记载，“赔款，始于道光壬寅江宁之约，二千一百万两。

① 《皇朝经世文统编》卷八十一。
②③ 《清史稿·交通志》。
④ 《光绪朝东华录》。

咸丰庚申之约，一千六百万两。光绪辛巳伊犁之约，六百余万两。乙未中日之约，并辽南归地，二万三千万两。至辛丑公约，赔款四万五千万两而极。以息金计之，实九万万余两”①。

甲午战争前，清政府外债 69 笔，总额为九千六百五十一万余两，占外债总额的 7%。甲午战争后，清政府外债 139 笔，总额为十二亿零八百七十三万余两，占外债总额的 93%。

借款的 61%用于支付赔款（赔款转化为外债）。6%用于购买军火，用于国防。29%用于办各种实业，其中铁路借款占外债总额的 25%，占实业借款的 85%；矿业借款占实业借款的 9%。3%用于各种行政经费。1%用于镇压农民起义和辛亥革命。

三、国民政府的军费支出

“打算了解近代的中国财政，最根本地，先要了解中国经济的本质”，崔敬伯说，“有什么样的经济机构，便形成什么样的‘财政类型’。经济是原因，而财政是结果”②。那么，“打算了解中国财政之史的发展，一方要从经济着眼，同时便要从政治着眼，虽然我们很相信：‘政治变动的由来，还要求之于经济’。”但无论如何也不能忽略，“近百年来，中国财政在政治方面所表现的特色”③。

1927—1949 年的国民政府为了维持国民党的一党专政，前十年基本上没有停止过内战。其中，既有“围剿”红军的反共内战，也有排除异己的军阀内战。据张觉人的时评说：“自绝对数来看，中国今年的军费，诚然占世界的第九位，不足为轻。但研究数字，

① 《清史稿·食货六》。

② 参阅崔敬伯的《中国财政的经济基础》和《财税存稿选》。

③ 参阅崔敬伯的《战时财政与中国——中国财政的政治条件》和《财税存稿选》。

须考查其相对数。不论二十一年度（1932 年）或二十二年度（1933 年）的军费，均约占总支出的一半，这样高的比率，在世界各国，罕有其例。即穷兵黩武的日帝主义，其军费亦不及国家总支出的三分之一。”① 国民政府军费支出占财政支出的比重和变化，分别见表 9－1 和图 9－1。

表 9－1　　国民政府军费支出占财政支出的比重

内战时期	年份	1927	1928	1929	1930	1931	1932	1933	1934	1935	1936
	%	88.4	50.8	45.2	43.1	44.5	49.7	48.5	32.1	27.1	29.3
抗战时期	年份	1937	1938	1939	1940	1941	1942	1943	1944	1945	
	%	66.4	59.7	53.7	74.0	66.2	62.1	73.0	76.3	87.3	
内战时期	年份	1946			1947			1948（1－7 月）			
	%	59.9			54.8			68.5			

资料来源：1927—1936 年的数据参见“中国财政史”编写组．中国财政史．北京：中国财政经济出版社，1987：573。1937—1945 年的数据参见陈昭桐．中国财政历史资料选辑：第 12 辑（上）．北京：中国财政经济出版社，1990：449－450。1946—1948 年的数据参见张公权．中国通货膨胀史．北京：文史资料出版社，1986：102-103。

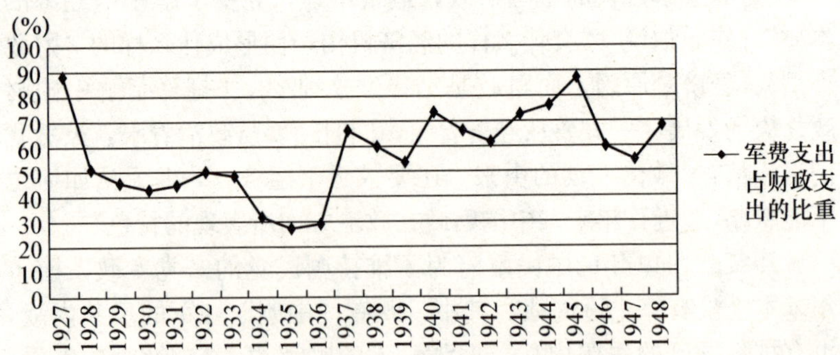

图 9－1　国民政府军费支出所占比重的变化

从图 9－1 可以看出，在“十年经济建设”时期，国民政府的军费支出总体上呈下降趋势，而抗战后的内战时期，国民政府的军

---

① 张觉人．一九三三年中国财政．中国经济，1934，2（1）．

费支出总体上呈上升趋势。

四、财政观念和政府行为

诺思把制度变迁的路径依赖定位在产权、国家、意识形态上，其中，除了意识形态被看作世界观、“个人在观察世界时对公正所持的道德、伦理评价”[①] 以外，国家和产权实际上是联系在一起的。也就是说，产权要由国家来认定。“国家的存在是经济增长的关键，然而国家又是人为经济衰退的根源”，“理解国家的关键在于为实行对资源的控制而尽可能地利用暴力。离开产权，人们很难对国家做出有效的分析”，“关键的问题是解释由国家界定和行使的产权的类型以及行使的有效性”[②]。诺思认为，“国家提供的基本服务是博弈的基本规则。……有两个目的：一是，界定形成产权结构的竞争与合作的基本规则（即在要素和产品市场上界定所有权结构），这能使统治者的租金最大化。二是，在第一个目的框架中降低交易费用以使社会产出最大，从而使国家税收增加”[③]。有国家，也就有政府，财政又是伴随着政府的存在而存在的。

征税在王朝年代又称贡纳，认为有需要供养的，比如军队、政府官员等，就有征税。封建社会中央政府与地方政府的财政关系，造成了中央政府最终“陷入衰亡的危险境地”。按希克斯的说法，“贡纳或以实物，或以直接的劳务，或（相当普遍地）以农产品形式缴付。……当军队为治理构成王国的那些行省、郡县而分散开来时，那些要靠有待于征集的岁入维持生活的人很可能比中央政府更

① ［美］道格拉斯·诺思. 经济史中的结构与变迁. 上海：上海人民出版社，1994：53.

② 同上书，20-21 页。

③ 同上书，24 页。

接近于收入来源。……把产品运到中央以后再运回来……这更容易使当地贵族在途中就中饱私囊。这样在他们中饱之后运抵中央的只是一些残余物了。但是按这一计划征集贡纳的是地方贵族；留给中央的是他们挑选出来即他们认为适于上交中央的东西”。①

对社会秩序的管理需要政府②，政府需要一定数量的人员来从事其日常工作，从而也就有了官僚制度。“征集税收”是这些行政官员“最为重要的职能”。不同社会形式所共有的一个主要经济关系是岁入，区别仅在于岁入集中还是岁入分散。“在一个官僚体制控制的帝国，岁入可能高度集中。在封建制度下岁入尽管分散了，但大贵族甚至小贵族的岁入仍能被充分地集中起来发挥重要的作用。”希克斯认为，岁入经济属于非市场经济，“在这种经济中，食物和其他必需品的剩余是从耕作者榨取得来并用以维持政府官员的生计的。与市场形式相比，它是一种名副其实的经济组织形式，它是研究市场发展的重要背景。岁入经济先于市场，但它当然比市场存在得更长久。即使在自由放任的全盛时期，岁入经济也不曾完全消失。国家照样有其雇员，而他们需要供给。当今，公共部门的成长就是大规模向岁入经济摆回去。但这是向这样一种岁入经济摆回去，这种岁入经济，即使是它的最标准的社会主义形式，也是根据市场势力的经验作了深刻的改造的。市场势力用以改造岁入经济的办法之一是为它提供经济核算的机会，而在最早的岁入经济中几乎完全不具备这种条件。虽然促使转向岁入经济的某些原因都是军事上的原因，这些原因与那些使最早的岁入经济向指令的方向转变的原因，大体相似；但还有一些原因与国家性质的改变有关，而国家性质的变化除了通过市场经验，几乎不可能发生”。他还特别指出，

① ［英］约翰·希克斯．经济史理论．北京：商务印书馆，1987：19.

② 笔者始终认为，政府对社会的管理具有永恒性。对于这个问题，可参阅陈勇勤．中西方经济思想的演化及比较研究．北京：中国人民大学出版社，2006：375-381.

"岁入经济在经济思想史上有其特殊的地位"①。

五、集权或分权与财权

1. 集权与分权

各国经济活动的历史表明，中央集权与地方分权一直是个很难适度存在的问题。这个问题用图 9-2 可以反映出来。

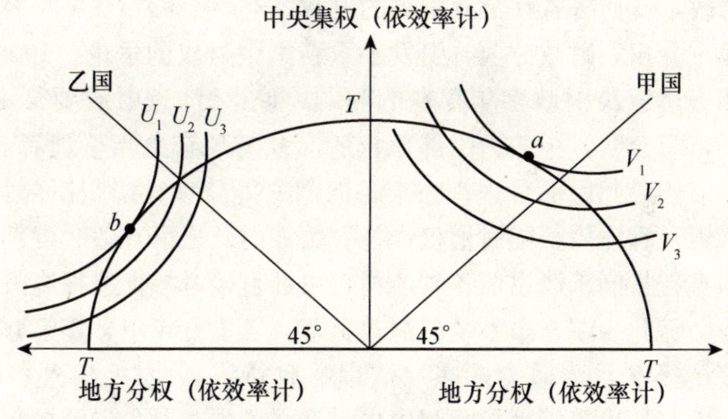

图 9-2　中央集权与地方分权

2. 晚清中央财权弱化和地方财权强化

按照清代法律，当时的财政是一种君主集权制度，并没有明确划分中央财政与地方财政。正因为没有划分中央与地方的财权，所以全国税收统归地方经办，中央收入完全依赖地方解款。在君主集

① ［英］约翰·希克斯．经济史理论．北京：商务印书馆，1987：19、22-24.

权时，这种体制有利于君主，表现为户部的决议督抚必须遵守，意味着户部对地方督抚有制约权；在地方分权时，这种体制有利于地方财权的扩大，即一旦地方势力抬头，中央财政必然受制于地方。

在镇压太平天国的第三年，即1853年，清朝国库空虚、军费无款可拨，各省于是截留税收，导致中央财权下移。户部制约地方督抚的制度已经失效。有人在《生财不如理财论》中说："户部虽为总汇，而各处之虚实不知也。外省所报册籍，甲年之册，必丙年方进，已成事后之物，更有任催罔应者。孰应准、孰应驳、孰应拨、孰应停、孰应减、孰应上，皆未闻部中下一断语，皆以该督酌量行办理、兼筹并顾——笼统之词而已。"[①] 非但中央不能节制各省的财政，反而各省在节制中央的财政。

地方分权，财政分散，引发了重新集中财权的争论。1908年，度支部奏请解决财政多年存在的问题，说："清理财政要义有二：曰统一，曰分明。……为臣部职权所应及与现在急当整理者有六：外债之借还应归臣部管理；在京各衙门所筹款项宜统归臣部管理；各省官银号宜由臣部随时稽核；各省关涉财政之事宜随时咨部以便考核；直省官制未改以前各省藩司宜由部直接考核；造报逾限宜实行惩处。综此六端，虽不足尽财政奥蕴，实为九年中分年筹办初基所托。"[②] 不久，清政府颁布《清理财政章程》，着手清理各省财政。其中，盐税等管理权收归中央，增强了中央对各省的控制力。

① 《皇朝经世文编》卷十七。

② 《宣统政纪》卷三。

第 10 章 社会保障制度

社会保障制度是国家通过立法而制定的社会保险、救助、补贴等一系列制度的总称。它以一定的法律法规为依据，主要包括社会救助、社会福利、优抚安置、社会互助、社会保险等。根据再分配调节机制“以税收、社会保障、转移支付为主要手段”[①]，从经济学来说，社会保障制度的实现途径是收入再分配，这个制度使用的资金主要为财政支出[②]，部分是劳动者个人和用人单位的缴费（即社会保险的资金主要来源），以及社团组织的成员自愿交费（即社会互助的资金主要来源）。从政治学和社会学来说，社会保障制度对社会秩序有极其重要的影响，中国古代社会的社会保障以灾害救济为主就反映出当时的人们已经察觉到经济作用于政治这一因

① 《中共中央关于全面深化改革若干重大问题的决定》，2013-11-15。

② 由此决定了“社会保障财政投入制度”的存在（《中共中央关于全面深化改革若干重大问题的决定》，2013-11-15）。

果关系。由此可知，为什么学界认为“福利经济学的核心内容是如何获得社会秩序”“西方经济学具有福利主义的传统”。

福利主义属于价值判断。仅此一点就可以说明，西方经济学的发展一直包含价值判断内容。这个传统至少可以追溯到亚当·斯密。基数效用和序数效用的先后引入，将福利经济学数学化。但是，福利主义的缺陷也由此暴露出来，特别是在社会发展取向上。例如，不是仅有个人利益，而是还存在他人利益和整个社会的利益；不是仅有竞争，而是还存在合作；等等。阿玛蒂亚·森认为，西方经济学的这种发展只是承袭了工程学传统，却丢掉了伦理学传统，不如放弃福利主义，信奉非福利主义，关注个人权利。[①] 问题在于，最好不要从一个极端走到另一个极端。人与人之间的合作或权利应当强调，社会福利函数的福利计算或可提高社会福利水平的特定原则（如诚实、自由主义、禁止剥削等，又属于价值观）也要重视。在这个基础上，才有“公平可持续的社会保障制度”[②]。

一、恤民观：社会保障的思想基础

1. 中国传统文化中的恤民观

恤民，即体恤民生。在中国传统的政治文化中，恤民言论占有重要位置。可以说，通过这些恤民言论体现出了中国传统文化所包含的

① 代表新自由主义的哈耶克的社会保障思想，涉及养老、医疗、失业，以及住房、教育、农业、税收等。参阅哈耶克的《自由宪章》和《通往奴役之路》。哈耶克的理念是，“通过再分配使结果更加平等的思想和制度不仅会使个人的主动性消失，而且会使个人在道德上也变得虚弱”（《宇宙的主宰：哈耶克、弗里德曼与新自由主义的诞生》，81页）。需要弄清，哈耶克对最低保障与个人自由的讨论是否自相矛盾［《最低保障与个人自由——哈耶克是否自相矛盾》，2016（11）］。

② 《中共中央关于全面深化改革若干重大问题的决定》，2013-11-15。

恤民观。

代表了管仲经济思想的《管子》，以“仓廪实则知礼节，衣食足则知荣辱”① 为依据，认为物质生活是社会安定的决定因素，在一定的物质生活条件下，道德标准才能发挥作用。同时，他进一步指出，社会安定需要“德有六兴”，把“六兴”作为“德”在物质生活领域体现出来的六个具体内容，即“厚其生”“输之以财”“遗之以利”“宽其政”“匡其急”“振其穷”。其中，“匡其急”涉及“养长老，慈幼孤，恤鳏寡，问疾病，吊祸丧”，“振其穷”涉及“衣冻寒，食饥渴，匡贫窭，振罢露，资乏绝”②。显然，这些都可以归入恤民范畴。从现代概念来看，这些应当属于社会保障的内容。由此表明，以德治国包含着国家提供必要的社会保障，或者说需要有社会保障制度。

东汉荀悦在《申鉴·政体》中对政体的解释是，“天作道，皇作极，臣作辅，民作基。惟先哲王之政，一曰承天，二曰正身，三曰任贤，四曰恤民，五曰明制，六曰立业。承天惟允，正身惟常，任贤惟固，恤民惟勤，明制惟典，立业惟敦，是谓政体也”。也就是说，国家的治理必须包含恤民这项内容。

恤民主要还是就经济生活而言，如魏征说：“帝王之起，必承衰乱。……既得之后，志趣骄逸，百姓欲静而徭役不休，百姓凋残而侈务不息，国之衰弊，恒由此起。”③ 显然，其中表达了这么一层意思，即徭役关系到老百姓能否正常生存。因此，轻徭薄赋历来被看作恤民的内容之一。当然，它同样属于国与民的关系，但社会保障不同于财政税收。

2. 宗教祭祀包含恤民因素

按西周财政支出的法律规定，“以九式均节财用：一曰祭祀之

① 《管子·牧民》。
② 《管子·五辅》。
③ 《贞观政要·君道》。

式，二曰宾客之式，三曰丧荒之式，四曰羞服之式，五曰工事之式，六曰币帛之式，七曰刍秣之式，八曰匪颁之式，九曰好用之式”[①]，分别有九种支出项目。在九式财用当中相应地还有一个丧荒之式。按照当时理财上的专款专用原则，“丧荒”之物就是用于丧事和灾荒年头的补贴。

再从《周礼·地官·司门》职责中的一条规定来看，要求“以其财，养死政之老与其孤”。“死政”是指为国家政权而遇难者。地官系统的司门，其职责主要是“启闭国门，几出入不物者，正其货贿”，也就是对出入国门的经商者征收关赋。那么，“其财”自然也就是关赋。可见，关赋收入用于政府公职人员的抚恤赡养之事。

二、“清流”恤民建言反映的社会保障制度

中国皇朝时代不同时期清流的恤民言论所形成的恤民思想，由晚清清流派而集大成。在此，我们就以晚清清流派的恤民思想为例，集中来看清流恤民建言反映的社会保障制度。

在晚清，自然灾害给人民的生命财产造成了巨大的损失。在各种灾害中，绝大部分是水灾和旱灾。[②] 体恤民生成为当时清流派清议活动中民本思想成分的具体表现。[③] 诚然，民本思想包括“惠民”“亲民”“保民”“利民”“恤民”等诸多内容。清流派着重强调“恤民”，就是提醒统治者，当“民”遭遇不幸的时候，必须对

---

① 《周礼·天官·大宰》。

② 经济研究所集刊：第四集. 北京：中国社会科学出版社，1983：134.

③ 清流派当时称清流党，存在于19世纪70—80年代。其成员主要在中央机关供职，他们是李鸿藻、张之洞、张佩纶、陈宝琛、宝廷、黄体芳、邓承修、吴大澄、何金寿、刘恩溥、张观准、邓庆麟、夏同善、陈启泰、张楷、邵积诚、吴可读、吴观礼等，共计约20人。参阅陈勇勤. 清流党成员问题考议. 近代史研究，1992 (4)。

“民”予以同情。这里的“不幸”，就清流派所生存的时期而言，主要是指自然灾害。清流派认为，能否“恤民”恰恰就反映出封建王朝的最高统治者是否在施行“仁政”，是否使“民”摆脱灾害威胁。他们的“发仓赈贷，皆赖皇仁”[①]之论，完全体现出封建统治者应以“恤民”证明自己在对“为邦本”之“民”施之以“仁”。他们深刻指出：“民命则死不复聚”，这强调了“生”“民命”的终极目的是要“聚”“民心”，而“聚”“民心”无非要防范因“民心”“散”而导致出现“覆舟”的惨局。这样，大声疾呼赈灾以及对此提出各种措施，也就成为清流派恤民思想的重要内容。而“恤民者，荒政之本”[②]口号的提出，正是清流派恤民思想的一个重要标志。

1. 赈灾出现问题等同社会保障制度存在问题

光绪三年（1877 年），华北、西北地区遭遇三百年未有的大旱。清流派揭露出清政府“荒政”中的种种弊端。所谓“荒政”，也就是赈灾制度及其具体实施。

（1）中央与地方的高级官员多有失职。清流派指出，处于严重灾荒之际，部级大员中竟有“壅遏上恩，膜视民命”者。比如尚书董恂“职长户部，天下户口财赋，是其专职”，然而他对于荒政“不闻进一言，画一策”，甚至对“中外条陈荒政者，务从驳斥”[③]。此外，部级大员对于地方官员向中央请求发放赈款之事，“以文书往复，互相推诿”，“坐视灾民靡有孑遗，悍然不顾”，以至造成“数百万垂尽之残黎，不死于荒而死于部臣之心术”[④]。清流派抨击系朝廷要员的内务府总管“应旱时陈请节用拯灾，方合责难陈善之

①② 《光绪朝东华录》，总 532 页，张佩纶折。

③ 《光绪朝东华录》，总 562 页，黄体芳折。

④ 《光绪朝东华录》，总 532 页，张佩纶折。

道”，但是他们不仅对“灾旱流亡，施济无术”，而且“逞其浮冒侵吞之计，怀奸不忠”，对裁减宫闱费用之旨“以无可裁减覆奏”，因为“向来内务府习气，皆利于用度繁多，方可从中侵蚀；裁减自非所愿”。[①] 清流派还揭露，由于受灾省份的省级大员失职，致使灾区出现了“数百万垂毙之残黎”。他们以山西巡抚鲍源深为例指出，如果此人能“预筹早备，或于各州县多选置良吏数人，何至糜烂莫救”[②]。

（2）地方基层官吏有破坏赈务的恶劣行为。清流派揭露出，“不肖委员尚有阳奉阴违、藉词滥抽、私行勒索者，以致商贩畏其留难，贩运无多”，给灾区缓解物资的民间流通领域造成了强大阻力。[③] 清流派又指出，“各省讼狱烦多，吏治废弛”，一些酷吏借灾荒“明目张胆残害无辜”，“诬罔小民罗织无辜”。[④]

（3）灾区赈款及原有匮竭，不足以应付时艰。清流派揭示，如“河南救灾赈款不敷”，河南省官员不得不奏请在本省及邻省的官商富户当中分别息借银两。[⑤] 他们还特别指出，“灾区既苦无银，尤苦无米”[⑥]。对此，他们仅以直隶一省为例，提到：“直隶自去年即苦旱荒，今年又复亢旱，加以蝗孽虫灾。保定、河间、正定、深州、冀州所属数十州县，其秋收差可支持者，不过数处。其余收成大率不过一分。……逃荒北来者，纷纷不绝，沿途僵毙”[⑦]；“直隶境内亦大半灾荒，粮价腾踊。……近日外县饥民来京觅食者，络绎不绝”。[⑧] 可是，户部竟无视灾情，议驳“禁烧锅”以“济民食”的正确建议。清流派揭露了其内幕：“只缘烧锅领帖每年有户部饭

① 《光绪朝东华录》，总558页，张观准折。
② 《光绪朝东华录》，总562页，黄体芳折。
③ 《光绪朝东华录》，总551页，宝廷折。
④ 《光绪朝东华录》，总532-533页，张佩纶折。
⑤ 《光绪朝东华录》，总581页，宝廷折。
⑥ 《光绪朝东华录》，总560页，黄体芳折。
⑦ 张之洞. 请饬查灾区片//张文襄公全集·奏议：卷一，32页。
⑧ 何金寿. 灾象可忧请筹款购粮平粜折//藏谏研斋疏稿，12页。

银三万两，以故决意议驳。此隐情也。”他们抨击，“运斗升俱艰”，而这里却在“弃此狼藉不顾”。①

（4）灾民四处流亡，濒于绝境。清流派指出“流民日多”，他们“无衣无食”“随处倒毙”。② 这显然是因为没有一个对流民进行妥善安置的措施所致。

以上清流派所揭露的问题，明显反映出当时清政府“荒政”中的弊端，既有吏治方面的因素，也有经济方面的因素。但不论政治因素还是经济因素，都要从切实抓好赈务入手，达到“恤民”以稳定社会秩序的目的。

2. 有切合实际的赈灾措施等同逐步健全社会保障制度

清流派针对着“荒政”之弊端、赈务之疏漏，提出了他们的“恤民”措施。

清流派认为，“荒政”中的首要任务应当是中央决策者要“集思广益”。比如张佩纶指出，朝廷作为“荒政”的决策中心：一要“诏臣工直陈阙失”，也就是说，明文允许官员们对现实朝政的失误可以大胆进行揭露，才能避免“荒政”出现失误；二要最高决策者多召见群臣，以便对赈务“从何措手博加谘访”；三要令群臣“集议荒政事宜”。张佩纶强调说，只有最高决策者身体力行，“多召见”“纳直言”“集臣议”，才能“去壅蔽而广宸聪，严责成以重机务”。③

清流派又认为，赈务实际上就是在“荒政”中施“恩”行“善”。对此，清流派主要围绕济民食、筹赈款、遣流民等具体问题，阐发了他们对赈务的各项主张。

在“赈务以救人为急”④ 的前提下，清流派认为，“救人”应

① 《光绪朝东华录》，总 560 页，黄体芳折。
② 《光绪朝东华录》，总 560、563 页，黄体芳折。
③ 《光绪朝东华录》，总 531－532 页，张佩伦折。
④ 左宗棠．答谭文卿//左文襄公全集·书牍：卷十九，40 页。

当是以“源源运解以济民食”[①] 为急。如何才能使“济民食”收到实效？清流派建议：

（1）平粜。比如何金寿指出，遭遇旱灾的省份粮食极度歉收，致使广大城镇居民的食粮缺乏来源，因而有粮户及其商贩便乘机抬高粮价，造成了人民饥饿待毙、怨声载道。他提出，应当“设局平粜”，认为由此“市价或可稍平”[②]。当时一些不法官吏和商贩等在购粮出售过程中，为获“利”而在附近地区购买“平粜”粮或直接购买国库“仓米”，造成解决此地粮却危及彼地粮的严重情况。对此，张观准提出，“平粜米石请严禁就近采购”，以防止“市肆价值愈增”，他要求政府应派出专员“认真稽查”，“必须米自南来”[③]。可以说，“设局平粜”和“严禁就近采购”是清流派对于解决“待籴”贫民食粮所提出的两项基本措施。地方大员对这两项基本措施深表赞同。比如直隶总督李鸿章认为，规定“颗粒皆自南来”作为“京城平粜之用”，“虽为数无多，实为时所迫”，并且“设厂平粜”和“仓米不准出城”都非常切合时宜。[④] 此外，清流派成员（如张之洞）就“平粜”问题又提出了两项建议，即“借款平粜”和“储粮平粜”。[⑤]

（2）驰禁代食品。清流派认为，面对米粮已远远不能满足接济灾区人民之食的严峻形势，清政府应当对一些代食品取消原有的“禁运令”。比如宝廷主张，中央政府可以同地方政府进行协商，对某些代食品实行驰禁政策，他说：“豆饼一项，足济穷黎”，因此迫切需要饬淮安关监督“暂弛豆饼北上之禁”。[⑥]

（3）“购买洋米”。“赈粮”不足以“济民食”，那么除驰禁代食

① 《光绪朝东华录》，总552页，宝廷折。

② 《光绪朝东华录》，总510页，何金寿折。

③ 《光绪朝东华录》，总491页，张观准折。

④ 《光绪朝东华录》，总510-511页，李鸿章折。

⑤ 张之洞．畿辅旱灾请速筹荒政折，灾象可忧请储粮平粜折∥张文襄公全集·奏议：卷一，26页、29-32页。

⑥ 《光绪朝东华录》，总551页，宝廷折。

品（即以代食品“济穷黎”）而外，还有其他的补救方案吗？对此，清流派建议清政府可以借鉴“乞邻救灾”的所谓“古义所有”之法，认为现时的“乞邻救灾”应当包括购买“洋米”这项重要内容。如宝廷从国内的实际情况着眼，指出“北省运来过多，南省米价因之日昂”，为避免南方粮价因此而日趋混乱，他建议清政府亟须“采买洋米”，以外购的“洋米”入“北省”，可以在减少南粮北调的量上缓解南方各省的压力。① 黄体芳也提出，当务之急是“速向”外国购买“洋米”。② 何金寿建议，派政府机构人员“南赴上海，收买洋米”③。

（4）暂停烧锅。当时“烧酒之盛行莫如河北五省”，而“耗谷之尤甚者莫如烧酒”。仅从直隶总督李鸿章列举出的一个直隶的统计数字，即可见一斑。李鸿章说，“通省烧锅约计千余家，每日需用高粱两万余石，每月共需六七十万石。即以每人日食一升而论，该烧锅等一日之费，已占二百数十万人之食”，指出“境内及外来之粮，往往被其购用，遂致民食缺乏，虽招徕远近商贩源源运粜，价不能平”。他强调说，“该烧锅等每岁应交课银统共不过三万余两，所益于库款者有限，而占夺穷民口粮，贻害于闾阎者实深”，建议“暂行停烧，以济民食”。④ 李鸿章的这一建议遭到户部议驳。鉴于此，清流派表示坚决支持李鸿章的“禁烧锅”主张。比如黄体芳指出：李鸿章所奏“竟致部驳，闻者哗然”，“灾荒则以救急为先事”，“酒可终年不用，日不再食则饥”，并举出“去冬通州闻有禁烧之说，市上米粮立即充溢，明效彰彰”加以佐证。⑤ 正是在清流派的大力支持下，李鸿章的“禁烧锅”主张才最终被清廷允准，得以实施。清流派“济民食”的建议在实际中所发挥的作用，此当可

---

① 《光绪朝东华录》，总 551 页，宝廷折。

② 《光绪朝东华录》，总 560 页，黄体芳折。

③ 何金寿. 灾象可忧请筹款购粮平粜折//藏谏研斋疏稿，13 页。

④ 《光绪朝东华录》，总 518-519 页，李鸿章折。

⑤ 《光绪朝东华录》，总 560 页，黄体芳折。

为一证。

(5) 赈粥。灾区饥民多有逃难至城镇者，致使多数城镇“内外阗塞难容，沿街抢夺，随处倒毙”。清流派认为，“一旦大扰，实为可忧”，因此“必须及早安置”，“人数愈众，安置愈难”，不仅要在城里设粥厂提供民食，还应当在郊区“多分数厂赈济，以阻其外，以散其势”。也就是说，既要减少城镇的压力，又要将流亡难民分散于各处，以防他们过于集中而结为一体，出现社会秩序不稳定因素。[①] 当然，“赈粥”是历史上的封建统治者在灾荒之年都实施过的措施，它所包含的“人道”因素是无可非议的。但是，从清流派所提出的“一旦大扰，实为可忧”来看，他们首要关注的是维护封建统治，在维护封建统治的前提下，才去施“赈粥”这一“人道”。

清流派在呼吁“灾荒以救急为先事”的同时，又指出“筹款赈灾为救急”。[②] 对于具体需要采取哪些方式筹款，概括起来，他们提出了五点：

(1) 节用助赈。黄体芳指出，“崇节俭”是“救灾之首务”，他认为要消除“民生日困”却“风俗日奢”的弊端，除了朝廷“躬行倡率”而令内务府核减宫闱用费之外，还应当禁止京外来贡珍奇，特别是要“戒内外臣工，服用宴会务从俭约，永变骄风”。他强调说：“内廷俭则外廷化之，大家俭则小民化之。不特救一时之灾，并可祛积贫之患。”[③] 张观准要求对于抵制“裁减宫闱费用”之旨、破坏“节用拯灾”之道的内务府官员，“立予罢黜，以为人臣奸回巧谲者戒”[④]。清流派呼吁“崇节俭”的迫切心情，从中即可明显地反映出来。

(2) 开捐助赈。咸丰、同治皇帝以来，清政府大开捐例，以捐输充军饷、济赈款，早已不是什么新鲜事。但值得指出的是，清流

① 《光绪朝东华录》，总 563 页，黄体芳折。
② 《光绪朝东华录》，总 559 页，黄体芳折。
③ 《光绪朝东华录》，总第 559 页，黄体芳折。
④ 《光绪朝东华录》，总第 558-559 页，张观准折。

派中如宝廷建议："开捐济赈，银捐不如粮捐"，也就是粮捐比银捐更符合实际需要。这就将开捐助赈与"济民食"紧密结合在一起。宝廷又提出，应当让地方疆吏"择地设局，广招捐生运米报销，兼收杂粮，核给优奖"[①]。重视粮捐，这反映出清流派是将救民命放在首位的。灾区饥民最急需的就是粮食，而银捐有时却远水解不了近渴。所以在粮捐和银捐何者为先、何者为急这一认识方面，恰能反映出清流派"体恤民生"的思想。

（3）发放赈款。清流派认为，地方上遭遇灾荒以后，中央政府必须向灾区发放赈款。比如张佩纶指出："库储诚匮，犹可徐筹。若民命则死不复生，民心则散不复聚，慎重根本之道，在此乎？在彼乎？"[②] 作为国家的治政机构，其治政是重在"生民命"以及"聚民心"，还是重在"库储"，这应当是很浅显的道理。建议有涉及中央对地方的，也有些单纯针对地方的。比如夏同善提出的由省政府的司库拨地丁银发交下级道府存储，以待体察所属受灾较重地区的时候，查明极贫的农户，量为抚恤散放的建议。[③] 这类比较具体的解决方案，大多能够得到地方官员的赞同，像安徽巡抚裕禄就是其中之一。[④]

（4）贷银助赈。救灾赈款杯水车薪，如河南省官员不得不奏准在本省及邻省官商富户之中分别息借银两，以三年为期，由地丁项下归还。清流派对此法十分赞同，但对"贷银"的具体措施提出了补充和修改的意见。比如宝廷上"灾广赈烦请行分贷之法折"，他主张：分贷之法应当"拟分为三等，大照贷银一万两，中照贷银一千两，小照贷银一百两"，并且"照"必须由"藩司盖印注明"，特别提出归还期延长到"分十年归清"。而对于"分别息借银两"一条，宝廷则提出了不同意见。他认为，贷银执照"发给各州县，

① 《光绪朝东华录》，总第 551 页，宝廷折。
② 《光绪朝东华录》，总第 532 页，张佩纶折。
③ 《光绪朝东华录》，总第 390 页，夏同善折。
④ 《光绪朝东华录》，总第 390 页，裕禄折。

无须行息。视银数多少，分别给以匾额，酌请奖叙。劝贷多者，官绅均请奖叙”。[①] 在这里，宝廷实际上提出了一个以精神奖励为主的措施。它反映出，清流派认为，人们贷给政府救灾款额，不是要以此发国难财，而是希望得到为政府尽了一份力量后的社会公认。提倡在扬善的社会道德下为“名”而不为“利”，这就是清流派在其“筹赈款”的全部措施中所提出的最突出的观点，它体现出清流派的清议思想中对道德教育的重视。

（5）借“洋款”助赈。正如黄体芳所指出的，当赈灾过程中“中外诸臣筹措之术已穷”之时，“开捐劝募已成弩末”，况且“其余非琐碎无济，即迂缓难行”，因此“欲筹巨款，只有速向洋商借银”，并“以此款购买洋米”。[②] 何金寿还具体提到，可以让直隶总督李鸿章出面“借洋款数十万”[③]。这些举措表明清流派“借外救灾”的主张应当是包括了“借洋款”和“购洋米”两项内容。就当时的情况来说，“借外救灾”不失为一种应急措施，但如果将希望全部放在这上面，并且属于那种附加政治条件、损害国家主权的“借洋款”，那性质可不单纯就是“救灾”了。

从上面清流派提出的筹赈款措施中可以看出，“节用”“发放赈款”两项主要是针对宫廷、中央政府和地方政府各机关而言的，“开捐”“贷银”两项主要是针对民间而言的，“借洋款”则是对外而言的。这就说明清流派所提出的措施，其涉及面是相当广泛的。也可以说，当时能够提出来的筹赈款措施，清流派基本上都提出来了。这与清流派这个群体的特点（即侧重于整顿内政）有着很大的关系。

“遣流民”，也就是如何妥善解决灾民流亡问题，是继“济民食”“筹赈款”后出现的第三个亟待解决的问题。

---

① 《长白先生奏议》卷上，29-31页。

② 《光绪朝东华录》，总559-560页，黄体芳折。

③ 何金寿．灾象可忧请筹款购粮平粜折，遇灾修省请训谕枢臣折//藏谏研斋疏稿，12页、20页。

清流派围绕“遣流民”问题所提出的措施，概括说来就是“资遣”。黄体芳认为，政府对于流亡的难民，应“因时制宜”，不要拘泥于条文，指出：条文中规定“资遣归耕者”，但实际上“无衣无食，归则死耳，何耕之有”；条文中又规定“禁逃荒”，对于灾民来说，这无疑等同于“速之死”；此外，“欲逃而无资力亦死”。这里就明确指出了，如果让“流民”回到原居住的灾区，即使是对其“资遣”，也将使其今后仍然没有生活出路，结果只能是死。而“禁逃荒”“欲逃无资”，其结果也都是死。因此，既不能“资遣归耕”，又不能“禁逃荒”，但分发给逃荒者的资助却是必不可少的。那么，灾民逃到什么地方较为适宜呢？黄体芳提出可以到“边外”。他建议，面对“边外荒地甚多，米粮颇贱”的现实，政府对真正出边的灾民应“予以一月之粮”资遣，“导之出边，延其生路”。至于这些出边的灾民今后究竟以何种手段谋生（如开垦、当雇工、乞讨等），则“听其自便”。总之，“地广食多，易于存活”①。可以说，清流派提出的这种“资遣出边”的措施，既能给灾民以“生路”，又能对边疆地区的土地开发大有裨益。夏同善在“筹恤流民折”中认为，“凡遇外来过境饥民”，应当“妥为资送回籍，毋任逗留”。在此，夏同善是针对两地同是灾区而言的，意在不使灾民过于集中在一地而增加那里的负担。因此，夏同善又建议：“其本省饥民有自邻省陆续归来者”，应“加意抚恤，妥为安插”，特别对于查明的困苦贫民中那些无力耕作者，需要散放新稻，“用作籽种”，“乘时耕作，不致废时失业”。② 显然，夏同善提出的措施主要是侧重于恢复灾区农业生产方面，可以说这是“抚恤助耕”。相比较而言，“资遣出边”实际上在仿效《周礼》中的“移民就谷”之法，这是针对重灾区来说的；而“抚恤助耕”针对的并非重灾区，因为这里还可以继续进行农业生产。特别是清流派对办理赈务还建

① 《光绪朝东华录》，总560页，黄体芳折。
② 《光绪朝东华录》，总391页，夏同善折。

议，应当核计“灾分轻重，村户多寡”，“酌时分拨”。[①] 分轻、重灾区，按实际情况采取不同的措施，可见清流派的建议是能够兼顾各方面的。

“流民”问题是社会出现动荡的一个重要因素。近三百年前明万历年间的兵部就曾奏言：“民穷生乱，势所必然……有谓做贼死，不做贼亦死，而号召结聚者。”[②] 这句话一针见血。虽然隔朝异代，但历史的经验教训总能给统治者敲响警钟，强迫他们必须对“流民”进行妥善处置。因此，清流派的“资遣出边”和“抚恤助耕”两项措施，正是试图尽可能地消除“流民—动乱”这一社会秩序波动的隐患。在何金寿的奏折中，清流派的近忧远虑已经流露出来：“燕、豫、秦、晋数千里粒食日艰，生计日蹙，设有揭竿啸聚，更将若何收拾。”“流民数万哄集京师……万一饥民聚为明季之流贼，微特枢臣等谋国不臧，自谋亦拙矣。”[③]

清流派对赈务提出了“济民食”“筹赈款”“遣流民”等各种措施，他们的清议无疑在表明，该群体是当之无愧的进言者。

3. 社会保障制度的有效实施必须有清明的政治氛围

如果说上述清流派的各项具体措施重点在于要体现出封建王朝在赈务中施“恩”行“善”（亦即张佩纶所谓的“皇仁”），那么下面清流派的各项具体措施则重点在于要反映出封建王朝在赈务中消弭民怨。

清流派强调赈务若想取得实效，就必须消弭民怨，并且提出措施：一要严惩劣吏；二要“省刑”。前者在于尽可能地防止“泽不下逮”，引发民怨，积怒于最高统治者；后者是为了尽可能地减少

① 《光绪朝东华录》，总 824 页，邓庆麟折。
② 《明神宗实录》卷一百七十六，兵部折。
③ 何金寿．灾象可忧请筹款购粮平粜折//藏谏研斋疏稿，13 页。

引起民怨的某些突发性因素，防止官逼民反。就严惩劣吏而言，张佩纶曾深刻地指出："民之苦吏也，甚于水；则朝廷之治吏也，当急于治水。"① 吴大澄也曾针对直隶灾民饥寒交迫的状况，提出："防滥以救死为急，在任丘则逐其劣幕，在故城则诛其劣董。"② 又如宝廷要求，对那些"阳奉阴违、藉词滥抽、私行勒索"，以致造成接济灾民的粮食"贩运无多"的"不肖委员"，必须"加等治罪"。③ 凡此种种，表明清流派坚决要求以严厉手段打击破坏赈务的贪官污吏。就"省刑"而言，张佩纶强烈呼吁："省刑者，荒政之要。"他指出，"消释冤抑，是亦仁政所宣行"。对于"各省讼狱烦多，吏治废驰"的腐败现状，他要求"钦派重臣赴各省按部覆囚"，并且还要对"内而三法司，外而督抚，严旨责以平反"。如果其中"有诬罔小民罗织无辜者，察出立予重惩"，"问有疑狱，务以科道纠参"。张佩纶认为，只有"省刑""释冤""覆囚""平反"以及"纠参疑狱""重惩""诬罔小民罗织无辜"的官吏，才能"壅蔽尽去，民隐达矣"。④ 对此，黄体芳也呼吁："荒政"中必须"清冤狱"。⑤ 清流派提醒统治者注意防止灾民因"饥""惩"交加激变为铤而走险造反的深意，由此完全显露出来。

4. 养民先于恤民等同节省社会保障制度的实施成本

在清流派清议思想的"体恤民生"体系中，既包括有"恤民"思想成分，也包括有"养民"思想成分。清流派的"养民"思想成分是以程子之语——"山而附着于地圯，剥之象。居人上者，观剥之象。则安养民人以厚其本，乃所以安其居也"——为依据，认为

① 张佩纶．水灾泛滥请行儆惕修省实政折//涧于集·奏议：卷二，48 页。
② 吴窓斋尺牍//（台湾）近代中国史料丛刊：第 72 辑，207．
③ 《光绪朝东华录》，总 551 页，宝廷折。
④ 《光绪朝东华录》，总 533 页，张佩纶折。
⑤ 《光绪朝东华录》，总 562 页，黄体芳折。

"国脉邦本在于养民"[①]，就是说欲固邦本，就必须"养民"[②]。如何"养民"呢？清流派主要提出了三项措施：

（1）奖励廉吏。正如张之洞所说，"朝廷养民之生计，不能事事为谋，惟官吏廉洁，自然随时培养，良懦受惠"。他进一步认为，"康乾盛世"之所以"吏治蒸蒸"，完全是在于"褒奖清官、擢举廉吏之诏不可胜纪"，而"方今宦途日杂，能吏虽多，廉吏颇少"，多数官员奉行的是"病国以肥身家，剥民以媚大吏"，造成"民生日蹙"。在这里，张之洞实际上是提出了这样一种观点，即吏治需要"能吏"，"养民"更需要"廉吏"，而官吏只"能"不"廉"，对国家的危害更大。因此，他建议由中央令各省督抚访察廉吏，对于"清操卓著者，露章保荐，时加奖擢，以风其余"[③]。"以风其余"就是要在全社会提倡一种"为官清廉"的"廉政"作风。

（2）严禁"私征"。所谓"私征"，用张之洞的话说，就是朝廷抽厘助饷，而厘局的局员随意勒索，"乾没之数，少者等于官收，多者三倍不止"。张之洞指出，"私征"造成了"朝廷所取者有制，局员苛索者无穷"，由此出现了"外省营谋厘差与得缺等"的咄咄怪事，以致"诸省因员役暴征，闹局酿案者不一而足"。对此，张之洞建议：一要"禁私征"，认为"商困民愁，祸基不浅，欲救今日之弊，不在减局卡而在禁私征"；二要"慎任用之人"，认为应将约束稽核之权交给该地方府州县官，这样才能"弊可少息而民可少安"[④]。然而，厘捐本来就不是正税，各地即使"官收"也是多少随意为之，因此无论"官收"还是"私征"都是造成"商困民愁"的根源。显然，张之洞的"存局卡禁私征"并没有击中厘捐危害社会的要害，它可能在"私征"范围方面有些抑制作用，但"官收"不绝，"私征"根本无法彻底禁绝。因此，张之洞所代表的清流派的"禁私征"措施，最终不过是流于形式，在现实中起不到真正的

① 《光绪朝东华录》，总562页，黄体芳折。

②③④ 《光绪朝东华录》，总784页，张之洞折。

作用。

（3）预防灾荒。清流派针对预防灾荒所提出的“养民”措施，主要集中于防旱灾、防水灾、储粮备荒三个方面。就防旱灾而言，清流派提出的措施是注重改善农业生产条件，搞农田水利建设。比如夏同善认为，开井灌田，可备旱灾之年汲引之用。[①] 张佩纶说，“畿辅水利……若筑塘引河，捍碱蓄清，可得田二三万顷，岁得谷六七百万石”[②]，也就是建议在畿辅地区兴修水利，既可备旱灾又可治理盐碱。值得注意的是，左宗棠在 1881 年入京秉政后，自请治理京畿河渠，兴办畿辅水利。他认为：“水利兴废，关系民生国计，矧在畿甸尤难视为缓图。”为此，他在《敬举人才以资助理折》中，特别请求朝廷派张之洞和张佩纶“亲诣覆勘”，认为他们“于畿疆地形水势，尤所熟谙，必能据实疏通，俾衷至是”。[③] 从这里可以反映出清流派在提倡“养民”思想时，经常对防旱灾的水利事业给予重视。就防水灾而言，清流派提出的措施重点在修筑河防。比如张之洞在 1879 年提出，河南省黄河故道应当是防汛的重点，东河总督及河南巡抚必须“早筹万全，勿惜工费”[④]。就储粮备荒而言，清流派提出的措施是针对仓储问题。清廷对于经常发生灾害的地区蠲缓粮赋，于是各府州县的某些不法吏役借机在仓储上大做手脚。黄体芳揭露，“仓弊之深，由来已久”，此中“盗卖蠹蚀”等行径，“路人所知”。他强调说，一旦“灾深用广”，则“势穷情况，可为寒心”。鉴于此，黄体芳建议，“海运收米之时，每月开放之期，务须设法整顿清厘，勿听其消蚀至尽”[⑤]。“整顿清厘”就是清流派对清除仓储管理的弊端所提出的具体措施。

从总体上看，清流派“恤民”“养民”的各项措施大部分是务实

① 《光绪朝东华录》，总 555 页，夏同善折。
② 张佩纶．河运万难规复折//涧于集·奏议：卷一，74 页。
③ 《光绪朝东华录》，总 1115 页，左宗棠折。
④ 《光绪朝东华录》，总 784-785 页，张之洞折。
⑤ 《光绪朝东华录》，总 563 页，黄体芳折。

的，它所涉及问题的全面性，使清流派“体恤民生”的思想由广泛的内容构成一个整体。它对社会秩序的稳定起到了一定的积极作用。可以说，民本思想的现实意义从清流派提出的这些具体措施中体现了出来。正因为如此，“体恤民生”也就成为清流派清议思想中一个重要的组成部分。

第11章 基本经济制度：所有制

我们知道，所有制和所有权并非一回事。所有制是一个社会或国家的基本经济制度，它是指对物质资料的占有形式，属于经济范畴。所有权是对物质占有的权利和义务，属于法律范畴。此外，讨论所有制与讨论产权制度有一定联系，也有一定区别。产权包含所有权、使用权、收益权等，而所有权直接涉及物的占有权，间接涉及收益权，但不涉及使用权或经营权。不过，我们还要看到，所有权是产权的第一权利。正因为这一点，财富归谁所有始终是经济生活中人们最关心的问题。[①] 这又决定了所有制——无论是私有制还是公有制——必然涉及每个人的切身利益。

① 据英格里德·里马说，“社会主义—无政府主义运动……它在观点上是社会主义的，唯一合理的社会是用集体所有权替代生产手段的个人所有权，并以此作为平均收入分配的基础”（《经济分析史》，173页）。

一、所有制的思想演化轨迹

1. 穆勒和马克思论所有制

美国学者里马在评论穆勒的《政治经济学原理》时说："他书中的章节'论所有制'考察了私产的来源……穆勒坚持认为私有制的基本原则就是……个人拥有其劳动和节欲的成果。如果有不平等的结果，那也是人类制度的结果，如果愿意，社会是可以改变这个结果的。"①

穆勒是从财富的分配来讨论所有制，也是从财产的私有制切入讨论。

马克思认为，资本主义生产资料所有制表现为"产品是资本家的所有物，而不是直接生产者工人的所有物"，是"对直接生产者的剥夺"，即"以剥削他人的但形式上是自由的劳动为基础的私有制"；"工人阶级的反抗"就是"剥夺者"的"被剥夺"，亦即"人民群众剥夺少数掠夺者"，将资本主义私有制"转化为社会所有制"。生产资料"社会所有制"，也就是生产资料公有制。在"生产资料的共同占有的基础上，重新建立个人所有制"。②

马克思主要关注生产资料所有制，认为占有生产资料与占有产品相对应。

2. 是从财富分配还是从财富生产来认定所有制

财富分配的一定规则构成了财产制度。穆勒和马克思都是从财

① [美] 英格里德·H. 里马. 经济分析史. 北京：中国人民大学出版社，2016：137.
② [德] 马克思. 资本论：第一卷. 北京：人民出版社，2004：216、873-875.

产制度这方面来认定所有制，因而他们所讨论的内容直接针对财产所有权。按照通常的解释，财产所有权要表达的意思就是，财产权概念的核心内涵是所有权。与此相关，人们通常认为，产权是指财产权。从明确针对财产这个角度说，所有权可以区分为相对于公共财产的公有和相对于私有财产的私有等具体形式。

现在我们讨论，是否还可以从财富生产这方面来认定所有制？

暂时撇开属于个体完成的财富生产不谈，财富生产必然涉及由一定组织来完成。这个生产上的一定组织，也可以叫作生产体。由生产体生产出来的产品成为该生产体全部构成人员的共同财富。它的逻辑合理性在于：

第一，产品财富属于生产体。

第二，劳动者（其中包括管理者）和生产资料共同构成生产体。生产资料的人格化是投资者，因此全部构成人员包括劳动者和投资者，也就是劳动者和投资者共同构成生产体。

第三，生产体与产品的归属关系也可以用产权来表达，即生产权决定产品占有权。生产权可归结为经济实体产权，产品占有权可归结为产品产权（一种财产产权），而生产资料所有权只能归结为生产资料产权（一种财产产权）。

第四，在经济实体产权决定产品产权的前提下，我们可以认为，经济实体产权＝产品产权。但是，生产资料产权≠经济实体产权，因而生产资料产权≠产品产权。

由此可以看出，当我们把产权设定在既指生产权又指财产权上，就突破了生产资料产权＝产品产权这个思维框架，也否定了生产资料产权＝产品产权。

马克思在《资本论》中旗帜鲜明地声讨资本家剥削工人，从理论上讲就是否定生产资料产权＝产品产权，即认为生产资料产权≠产品产权。假设马克思把劳动者所有权归结为劳动者产权，从表面上看，好像马克思考虑的是劳动者产权＝产品产权，实际上，如果

设定生产资料产权＋劳动者产权＝合一产权，那么马克思给出的答案应当是合一产权＝产品产权。

必须注意，合一产权的要点是劳动者和投资者合二为一，完全不涉及劳动者和投资者的分离。而经济实体产权的要点则是，包括劳动者和投资者的分离以及劳动者和投资者合二为一这两个部分。可见，经济实体产权与合一产权既有联系，又有区别。这就是经济实体产权包含合一产权，经济实体产权≠合一产权。

另外，很重要的一点是，马克思一方面否定了生产资料产权＝产品产权，另一方面又没有完全摆脱生产资料产权＝产品产权这个因素的影响，于是给出了只能存在合一产权＝产品产权这个答案。我们在这里给出的经济实体产权＝产品产权，完全可以摆脱生产资料产权＝产品产权这个因素的影响。虽然经济实体产权也包含合一产权，但这个合一产权并非与合一产权＝产品产权相联系，而是与经济实体产权＝产品产权相联系。

二、先秦谈论天然物产的所有权

西周全国的土地包括王室管理的王畿和诸侯管理的邦国，也就是规定“溥天之下，莫非王土”①，“封邦建国，以蕃屏周”②。这里的“土”指土地，不能单纯理解为农地。在所谓“天下”的地域内，有土地，还有山林川泽，它们本质上都是自然资源。《国语·周语上》说：“犹土之有山川也，财用于是乎出。”这里的“土”指自然资源，而不能单纯理解为土地。由于人们生活在陆地上，所以

① 《诗经·小雅·北山》。

② 《左传·僖公二十四年》。

自然资源可以用土地来代表。土地由周王一人所有，显然不公平。在“家天下”的前提下，土地王有相当于土地国有。但是，土地王有不等于山川这些自然资源都属于王有。

芮良夫说：“夫利，百物之所生也，天地之所载也。而或专之，其害多矣。天地百物，皆将取焉，胡可专也？……夫王人者，将导利而布之上下者也，使神人百物无不得其极……匹夫专利，犹谓之盗，王而行之，其归鲜矣。”① 这里的“利”的含义，是与“百物之所生”“天地之所载”联系在一起的，显然，“利”理解为财富大概没有问题，但它应该是指自然资源。联想到土地，它既要看作生产资料，也要看作自然资源。我们可以认为，芮良夫这一说法并非同“劳动创造财富的概念相对立”，该说法所要表达的意思是物质生产资料创造财富，如果以人力和物力合力生成生产力作为前提条件，那么物质生产资料创造财富观念是对劳动创造财富观念的一种补充。按这样来理解，芮良夫的说法就有其独到之处，它既包含对土地王有提出异议的因素，也包含反对山川等自然资源被周王独占的因素。

土地和山川本质上都是自然资源，但就物产而言，有着明显的区别。在土地上得到的，属于人工物产；在山川中得到的，属于天然物产。② 土地王有，并非人工物产（农产）都归属王有。川泽由周王所有，等于宣布了天然物产（水产）都归属王有。从国人暴动来看，它起因于周厉王将川泽收归国有，实行“专利”。国人认为，天然物产应当任民获取，这是他们谋生的一条途径。由此可见，在厉王之前，起码湖泊、河流这类自然资源（或天然物产）不属于王有。

---

① 《国语·周语上》。

② 唐开元元年有人曾提到，“先王作法也，山海有官，虞衡有职，轻重有术，禁发有时”（《旧唐书·食货上》）。在此，将“官山海”与“职虞衡”联系在一起，山海反映自然资源，虞指水中天然物产，衡指山中天然物产。可见，山海（自然资源）的“禁发”和虞衡（天然物产）的“禁发”属于两个问题。

三、企业属性的所有权

1. 企业的实质与财产所有规定的企业属性

企业的存在首先取决于产品知识的结构，从而出现了生产分工，也叫分解生产体；其次取决于交换系统的结构，引出围绕交易程序的营销业务，围绕外部、内部费用核算的会计业务。就交换系统的结构而言，我们必须弄清，最基本的是什么样的构成，复杂的又是什么样的构成。这样才能判断企业最终以科层组织定型，为什么它的优势在生产费用（来自规模经济）和交易费用。[①] 实际上，这又让我们去思考：

第一，当产品知识为确定值，怎样生产才能成本最小、收益最大？成本核算也就是费用问题。

第二，当最基本的交换系统结构为确定值，怎样交换才能成本最小、收益最大？此时，成本核算同样是费用问题。

第三，所谓企业“代替市场”[②]，如果准确地讲，是否应当是指合并（联合/$n\rightarrow1$，兼并/$1\leftarrow n$）后的企业。

第四，科层组织要解决企业恰当的物理性结构，即从物理性结构的“恰当”点上产生出效率。但是，它不能解决企业人员的理性结构问题。

第五，解决人理问题，需要借助伦理（人权平等、分配公平）、人性（利己与主观能动性）。这种意识形态上的结构以什么方式表现出来是“令人满意”的？是否还要涉及宣传教育部门、员工团体

---

① ［美］道格拉斯·诺思. 经济史中的结构与变迁. 上海：上海人民出版社，1994：41.

② 同上书，39页。

(工会等正式组织以及非正式的社团组织，如同乡会、同学会)？作为企业，也需要从人的理性结构的“恰当”点上产生出效率。

产品知识结构、产品他用性已经规定企业在本质上是产销体，即生产＋销售的实体，是投资和劳动协作的产物。任何一家企业都是由产品知识决定生产分工，由产品数量决定生产规模。习惯上规定，企业性质由这个产销体所包含的“财产所有”因素来确定。这意味着谁投资谁就是企业所有者，是否拥有企业财产所有权成为识别所有者身份的唯一依据。所谓国有企业、私有企业或民有企业就是这么来的。那么，企业财产所有权的内涵究竟是什么？

2. 企业所有权与企业财产所有权

企业所有权和企业财产所有权是不同的概念，而且企业财产所有权也不能等同于投资者财产所有权。

第一，企业所有权具有公共所有性。企业是投资者的物力和劳动者的人力以合力而构成的。企业成员包括投资者和劳动者，任何一位“企业人”都享有企业所有权。无论是谁，进入企业必定就有企业所有权，一旦离开立刻失去这个权利。企业所有权体现出“企业人”拥有企业这个实体，它是从意识—理念方位建构的企业产权的核心。可以说，企业是“企业人”的企业。

第二，企业财产所有权既然同“企业”概念相联系，首先应当具有公共所有性。符合这个条件的，在有形方面只有企业的产品，产品属于唯一的有形企业财产；在无形方面只有企业的信誉，企业信誉不同于企业名称，是企业在社会上的信用和名誉，企业信誉属于唯一的无形企业财产。只要是“企业人”，就享有企业财产所有权，即产品、企业信誉所有权。

以上两点说明，任何一家企业都是共有属性的协作组织，它与私有、公有（以“全民”界定）、国有都没有直接联系。国家可以作为投资者，但国家不可能作为劳动者，因此任何企业都不会是国

有的。同样，全民从国家角度可以作为投资者，但抽象的全民也不可能作为某个企业的具体劳动者，因此任何企业都不会属于以“全民”界定的公有。至于私有，企业所有权、企业财产所有权既不是投资者一方的，也不是劳动者一方的，因此任何企业都不会是私有的。

另外，就任何一家企业都是共有属性的协作组织而言，似乎它与公有（以“集体”界定）、民有可以有直接联系。问题在于，即使有企业成员将投资和劳动集于一身（劳动者投资的联合），也就是以“集体”界定的公有，但“私有”不存在，与它相对应的“公有”就失去使用的意义。如果以民有看待，但“国有”不存在，与它相对应的“民有”就失去使用的意义。

3. 企业产权与投资者财产所有权的定位

企业产权的内涵包括企业所有权、企业财产所有权、经营权（产品营销）、处置权（出售或出租产品）和企业收益权（售价收入或租金收入）。其中，企业财产所有权和企业收益权很容易与相关概念混淆，需要专门来谈一谈。

投资者的财产所有权出自企业使用资金，生产中投放的使用物品属于使用资金的转化。当企业表现为合力实体，来自使用物品的物力只是这个合力中的一个分力，见图 11-1。

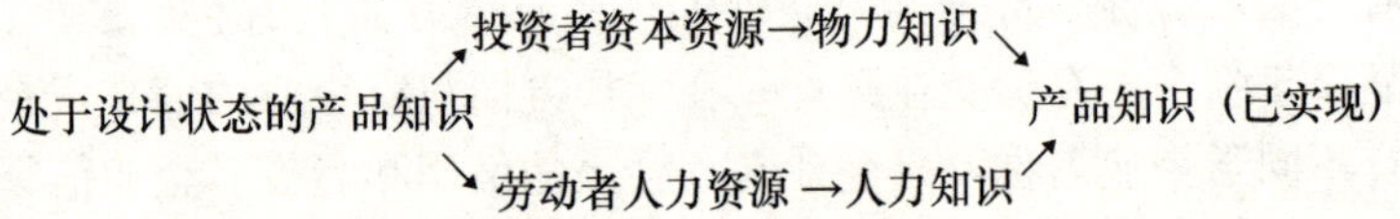

处于设计状态的产品知识 ↗ 投资者资本资源→物力知识 ↘ 产品知识（已实现）
处于设计状态的产品知识 ↘ 劳动者人力资源→人力知识 ↗ 产品知识（已实现）

图 11-1　分力与合力

根据图 11-1 分析，物力知识和产品知识都是投资交换来的，只不过产品知识在交换时尚处于设计状态，产品知识的实现只能在“人力知识+物力知识”的合力作用之后。投资者既具有产品知识

产权又具有产品产出权，劳动者只具有产品产出权。

没有投资就没有企业。时间的不可逆认定投资者是先入者，于是具有自然法则赋予的“自然先入权”。在图 11－1 中，左右两端的产品知识是一个东西，这表明了投资为什么能率先出现。投资者的自然先入权，首先是伴随着产品知识产权被交换到而切实存在；接下来，针对产品知识必须通过生产才能实现，同时协作生产需要管理，于是自然先入权转化为管理权；此后，当产品知识最终实现，自然先入权又转化为企业收益权中的优先补偿权。

图 11－1 还反映出，投资者、劳动者分别拥有物力知识产权、人力知识产权。物力知识产权和人力知识产权是具有产品产出权的前提。物力知识产权和人力知识产权名义上可以看作企业财产，实际上物力知识与人力知识不可能合为一体，它们可以组合作用在劳动对象上，但最终不能替代产品知识，虽然产品知识产权名义上也可以看作企业财产。产品知识产权、物力知识产权、人力知识产权是三个不同的概念，而且都不属于真正的企业财产。

4. 企业收益权与投资者剩余索取权

企业收益权的“收益”是指没有扣除成本的毛收益。投资者自然先入权转化的优先补偿权，就是针对从毛收益中补偿被消耗的成本。这符合自然界的等量代换法则。剩余是指扣除成本后的净收益，也是通常所说的利润。剩余存在与企业收益有直接关系。“企业人”都享有企业收益权，投资者的投资成本通过收益扣除得到补偿，劳动者的体能成本通过预付工资得到补偿；当然，预付工资实际上又转移到投资成本里。可见，“企业人”享有的企业收益权只能在成本范畴。投资者、劳动者的不同剩余索取权则属于另一个问题。

劳动者以劳动为依据享有剩余索取权，这是劳动价值论强调劳动与剩余价值关系的终极目的。在不存在垄断行为的状态下，投资

者享有剩余索取权所依据的是知识产权。投资者知识产权包括产品知识产权和物力知识产权，产品知识产权从产品使用价值方位上找到相对应的剩余索取权，物力知识产权从物化劳动价值方位上找到相对应的剩余索取权。而劳动者的人力知识产权则是从活劳动价值方位上找到相对应的剩余索取权。这说明商品两因素的价值和使用价值归根结底与知识有关。即便是活劳动，它所提供的东西本质上还是知识。

产品知识产权与物力知识产权、使用价值与物化劳动价值都是不同概念，但因为同出于投资者范畴，所以剩余索取权只能是一个，绝不应出现一个范畴的投资者拥有两个剩余索取权。相对于投资者剩余分享额而言，区分产品知识分享额和物力知识分享额没有实际意义。如果产品知识产权的拥有者不是投资者而是“企业人”当中的科研开发专家，也只有在这种情况下，产品知识分享额才有实际意义。此时，产品知识分享额和物力知识分享额已分别相对于不同的主体范畴。

5. 权力与企业所有权、企业管理权、剩余索取权

对于投资者依据什么享有剩余索取权，人们把目光几乎都集中在特权上。特权属于权力而非权利。权利与义务构成法律关系，享有权利和承担义务是对等的。[①] “权力与强制常常紧密地勾连在一起”，更可怕的是“垄断者获得强制性权力”。从强制性权力到垄断—强制性权力，投资者大概是因为“拥有特定资产”而具有“行使强制的权力”[②]。在华勒斯坦看来，竞争必然同盈利不均等相联

① 法权概念包括权利和特权。权利根源于自然法则，其特征就是对等性。特权来自人为法定，表现出权力的不平等性，而服从自然法则的权力应当具有平等性。管理权力与特权是不同概念，前者的问世与自然秩序有直接关系，后者纯属个人意志的产物（《管理思维导论》）。

② ［英］弗里德利希·冯·哈耶克．自由秩序原理．北京，三联书店，1997：166、168、174．

系，它促使利小者寻求“新的垄断优势”，这样“垄断的实践和竞争的动机”成为“资本主义的一对现实”。①

投资者通过垄断享有特权，以独占企业所有权并控制企业，用投资者财产所有权替代企业财产所有权，在自决力变成专制力的同时，企业管理权逐渐专制化，原本可以用“契约规则来界定个人的私域”②，此时使用强制性权力控制了剩余索取权。可见，只有消除投资者对资本资源的垄断，企业管理权才有可能回归自然属性。

在保持自然属性的企业管理权这种状态下，投资者剩余分享额与劳动者剩余分享额的分成比例如何确定？笔者认为，劳动合同是唯一标准，它的必备条款包括约定劳动报酬。合同约定的分成比例与理论上推论的自然分享比例属于两个不同概念，但自然分享比例究竟如何确定始终处于猜想状态。合同约定的分成比例应当是劳资双方认同的劳动价值的货币量值。可见，劳动价值的落实取决于价格，没有利润就没有劳动价值回报；劳动价值的货币量值取决于契约，没有约定比例就没有劳动价值回报的具体数字。

6. 管理权力与监督权力的平等

设定 R_1、R_2 代表秩序因子，r_1、r_2 代表因子力；R 代表管理，r 代表管理力。现在论证：①假设理想秩序为 $R_1=R_2$，而现实秩序为 $R_1 \neq R_2$，因此现实决定了要有 R 存在并使 $R_1 \neq R_2$ 趋近 $R_1=R_2$。可以认为，管理产生于由秩序因子构成的整体秩序，不妨将它表述为 $R=R_1+R_2$。②由 $R=R_1+R_2$ 推断应存在 $r=r_1+r_2$，因此必有 $r>r_1$ 或 $r>r_2$。③$r>r_1$ 或 $r>r_2$ 表明，管理力总是大于秩序因子力，或者说，管理者具有的力必定大于被管理者具有的力。我

① ［美］伊曼努尔·华勒斯坦. 历史资本主义. 北京：社会科学文献出版社，1999：16.

② ［英］弗里德利希·冯·哈耶克. 自由秩序原理. 北京：三联书店，1997：175.

们应当承认，管理权力由自然法则赋予，同时自然法则还认定管理力在具体施力过程中有占优力度。

上述论证也可以说明笔者曾经提到的一种看法：“权力本身是制约力或控制力，能够制约对方或控制对方，必须‘权’方的力大于对方的力，所以权力又是一种强力，它的首要特征就是强制性。但是，有制约力或控制力的存在，必然也有反制约力或反控制力的存在，于是监督权力不要走到偏激的唯一办法，就是用反制约力或反控制力把权力拉向平等点，也叫均衡点。”①

那么，管理力与秩序因子力的差别是否反映出权力不平等？这个问题不能单纯从一方面看，否则不平等必定存在。从正、反两方面辩证地分析，秩序因子力与监督因子力是自然对，以反比关系在变化；管理力与自决力是自然对，以反比关系在变化；但这种反比关系变化又服从于管理力与秩序因子力相对应的关系以及监督因子力与自决力相对应的关系。当管理力大于秩序因子力时，必然存在监督因子力大于自决力。有管理权力存在，自然会对等地存在监督权力。监督权力由监督因子力构成。显然，权力平等应当是从管理权力与监督权力的关系上反映出来。也就是说，管理者有管理权力，被管理者有监督权力。

7. 投资者、监控者、劳动者都关心企业财产所有权，投资者关心投资者财产所有权，监控者、劳动者则关心人力知识产权

即便政府是某家企业的唯一投资者，这家企业的监控者、劳动者也不会对国家资产有多么关心，因为国家资产只是投资者财产，并非企业财产，而监控者、劳动者看到的是自己的剩余索取权与它没有直接关系。对于没有加入投资者行列的监控者、劳动者来说，政府投资与他人投资没有什么两样，国家资产如同他人资产。人们

① 陈勇勤. 管理思维导论. 北京：经济管理出版社，2000：157.

以为股份合作制的存在能够避免这种问题，事实上，它仍然没有摆脱“谁投资谁关心企业”的传统思维模式。

由此看来，非投资者的“企业人”有必要弄清以下三个问题：

第一，企业财产不是投资者财产，它的内涵（即产品、企业信誉）始终与企业收益联系在一起，“企业人”都享有企业收益权。剩余与企业收益成正比。产品符合应有的知识标准，企业信誉不受损害，这样才能保证企业收益达到最佳状态。维护产品知识标准和企业信誉是每个“企业人”的义务。

第二，产品实现离不开“人力知识＋物力知识”的合力作用，物力知识离不开投资者财产的转化。与产品实现相联系，投资者财产带有企业财产的意味。如果能将投资者对产品的关心借鉴过来思考，他在很大程度上也会关心劳动资料。

第三，投资者剩余分享额不与投资者财产挂钩，它是通过物力知识劳动显现出来的物力知识所应获得的回报。“物力知识→投资者剩余分享额”不能认为就是“资本→投资者剩余分享额”，后者就是典型的 $G—W—G'$。注意，物力知识绝不是 W，属于 W 的是实物，物力知识只有在“物力”具体作用时才被显现出来；投资者剩余分享额看作 ΔG 倒是可以，只是要限定它来自物力知识价值。这说明投资的目的与作用是两回事，我们不否认存在“钱—钱/投资—获利”的目的，但投资的作用表明，实际上它在促成一种知识的实现并作用于产品，进而合力完成产品知识的实现并服务于社会。投资在某种意义上成为知识传播的一种必要方式。非投资者的“企业人”不应认为投资者是不劳而获。对于社会来说，以作用定位的传播劳动与以目的定位的人力劳动在“劳动”上有着同等意义。

就投资的作用而言，物力知识劳动实质上又是传播劳动，这就意味着由投资的作用主导，物力知识劳动已经转化为通过传播劳动反映出来的“活”劳动。关于物力知识劳动到“活”劳动这种“意义”转化，笔者曾认为玻姆的“体意义”概念中的“意义”相当于信息概念，于是投资可以看作信息载体，而使用这个载体的正是投

资者。[①] 这样一来，使用投资这个载体的劳动就要以“活”劳动看待。“资本—非劳动要素”说的问题在于，“要素贡献”原本是一个恰当的命题，但它只看到了资本转化的物力，没有注意物力“力”的知识构成或知识含量，以致没有注意资本在生产整体环节上始终充当着知识的载体，起到运送知识的作用。运送知识与运输物品属于类似的劳动。[②]

8. 剩余分配涉及契约和交易费用涉及投资成本

劳动合同是一种契约，体现出权利与义务的法律关系。前面已经假设，剩余的分配比例以劳动合同为唯一标准，意思是要素的贡献比例难以确定，由于商品价格是买卖双方认可的，通过商品价格兑现的剩余也可以由劳资双方采用某种认可来分配。认可形成契约，契约确定剩余分享额。我们可以认为，所有权只是证明有资格参与剩余分配，所有权比例不能等同于要素贡献比例；但是，在要素贡献比例还无法确定时，不妨用所有权比例替代要素贡献比例。当然，此时的所有权已不是投资者的财产所有权，它是企业财产权范畴的产品所有权。产品是人力知识和物力知识合力的产物，产品所有权比例可以看作人力知识产权与物力知识产权的比值，即1∶1。笼统地说，劳资双方的剩余分享额各占剩余的50%。这给契约规定比例提供了参考性的基本数字。至于劳动定额，它只能作为活劳动剩余分享额的分配依据。

交易费用最终归属成本支付。当商品价格不变时，节约交易费用实为剩余的增加。只要劳资双方真正平等地参与剩余分配，这对“企业人”都有利。

---

① 陈勇勤．管理思维导论．北京：经济管理出版社，2000：63-64；陈勇勤．理论经济学的整体论证结构与引入多媒体传授方法（下）．电化教育研究，2002（2）．

② 陈勇勤．理论经济学的整体论证结构与引入多媒体传授方法（下）．电化教育研究．2002（2）．

四、公有制与市场经济

1. 施韦卡特市场社会主义是否不同于东欧市场社会主义

西方市场社会主义有多种模式，如施韦卡特的“经济民主的市场社会主义”、米勒的“合作制的市场社会主义”、罗默的“证券的市场社会主义”等。西方左翼学者将市场社会主义看作社会主义的一种模式，而且认为市场社会主义是发达资本主义走向社会主义的唯一可行的方案。①

施韦卡特谈道，“东欧、苏联共产主义体制的结束，不仅仅包含传统的苏联模式，还有那些同样有着市场社会主义因素的国家所进行的一切实验”，“难以理解的是，在这些国家，如此众多的市场社会主义的倡导者（这其中，有最为杰出的），为何如此迅速地否弃了他们过去的理论，而全身心地接受资本主义的复辟？比方说，像詹诺斯·科尔奈这样有名的市场社会主义理论家怎么会这般写道：‘实现市场社会主义的企图产生出一种不自洽的体制：公有制的统治与市场的运作是不兼容的’”②。

科尔奈的困惑的确需要我们认真思考。也就是说，究竟怎么看公有制与市场经济能否兼容这个问题，见图 11－2。

实际上，这个问题是，“市场与企业所有权属性原本无关”；“就企业而言，资本属性并不重要，重要的是经营自主。私有化和市场经济并没有必然性联系”。

---

① ［美］戴维·施韦卡特．反对资本主义．北京：中国人民大学出版社，2008：339.

② 同上书，中文版序，2 页。

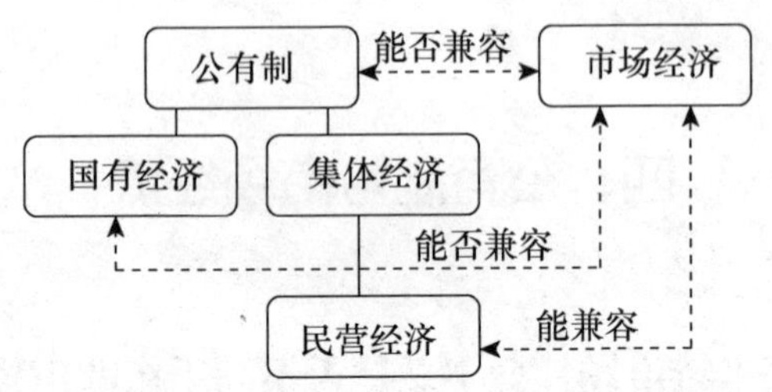

图 11－2　公有制与市场经济能否兼容问题的实质

2. 政府的民主选举前提和企业的利润最大化前提

首先，我们坚信，一个社会应当存在这样的关系结构：民主选举→政府→监管市场。

其次，我们也清楚，市场经济下应当存在这样的关系结构：企业→利润最大化；企业→自主经营；企业→合法经营←政府监管。可见，自主经营与合法经营是两个问题。

既然政府是民主选举产生的，政府对企业的经营行为是否合法的监管，就是企业必须服从的。因为政府就是你自己选举出来的。

企业追求利润最大化，与企业的所有权属性没有关系。只要是企业（无论私有、国有），追求利润最大化都是合理的。因为这才叫企业，否则就不叫企业。

3. 私利性和公利性对应的经济实体属性

私利性（利己）→民营经济，这可以被肯定。但是，公利性（利他）→国有经济，这能说没有疑问吗？按照一般的思维逻辑，国有经济控制国民经济命脉，正是鉴于民营经济以私利性为第一特征。让我们产生疑问的是，如果说国有经济以公利性为第一特征，那么这与企业（不分私有、国有）利润最大化似乎就是矛盾的。因为利润最大化正是私利性的突出表现。由此看来，作为企业，国有

企业追求利润最大化似乎同样是合理的。显然，这相当于说国有经济也有私利性。因此，这又引出几个问题。企业的一大特征是自主经营，那么自主经营的国有企业与自主经营的私营企业区别在哪里？国有经济的行为决策贴近政府考虑，这岂不是与自主经营又冲突了？

需要指出，企业的行为决策既包括经营决策，也包括非经营决策，见图 11－3。显然，非经营决策与自主经营无关。这里所说的非经营决策，涉及政治性停产（企业宣布罢工）等。因此，我们可以知道，所谓“国有企业的行为决策贴近政府考虑”，实际是指国有企业的非经营决策贴近政府考虑。政府将国民经济命脉交给国有企业经营，在企业的非经营决策方面，不只是节省了一些监管成本，更重要的是，尽可能减少因政治性因素所带来的企业波动对社会经济的冲击。

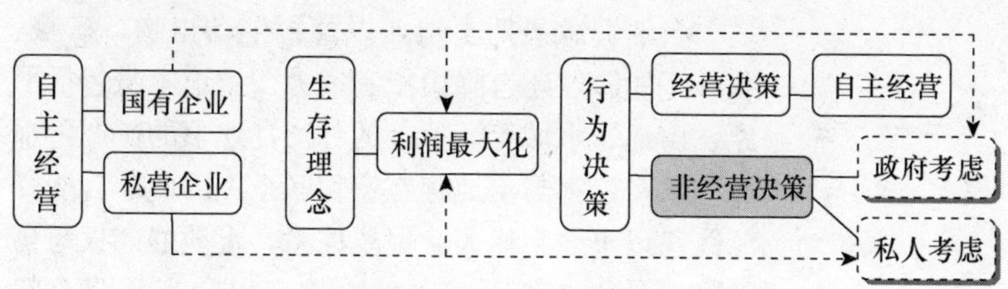

图 11－3　自主经营的企业

在市场经济下，竞争的要点在“适者生存”。不过，我们必须看到，竞争并不能代替监督，这是两个不同的问题。监督的要点在依法经营。“适者生存”同时表现为优胜劣汰，但胜者并不能说明它今后的经营就一定是守法的，所以必须有监督。竞争对国有企业和民营企业来说是一样的，监督对国有企业和民营企业来说也是一样的。

第12章 自然资源和土地的特殊性

自然资源包括土地，以及野生动植物、矿藏、森林、能源，还有降雨量和风力。土地本身包括平原、山地、水域等。地上的林产，地下的矿产，水域的水产，都与土地存在密切联系。因此，自然资源往往以土地为代表。但要注意，土地的产权与自然物（地上、地下、水域）的产权应当是两个问题，其前提在于，不能把土地和自然物简单地混为一谈，土地最终只能转化为生产要素，自然物最终要转化为将被消耗的产品。由此，我们又可以引出相关的一些理论问题，如从理论上分析“官山海”“壹山泽”等经济政策。

土地（包括山林水域）具有特殊性，它既属于自然资源，又属于生产资料。

土地以及与它有关的一系列问题在农业经济中格外引人注目。特别是在中国，从先秦的井田制度到当代的家庭承包制度，土地既维系着农民的

家庭生活，又维系着农业的产品供给，还维系着农村的社区秩序。可以说，“三农”问题实际上是个古老的问题。

在新中国成立以前的历史阶段，农民的家庭生活问题最为突出，以至于有必要用土地革命或土地改革来解决这个问题。在新中国成立后的公社化时期，农业的产品供给问题逐渐突出出来，以至于有必要用农村经济体制改革来解决这个问题。自改革开放三十多年来，随着公社体制的解体，农村的社区秩序问题逐渐突出出来，以至于有必要用建立农村自治体系来解决这个问题。当然，农村自治的最佳状态究竟应当是什么样，目前尚在探索，还不能很快实行某一个方案。毕竟几亿农民生活在这个社区里，这里的秩序一旦不安定，将演变成引起整个社会动荡的最大隐患。

仅从围绕“三农”所出现的那些经济问题来看，针对土地制度的研究，在中国经济研究中是不可能回避的。

一、自然资源国有

1.“官山海”和“壹山泽”

简单地说，山海、山泽就是土与水。“食之所生，水与土也。”[①]《管子》已使用“山泽”概念，主要是指林木山货（地上）、矿产（地下）、水域的水产等自然资源。据《管子·海王》记载，“桓公曰：‘然则吾何以为国?’管子对曰：‘唯官山海为可耳。’”在这里，“山海”主要与盐铁有关。当齐桓公问“何谓官山海”，管仲

① 《管子·禁藏》。

先解释“海王之国，谨正盐策”，针对盐，含义为官营盐，然后又提到“铁官”[①]，针对铁，含义为官营铁。前者海对应盐，后者山对应铁。“山铁”一说，另见《管子·轻重乙》“未见山铁之利”。

管仲治齐，制定了“官山海”政策，就是对盐铁的生产和销售允许民间参与，但必须由政府控制，比如从“善者不如与民量其重，计其赢”考虑，规定盈利“民得其七，君得其三”[②]。在秦国，商鞅变法，制定了“壹山泽”政策[③]，就是禁止民间百姓入山泽从事采伐渔猎，使政府占有自然资源所带来的利益。显然，“官山海”只针对盐铁，山海不过是盐铁的代称，其实质为盐铁官营；而“壹山泽”针对山林川泽的所有自然资源，其实质为山泽国有，也就是自然资源国有。[④]

从生产经营的角度看，“壹山泽”制度先决意识是“官山海”制度先决意识的扩展。[⑤] 从经济垄断的角度看，它对国家垄断山泽（资源垄断）以及国家垄断盐铁（产销垄断）思维的定型起了某种示范作用。

唐代有人明确地表达了上述意思。在刘彤的奏折中提道，“古取山泽……取山泽，则公利厚”，也正因为“煮海为盐，采山铸钱，伐木为室”带来的“山海厚利”，所以“先王之作法也，山海有官”，以“盐铁木等官收兴利”。[⑥] 在这里，山泽同山海，属于水产的盐对应海，涉及矿产的铸钱对应山，属于森林的木对应山。刘彤奏折的本意是建议政府实行自然资源国有。什么原因？原来，隋朝

---

① 官山海、铁官的“官”，在这里按“管”来理解。管理、管制是通过政府来进行，因此可以引申为官方行为，比如官经营。

② 《管子·轻重乙》。

③ 《商君书·垦令》。

④ 实际上，汉代人对此已经有同样的看法，即“昔商君相秦也……外设百倍之利，收山泽之税”（《盐铁论·非鞅》）。山泽国有，才能征收山泽税。

⑤ 制度先决，意思是说，制度对于经济活动而言具有先决性；也就是说，有一定制度也就规定了一定经济活动，制度先于经济活动而存在。

⑥ 《旧唐书·食货上》。

实行工商无税政策，意味着自然资源非国有，如“通盐池、盐井之利与百姓共之”[①]；唐承隋制，从“贞观之治”到“开元之治”，自然资源非国有维持了一百余年，当收支失衡的财政压力逐渐加大后，开征工商税必定涉及自然资源国有。为了进一步说明自然资源国有的合理性，刘彤奏折把以自然资源国有为前提的工商税与恤民联系在一起，说“府有余储……可以惠群生，可以柔荒服。……水旱，无足虞也”[②]。

2. 山泽税和渔税、海税

征收山泽税，反映出山泽涉及的林野、矿山、牧场等都属于国有。王莽时的“诸采取名山大泽众物者，税之”，同样是山泽税，汉代只不过更明确地列出“诸取众物鸟兽鱼鳖百虫于山林水泽”[③]。

就像有盐税一样，如“使贾人载盐，征诸贾人”[④]，也有渔税，如“凡郡县……有水池及鱼利多者，置水官，主平水收渔税”[⑤]。这反映出江河湖海陂塘等水域的自然资源国有。海税的出现，如“增海租”[⑥]“置少府海丞”[⑦]，进一步说明了水域自然资源国有。

3. “采山铸钱”与铁铜专营是否相关

我们看到，唐代人并没有把“采山铸钱”与铁铜专营联系在一起。与汉时贾谊并称的唐时陆贽，曾对以钱为税提出异议，说：

① 《隋书·食货志》。
② 《旧唐书·食货上》。
③ 《汉书·王莽传》。
④ 《说苑·臣术》。
⑤ 《后汉书·百官志》。
⑥ 《汉书·食货志》。
⑦ 《汉书·平帝纪》。

谷帛者，人之所为也；钱货者，官之所为也。人之所为者，故租税取焉；官之所为者，故赋敛舍焉。此又事理著明者也。是以国朝著令，稽古作程，所取于人，不逾其分，租出谷，庸出绢，调杂出缯、纩、布、麻。非此族也，不在赋法。列圣遗典，粲然可征。曷尝有禁人铸钱，而以钱为赋者也。[①]

根据陆贽这段话，再联系当时的一些情况，可以看出以下几个问题：

第一，德宗时的货币禁止私铸。

第二，由德宗时韩滉的建议“天下铜铁之冶，是曰山泽之利，当归于王者，非诸侯方岳所有，今诸道节度都团练使皆占之，非宜也”[②] 可知，德宗以前还存在自然资源非国有。唐朝所说“税银”，是指矿税。据《唐六典》记载，“凡州界内有出铜、铁处，官未采者，听百姓私采，铸得铜及白镴，官为市取。……自余山川薮泽之利非禁者，公私共之”。又，“凡天下出铜、铁州府，听人私采，官收其税”。由此反映出，唐代允许私采，但要征矿税。不征税，相当于自然资源非国有。征税，则相当于自然资源国有。当然，不可能自然资源全都非国有，所以自然资源非国有实际上是同时存在国有和非国有。

第三，允许私采与禁止私铸并非一回事。私采是私人采冶矿产，私铸是私人铸造货币。对采冶矿产征税，不能等同对铸造货币征税。所以，没有货币私铸，不等于矿产私采可以不缴税。

第四，从玄宗时刘彤建议征收工商税隐含着自然资源将完全国有，到德宗时征收矿税，虽然官采、私采并存，但对私采不征税就意味着这部分自然资源的非国有。只要对私采征税，就意味着这部分自然资源的国有。

可以说，自然资源的国有成分始终会存在，而自然资源的非国

① 《陆宣公翰苑集》卷二十二，“均节赋税恤百姓第二条”。

② 《旧唐书·韩滉传》。

有成分有可能存在，也有可能消失。这主要是由国家推出的制度来决定的。

二、土地制度演化

1. 井田制到均田制和土地私有的定型

商王“尺地莫非其有”，周天子“溥天之下，莫非王土”[①]，这表明商和西周都是土地王有。在一定意义上，这种土地王有相当于土地国有。[②]

《孟子·滕文公上》记载了孟轲的井田学说，它涉及土地分配问题。井田学说的价值在于它要实现土地平均分配。由土地分配又引出土地产权问题。孟轲的恒产论（即“制民之产”“有恒产者有恒心”[③]）包括土地产权这个内容。“土地分配→土地产权→收益分配”是个自然存在的框架，联系孟轲的经济思想，该框架的内容可以改换为“井田学说→恒产论→九一而助”。

魏国“土狭而民众”，迫切需要提高土地效率，所以有李悝变法的“尽地力之教”[④]。秦国“人不称土”，迫切需要增加农户数量，所以有商鞅变法的“民有二男以上不分异者，倍其赋”[⑤]，是

① 《孟子·公孙丑上》，《诗经·小雅·北山》。

② 我们可以认为，任何时候实行针对农民的授田制都属于土地国有。这是因为国有土地是授田于农的先决条件。我们说商周的土地王有相当于土地国有，就是因为殷商“尺地莫非其有也，一民莫非其臣也”，西周“溥天之下，莫非王土，率土之滨，莫非王臣”。既然连国家都是他（国王）的，那么他的土地也就是国家的。西周“受民受疆土”表明，分封土地与赐民同时进行。

③ 《孟子·梁惠王上》，《孟子·滕文公上》。

④ 《商君书·徕民》，《汉书·食货志》。

⑤ 《商君书·徕民》，《史记·商君列传》。

小家庭这种生产单位的制度化。此外，还有新的土地法令，如“为田开阡陌封疆”，改变井地形状[①]；“以军功行田宅”，奖赏土地；“制爰田”，不再轮换耕地，新垦土地固定在开垦者名下。[②] 在商鞅法令后，“任其所耕，不限多少”[③]。这些都相当于以法令来确定垦地小农的土地私有权，自耕小农就这样出现了。[④]

土地私有一个明显的标志就是西汉初年董仲舒已经认识到的土地可以自由买卖，即“田里不鬻”被改制为“除井田，民得卖买”[⑤]。从“为田开阡陌封疆”到“令黔首自实田”，自耕农土地私有制从秦国这个诸侯辖区最终扩展到秦王朝大一统的全国。到了董仲舒目睹的状况时，土地兼并已发展到“富者田连阡陌，贫者亡立锥之地”。

董仲舒可谓最早提出“塞并兼之路”“限民名田，以澹不足”的限田论，不过武帝没有采纳。王莽诏令实行王田制，“更名天下田曰王田……不得卖买”[⑥]。但三年后又下诏，“诸名食王田，皆得卖之，勿拘以法”，宣布废止。可见，制度变迁并非一件容易事。

东汉初“光武中兴”，“度田”诏严令核查州郡田亩和人口。这相当于限田法。当弊端为“分田无限”，解决的办法只能是“限夫田以断并兼”[⑦]。无论怎样做，还要回归限田。在当时人们的观念中，限田等同均田。[⑧] 魏晋地主庄园，西晋占田制，莫不如此。

---

① “为田开阡陌封疆”在公元前359年。实际上，早在公元前408年，秦国已开始实行“初租禾”，这在意味着取消助法的同时，也意味着井田制的消失。

② 《史记·商君列传》。

③ 《通典·食货一》。

④ 对于在战国时形成并延续下来的小农经济，参阅陈勇勤. 小农经济. 郑州：河南人民出版社，2008。

⑤ 《汉书·食货志》。

⑥ 《汉书·王莽传》。

⑦ 《昌言》“理乱篇”“损益篇”。

⑧ 例如，汉哀帝在发布限田诏后，曾赐予宠臣董贤大量土地。对于这件事，《汉书》记载并评论说，“诏书罢苑，而以赐贤二千余顷。均田之制，从此堕坏”（《汉书·王嘉传》）。

北魏、隋、唐的均田制，自耕农的土地私有内涵在很大程度上被弱化。由于不给自耕农以大部分的土地所有权，因而土地制度实际上是以土地国有为主体。这表明当年王莽认定的土地制度，在被后人做出一定调整的基础上长期有效地加以实施。

我们不否认两税法实行后均田制的消失，但直到唐朝灭亡，先前被均田制锁定并遗留下来的土地国有格局也没有多大改变。

五代十国的战乱造成人少地多，小农户拥有更多的土地所有权，自耕农数量逐渐增加。后周废除全部营田和官庄，规定这些土地今后都属于现耕种者（营田户、官庄佃户）的永业田。[①] 这次大量国有土地转化为自耕农私有土地的政府行为，给自耕农群体的迅速扩大提供了一次历史机遇。北宋是后周转化，出于同一原因，政府“不立田制”。在政策上，既“凡州县旷土，许民请佃为永业”[②]，又放任土地自由买卖，“不抑兼并”。

官方表态“不抑兼并”，若兼并对象主要是自耕农土地，相当于自耕农土地被地主所有化；若兼并对象主要是官田，相当于官田被地主私有化。总之，增加地主数量，相对就是减少自耕农数量。也许这是官方要把政府与自耕农的矛盾转移到地主与佃农方面；或政府有意不直接与众多的小农对话，只与地主直接对话。“不抑兼并”在满足地主的财富占有欲的同时，也让地主在政府和小农之间充当缓冲。[③]

元、明、清土地私有占主体，但有待弄清其中地主土地所有和

---

① 《旧五代史·后周太祖纪三》。

② 《宋史·食货志》。

③ 一方面，可以尽可能减少政府和小农之间的冲突；另一方面，政府从法律角度又可以充当中间人，调停主佃纠纷。这又反映出，地主土地所有制（租佃制）对于政府财政收入依赖农业这一点来说，有可能利大于弊，而自耕农土地所有制对于政府财政收入依赖农业这一点来说，有可能弊大于利。同样是土地私有，作为土地私有者的地主似乎懂得如何与佃农沟通，但是，政府未必懂得如何与作为土地私有者的自耕农沟通。毕竟，地主是以农为业，政府并非只管农业的政府。所以赵匡胤提出“不抑兼并”，向地主们示意你办事我放心，说“富室连我阡陌，为国家守财尔！缓急盗贼窃发，边境扰动，兼并之财，乐于输纳，皆我之物”（《挥尘录·余话》卷一）。

自耕农土地所有的比重。

2. 土地国有与“农村土地集体所有”

新民主主义被中国共产党人确定为资本主义向社会主义过渡阶段的一种形式，可以认为，新民主主义是“中国的社会主义”的最初形式。“新民主主义的政治，实质上就是授权给农民”；针对农民来说，新民主主义的经济就是没收地主的土地，实行“耕者有其田”，“把土地变为农民的私产”①。毛泽东的《新民主主义论》（1940年）指出，中国革命分两步走，先是民主主义革命，然后是社会主义革命。这种民主主义革命并非一般的民主主义革命，而是新民主主义革命。

“耕者有其田”原本为三民主义的内容，不过它要求“农民……同政府合作”，“农民可以得利，地主不受损失”，“和平解决……耕者有其田”。新民主主义则采用革命手段，迅速、彻底地解决农民土地问题。同样是主张“耕者有其田”，按孙中山的本意，最终应当土地国有，“土地公有，实为精确不磨之论”，并认定这“深合于社会主义之主张”，即“欲求生产分配之平均，亦必先将土地收回公有”。由此可见，新民主主义的“耕者有其田”是让农民有土地所有权，三民主义的“耕者有其田”是只让农民有土地使用权。到20世纪30年代，相关的问题见表12-1。

1956年，我国基本上完成了生产资料私有制的社会主义改造，建立了社会主义经济制度。企业无私有，土地无私有，这两个方面体现出“大公”，可以说是完全的社会主义。当年毛泽东把人民公社的“公”就理解为，“公，就是比合作社更要社会主义，把资本主义残余（比如自留地、自养牲口）都可以逐步搞掉”②。后来，在1962年的七千人大会上，刘少奇说，“一大二公”的“公”还解

① 毛泽东选集：4卷合订本．北京：人民出版社，1964：1253、1324.

② 薄一波．若干重大决策与事件的回顾：下卷．北京：中共中央党校出版社，1993：742.

表 12-1　**土地产权**

代表者	三民主义	新民主主义	“踢去地主”反对派①				社会主义（1956 年后）	
	国民党	中国共产党	乡村建设派	阎锡山	孔祥熙	地政学会	人民公社	家庭承包
主张	耕者有其田	耕者有其田	耕者有其田	耕者有其田	耕者有其田	耕者有其田	耕者有其田	耕者有其田
手段	和平解决	土地革命“踢去地主”	合作社	土地村公有	“赎土归佃”	“买去地主”“税去地主”	公社化	承包制
所有权使用权	土地国有农民经营	土地农有	土地农有合作经营	土地村有分散经营	土地农有	土地国有	土地社有集体经营	土地国有②分散经营

释不清楚，以至毛泽东又说，将来定个比例，“公”就表现在社队有点积累。③ 人民公社到 20 世纪 80 年代中期退出历史舞台，但它有没有留下什么遗产呢？我认为，有。这应该是农业土地的国有。“虚”集体化掩盖的是“实”国有化。追根溯源，农业土地国有是孙中山的未竟之志，阎锡山曾尝试过，不过把国有变化到村有，因为他还无法解决从私有到国有的路径问题，只能给出从私有到村有的一条路径，即土地证券化。中国共产党以革命手段先使土地归农民私有，然后以公社化运动使土地归国家所有。在整个过程中，农民对共产党的信任起了关键作用。中国共产党分别以政治革命、政治运动为先导，这是从新民主主义到社会主义，使土地最终实现国有的一条路径。

---

① 阎锡山的“土地村公有”是发行“土地合作券”，使农地和劳力合作。地政学会概括了“踢去地主”“买去地主”“税去地主”三种解决土地问题的方式。搞乡村建设运动的梁漱溟感叹“号称乡村运动而乡村不动”，说“农民为苛捐杂税所苦，而我们不能马上替他减轻负担；农民没有土地，我们不能分给他土地”。

② 笔者认为，人民公社时期和家庭联手承包时期，实际上都是土地国有。

③ 刘国光．中国十个五年计划研究报告．北京：人民出版社，2006：199-200.

三、河西走廊水土资源开发及生态安全[①]

1. 河西走廊历史时期水土资源开发

河西走廊的河流均发源于祁连山区。到20世纪80年代，林区仅剩11.13万公顷，森林带由海拔1 900米退缩到2 300米以上。河西走廊所有河流均呈现相同的递减态势，其中石羊河流域下游与黑河流域下游水量的递减幅度十分显著。河西走廊现有水资源总量，见表12-2。

表12-2　河西走廊各分区多年来年均自产水资源总量计算表

分区名称	面积 (km^2)	降水量 ($1\times10^8m^3$)	河川径流量 ($1\times10^8m^3$)	地下水资源量 ($1\times10^8m^3$)	重复量 ($1\times10^8m^3$)	水资源总量 ($1\times10^8m^3$)
疏勒河	169 980	163.70	20.58	21.34	19.14	22.78
黑河	56 294	101.00	22.04	22.87	20.04	24.88
石羊河	40 700	89.87	15.75	12.71	11.00	17.46

资料来源：李世明等．河西走廊水资源合理利用与生态环境保护．郑州：黄河水利出版社，2002.（以外，甘肃省2002年河流基本情况统计显示，疏勒河$16\times10^8m^3$，黑河$22\times10^8m^3$，石羊河$15.7\times10^8m^3$。）

① 这部分内容中的一部分是陈勇勤主持的国家社会科学基金项目《河西地区水土资源开发及生态安全历史与现状研究》（02BJL034）的相关内容（当时笔者指导的在读研究生也参与了该项目研究）。习近平主席针对“建设美丽中国”一再指出，“加快建立生态文明制度”，“加快生态文明制度建设”，强调“用制度保护生态环境”，“建设生态文明，必须建立系统完整的生态文明制度体系”（《中共中央关于全面深化改革若干重大问题的决定》，2013-11-15）。我们让对“河西走廊水土资源开发及生态安全”与“制度变迁”之间关系的问题讨论出现在本书，首先是有感于“用制度保护生态环境”这句经典话语，并联想到应该把通过“系统完整的生态文明制度体系”来“建设生态文明”“建设美丽中国”这一大政方针，在《制度与经济变动的历史实证》中凸显出来。

河西走廊水资源短缺的现状，主要是因为人类不合理的水土资源开发。

2. 河西走廊水土资源开发现状与人地关系互动机制

（1）三河流域生态现状和农牧业状况。

石羊河的水资源总量为17.24×10^{8}m^3，只占河西走廊水资源总量的23%。自20世纪70年代以来，石羊河水养育了河西走廊48%的人口，负担了占河西走廊灌溉面积43%的农业用水，提供了占河西走廊36%的商品粮。由于负担沉重的工农业开发及生活用水，石羊河流域的开发消耗已达到水资源总量的110.4%。黑河的水资源总量为43.5×10^{8}m^3，占河西走廊水资源总量的53%。其中游地区至2000年年底的人口增加到140万人，灌溉面积发展到370多万亩，分别增加了1.0倍和1.29倍。黑河荒漠化是普遍的生态现象。疏勒河同样出现水资源危机，如干海子自然保护区已彻底干涸，成为新的沙暴策源地。[①]

石羊河流域的农业状况，见民勤县的有关统计数据（见表12-3）。黑河流域的农牧业状况，见张掖地区的有关统计数据（见表12-4）。

表12-3　民勤县农业发展重点的五大灌区生态状况表

地区	干旱指数	地下水矿化度值(g/l)	供水量(1×10^4 m^3/a)	需水量(1×10^4 m^3/a)	土壤有机质含量(%)	盐碱、沙化面积(hm^2)	耕地面积(hm^2)	林地死亡面积(hm^2)	林地面积(hm^2)
昌宁	14.4	1.427	6 300.0	6 300.0	1.096	5 124	3 032	10	733
湖区	20.0	4.531	6 517.3	14 471.0	0.717	20 652	27 440	1 528	3 820
坝区	14.4	1.732	22 700.9	29 356.0	0.864	3 632	20 758	9 590	14 000
泉山	17.8	2.608	—	—	0.739	6 368	17 600	7 080	7 867
环河	10.0	1.033	2 660.0	2 660.0	0.924	620	3 531	—	6 667

资料来源：缪磊磊，王爱民．绿洲农业发展的可持续性分析．干旱区资源与环境，2001（4）.

① 吴晓军，董汉河．西北生态启示录．兰州：甘肃人民出版社，2002：31-43.

表 12-4　　张掖地区农业状况

地区	农业占GDP的比例(%)	耕地面积(hm²)	农村劳动力(万人)	种植业产值比例(%)	粮食占种植业比(%)	牲畜数(万头)	大牲畜比例(%)	农民人均纯收入(元)
张掖市	37.94	45 747	20.65	74.07	48.90	53.05	32.67	3 104
肃南县	40.17	4 220	1.05	31.04	54.52	47.42	6.78	3 767
民乐县	39.84	61 540	12.34	77.84	61.03	30.11	22.02	2 563
临泽县	42.61	15 787	5.72	68.66	55.33	16.66	39.08	2 993
高台县	57.99	21 040	7.30	84.71	48.50	16.99	25.49	2 958
山丹县	23.27	39 807	7.76	76.97	53.85	32.08	14.71	2 847
全区	37.78	188 204	54.82	74.60	54.20	199.66	22.12	2 931

资料来源：冉红等．黑河中游张掖地区农业结构调整与草产业经营管理研究．草业科学，2004（2）．

可以看出，河西走廊的农业经济以传统农业为主，农民以增加土地、水、劳动来增加收益，因而技术含量低、劳动生产率低。河西走廊的人口数量相对于土地、资源来说，无论是绝对意义还是相对意义都是严重过剩，人与资源严重不平衡，因而河西走廊不能再加大发展传统农业。此外，根据中国农业人口的现状，也无法通过农业大工业方式实现集约化经营。

（2）河西走廊水土资源保护涉及森林资源制度创新。河西走廊的水资源几乎全部依赖源出祁连山区的大小56条内陆河流，各内陆河的水量补给，86%～97%来自森林涵养的雨雪水。可见，在河西走廊，森林资源保护对水土资源保护具有重要意义。

政府为发展循环经济提供外部政策环境的支持，发挥宏观调控作用。一方面，要在法制化轨道上发展循环经济，依法治理森林资源和水资源；另一方面，我们也不能忽略森林资源、水资源的有效管理，与被管理一方当事人的个人心理有直接关系。

3. 河西走廊的生态风险与生态安全

（1）河西走廊的生态风险主要是沙漠化趋势。河西走廊的风蚀面积占该地区总面积的 82.9%，有盐碱化危害的耕地为 7.07×10^4 km^2。地下水的急剧下降和生产污染是沙漠化的两大原因。污染直接或间接地威胁到当地植物的生长，乃至死亡。

（2）河西走廊的生态安全。人口增多，对水资源的需求量增大，人为的过度垦荒和放牧、乱砍滥伐林木、乱采沙区植物等行为加速了土壤退化的进程。这是人为破坏生态安全的一面。此外，从生态安全的角度考虑：一是合理开发利用水资源；二是就产业平衡发展而言，根据河西走廊的地理特征，应发展相对优势，即大力发展牧草业，解决下游河水断流、湖泊干涸、土地沙化等问题。

4. 河西走廊产业结构调整与水土资源优化利用模式

（1）河西走廊的水资源变化状况。河西走廊近 50 年来的水资源变化状况，可参考河西走廊各流域多年平均降水量和蒸发量的统计数据，见表 12－5。

表 12－5　　河西走廊各流域多年平均降水量及蒸发量

流域	多年平均降水量（mm）	降水总量（$1\times10^8 m^3$）	降水分布区间（mm）	蒸发量（mm）	蒸发量分布区间（mm）
三流域合计	139.2	357.886	50～700	1 448.4	—
石羊河	222.2	90.407	50～700	1 202.1	800～2 000
黑河	174.0	103.276	50～500	1 474.1	800～2 000
疏勒河	96.6	164.204	50～400	1 668.9	900～2 000

资料来源：甘肃水利厅。

三大流域上游和下游河川径流量的变化，反映出中游地区人类活动对水资源的高度开发利用已显著改变了流域下游的水文环境。与此

相关的河西走廊各流域多年平均水资源总量的统计数据，见表12－6。

表12－6　　河西走廊各流域多年平均水资源总量表　　单位：$1\times10^8\,m^3$

流域	水资源总量			地表水可利用量	可利用水资源总量
	地表水	地下水	合计		
河西内陆河水资源总量	69.66	5.14	74.80	60.76	66.50
石羊河流域	15.77	1.16	16.93	15.77	17.53
黑河流域	34.96	2.91	37.87	26.06	28.97
疏勒河流域	18.93	1.07	20.00	18.93	20.00

资料来源：甘肃省发展计划委员会．河西地区生态环境保护和建设规划，2002-10.

国际上公认的水资源合理开发利用率的警戒线为40%，中国工程院重大咨询项目《西北地区水资源配置、生态环境建设和可持续发展战略研究项目综合报告》认为："今后内陆河流域按用水量的最高开发利用率应不超过70%"，而河西地区水资源的开发利用率已达到102%，其中石羊河流域为154%，黑河流域为95.5%，疏勒河流域为76.4%。水资源的过度开发，导致的直接后果是生态环境用水被挤占，生态环境恶化加剧。①

河西地区三大内陆河流域，除了疏勒河流域的水资源尚有节余外，都不同程度的缺水，见表12－7。

表12－7　　河西走廊三大流域水资源状况

流域	水资源总量（$1\times10^8\,m^3$）	可供水量（$1\times10^8\,m^3$）	利用率（%）	农业用水量（$1\times10^8\,m^3$）	总用水量（$1\times10^8\,m^3$）	农业用水比例（%）	人均（m^3）	总缺水（$1\times10^8\,m^3$）	缺水率（%）
石羊河	17.00	23.35	123.00	23.12	25.46	90.82	854.0	1.70	6.10
黑河	40.40	33.26	87.90	34.28	37.52	88.08	1 980.0	0.60	1.60

① 20世纪50—90年代河西走廊三大内陆河流域出山口径流量变化和下游径流量变化的数据，参阅陈仁升等．河西地区近50年来年径流、降水和气温变化趋势分析．干旱区资源与环境，2001（4）。

续前表

流域	水资源总量（1×10^8 m^3）	可供水量（1×10^8 m^3）	利用率（%）	农业用水量（1×10^8 m^3）	总用水量（1×10^8 m^3）	农业用水比例（%）	人均（m^3）	总缺水（1×10^8 m^3）	缺水率（%）
疏勒河	17.50	16.31	74.70	10.29	12.24	84.00	1 600.0	0.00	0.00
河西走廊	78.15	73.42	93.90	67.69	75.22	89.98	1 478.0	2.30	3.00

资料来源：甘肃省计委．未来的甘肃．北京：中国计划出版社，1999.

水资源是河西走廊生产和生活得以正常进行的关键因素。但是，随着河西走廊经济社会的快速发展和人类对河西走廊水资源开发力度的进一步加强，可供开发利用的水资源日益减少，工农业用水矛盾日益突出，河流下游断流现象日益严重。在水资源的约束下，合理配置水资源在各产业间的使用，成为亟待解决的问题。

(2) 河西走廊的产业结构状况。产业结构是一个不断变化的经济范畴。根据国际上常用的判断经济发展阶段的钱纳里标准进行分析，河西走廊处于工业化的中级阶段；按照国务院发展研究中心按标准推算的 1998 年汇率法和购买力平价分析的标准进行分析，河西走廊处于初级产品生产阶段。

经济的发展离不开产业结构的变化与发展。河西走廊产业结构的发展与变化反映了经济发展的综合水平，见表 12 - 8 和表 12 - 9。

表 12 - 8　　1985—2000 年河西走廊年产业结构变化　　单位：亿元，%

年份	GDP	第一产业产值	第二产业产值	第三产业产值	第一产业比重	第二产业比重	第三产业比重
1985	46.81	12.88	20.50	13.43	27.52	43.79	28.69
1990	71.99	23.18	32.27	16.54	32.20	44.83	22.98
1995	148.44	49.39	63.72	35.33	33.27	42.93	23.80
2000	243.61	68.91	102.67	72.03	28.29	42.15	29.57

资料来源：甘肃省统计年鉴．北京：中国统计出版社，2003（经整理）.

表 12－9　2002 年河西走廊各地、市产业结构及比较（%）

	嘉峪关	金昌	武威	张掖	酒泉	河西走廊	甘肃省	全国
第一产业	3.8	12.1	32.3	36.5	21.2	24.7	18.9	15.1
第二产业	76.0	70.5	31.4	30.7	44.7	44.2	45.3	51.1
第三产业	20.2	17.4	36.3	32.8	34.1	31.1	35.8	33.8

资料来源：甘肃省统计年鉴．北京：中国统计出版社，2003（经整理）．

河西走廊的产业结构在发展过程中存在的问题主要是：产业结构层次尚处于较低水平；产业结构畸形；第三产业发展迅速，但虚高化与低度化特征明显。

（3）河西走廊的产业结构变化与水资源利用的相关关系。河西走廊处于工业化的中级阶段以及初级产品的生产阶段。其产业结构的调整方向必然向第二产业、第三产业转型，但河西走廊产业结构的转型过程必须面对的难题是水资源对经济发展的制约。河西走廊的水资源状况不容乐观，已经在某种程度上影响了经济的正常发展。因此，河西走廊的产业结构调整必须在水资源约束的前提下进行。

根据年度河西走廊各产业的用水量（利用“甘肃省水利公报”数据），可以发现水资源约束条件下产业结构的变化状况。农业是河西走廊用水量最大的产业，第二产业、第三产业的用水量呈现了不同程度的增加。河西走廊总体用水量不断提高，这对早已超负荷运转的黑河、石羊河来说，将会加剧生态环境恶化。

在不考虑其他因素，仅考虑水资源和产业产值关系的条件下，建立一个简单的水资源约束下的国内生产总值最大化模型如下：

$$\max Y(w_1, w_2, w_3) = \alpha w_1 + \beta w_2 + \gamma w_3$$
$$\text{s.t. } W = w_1 + w_2 + w_3$$

其中，Y 为各产业国内生产总值的和；α、β、γ 分别为第一产业、第二产业、第三产业单位用水量下能生产的最大国内生产总值；w_1、w_2、w_3 分别为第一产业、第二产业、第三产业的用水量。在

没有其他约束条件的情况下，α、β、γ 的大小直接决定了 Y 的大小，其结果必为一个角点解。也就是说，在以一定水资源为约束条件的经济发展模式中，发展第三产业最能节约水资源，并能从中获得更多的价值，第二产业次之，第一产业相对而言是“最浪费”水资源的。

5. 河西走廊生态与经济系统耦合①

河西走廊经济发展与生态环境耦合评价指标体系包括经济综合实力评价指标②和生态环境综合实力评价指标③。借助主成分分析数学模型，用主成分分析法分别对经济综合实力评价指标和生态环境综合实力评价指标进行处理，然后用相关公式得出耦合度。

河西走廊社会经济与生态环境耦合度的计算公式为：

$$c_{ab}=\frac{a+b}{\sqrt{a^2+b^2}}$$

式中，a 为社会经济发展水平；b 为生态环境质量；c_{ab} 为社会经济与生态环境的耦合度，$-1.414\leqslant c_{ab}\leqslant 1.414$。

根据 a 和 b 的数值变化，社会经济与生态环境的耦合度可以分为以下几类，见表 12 - 10。

---

① 对于这部分内容，笔者的研究生在研究中使用的基本方法可以肯定，但在选取时间数据上存在很大问题。如果只用两三个年份的数据来分析历史动态问题，依据极为有限的时间段中的信息，即便这些信息比较详细，恐怕也难以得出令人信服的结论。

② 经济综合实力评价指标由选取的 11 个指标构成，也就是人均 GDP、第一产业占比、第二产业占比、第三产业占比、新增固定资产投资、金融机构存款、城镇居民可支配收入、农村纯收入、财政收入、城镇恩格尔系数、农村恩格尔系数。

③ 生态环境综合实力评价指标由选取的 10 个指标构成，也就是生活垃圾处理量、市区绿化覆盖率、降雨量、受灾面积、工业废水排放量、人均耕地面积、径流量、总用水量、生态环境用水量、单位 GDP 用水量。与此相关，生态系统分为资源指标和环境指标。资源是指自然资源，涉及水流、森林、山岭、草原、荒地、滩涂等自然生态空间。环境指标既包括自然界的一切有生命和无生命的事物，如大气、阳光、土壤、森林等，又包括人类创造的事物，如道路、房屋、风景区等。

表 12-10　　社会经济与生态环境耦合度分类

c_{ab}	社会经济 a 与生态环境 b	耦合关系	特征
$1.2 \leqslant c_{ab} < 1.414$	$a>0$，$b>0$，$a \approx b$	协调	社会经济与生态环境发展接近均衡，理想
$1.0 \leqslant c_{ab} < 1.2$	$a>0$，$b>0$，$a>b$	基本协调	社会经济发展水平提高的速度高于生态环境改善速度，较理想
$0.5 \leqslant c_{ab} < 1.0$	$a>0$，$b>0$ 或 $b<0$	调和	社会经济发展增速快，生态环境基本保持在其承载力范围内，短期内可接受
$0 \leqslant c_{ab} < 0.5$	a、b 为正或负	勉强调和	社会经济发展由低速向快速增长转化，生态环境勉强保持在其承载力范围内
$-1.414 \leqslant c_{ab} < 0$	a、b 为正或负	不协调	社会经济发展由低速向快速增长转化，生态环境恶化，两者矛盾突出

选取河西走廊所辖五市，根据耦合度计算公式和这五市经济发展水平、生态环境状况，计算出各市经济发展与生态环境之间的耦合度，见表 12-11。

表 12-11　　河西走廊各市耦合度

地区	耦合度
嘉峪关市	-1.07
金昌市	-1.08
武威市	1.02
张掖市	1.14
酒泉市	1.08

根据所选五市经济和生态环境综合发展水平的计算结果，可以分析区域差异。①

① 必须指出，笔者研究生的分析结果只是用 2005 年等两三年的数据得出的，还不能反映如十年这样一个较长时段中的变化情况。因此，该分析结果仅供参考，不能作为定论。

四、国营农场的耕地和农村土地流转

1. 国营农场与耕地

国营农场是国家投资兴办的农业企业，其发展开始于为配合国家工业化而进行的农业社会化。当时，农业社会化实际上包括两部分：一是组织农户办农业生产合作社，即农业合作化；二是国家办国营农场。随后，人民公社化也促使国营农场有了进一步发展。进入 21 世纪，国营农场也有了一定的变化，见图 12－1。

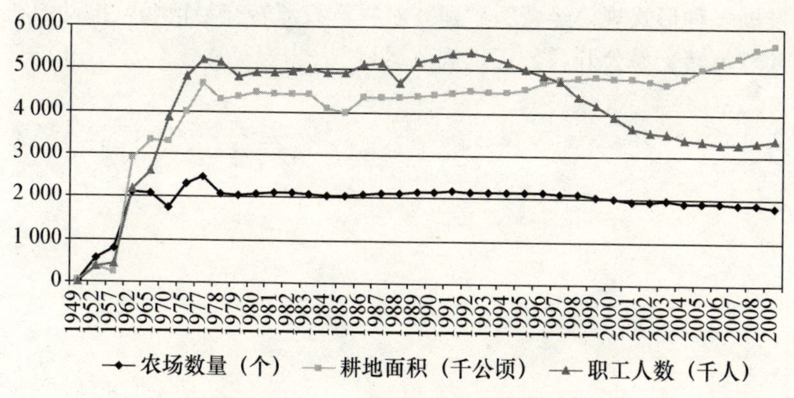

图 12－1　全国国营农场变动趋势

2. 农村土地流转

1993 年，《中共中央、国务院关于当前农业和农村经济发展的若干政策措施》在规定耕地承包期“再延长三十年”的同时，允许土地使用权依法有偿转让。由此，全国各地区先后开始了第二轮土

地承包工作。2001 年,《中共中央关于做好农户承包地使用权流转工作的通知》指出,“农户承包地使用权流转要在长期稳定家庭承包经营制度的前提下进行”,“农村土地流转应当主要在农户间进行”,“农户承包地使用权流转必须坚持依法、自愿、有偿的原则”。2003 年,《中共中央关于完善社会主义市场经济体制若干问题的决定》指出:“农户在承包期内可依法、自愿、有偿流转土地承包经营权,完善流转办法,逐步发展适度规模经营。”

2013 年,《中共中央关于全面深化改革若干重大问题的决定》指出:“在坚持和完善最严格的耕地保护制度前提下,赋予农民对承包地占有、使用、收益、流转及承包经营权抵押、担保权能,允许农民以承包经营权入股发展农业产业化经营。鼓励承包经营权在公开市场上向专业大户、家庭农场、农民合作社、农业企业流转,发展多种形式规模经营”;“建立农村产权流转交易市场,推动农村产权流转交易公开、公正、规范运行”。

第 13 章 习俗和信仰

学术上有一种观点，即把习俗和信仰看作“非正式制度”。非正式制度是相对于“正式制度”而言的。习俗和信仰是意识形态的构成因子，是观念，也是文化的元素。

刘易斯认为，“促进经济增长的近因”之一是“努力节约”，它主要取决于价值和制度。“增长是人类努力的结果”，国家之间、团体之间、历史发展不同时段之间的差别“在做出努力的意愿方面确实存在着心理上的差别”，同时也有“努力上的差别是由于制度的缺陷造成的”。也就是说，存在着“人们为经济增长而做出努力的意愿”和“社会制度对这种努力所提供的机会”。可以看出，首先要有前者。诸如价值、态度、意愿、欲望、观念（如契约观）、意识、习俗、信仰、理想、信心、情感、兴趣、愿意或不愿意、偏见，以及“对财富的态度”、工作态度或“对取得财富所需做出的努力的

态度”，再加上冒险精神、竞争精神、进取精神或“思想情绪”（实际上也是态度）等，这些都可以归入心理。[①] 像价值准则、道德准则，以及禁欲主义、自由，还有责任心、正义感等，这些都是价值判断。暂且撇开“制度既能鼓励努力节约，也能使这种努力不起作用”不谈，“促进经济增长的近因”之二是“知识积累”，“经济的增长既取决于有关事物和生物的技术知识，也取决于有关人和人际关系的社会知识”。“知识的增长是因为人生来就有求知和喜好实验的本能”，“知识应当增长，这并不够；知识还应当得到普及并在实践中得到应用”。“教育应放在什么样的优先地位的政治见解”也是制度的一项内容，它可以发生变化。譬如，某国“缺乏所需技术”但又有“可以用于发展的资金”，“在这种情况下是使增长率停下来以保证质量和适度呢，还是迅速增加部分受过培训的人，这要由政治因素来决定”。教育的价值体现为在知识领域培养人才。[②]

一、经济的文化底蕴

经济与文化的关系是中外学术界一直都在关注的热点问题。类似“经济与文化联姻”这样的一些设想，实际上都是由此引发

---

① 在18世纪，就“有一种观点认为经济学和其他社会科学一样是研究人类行为的”，“以后断断续续地有人支持它”。这种观点可称为“心理学主义”，即“心理学实际上是任何社会科学出发的基础，所有根本性的解释都要以此为依据”。对此，熊彼特指出：事实上“从来不让他们的分析受到同时代专业心理学家的影响”的经济学家“总是为自己建立他们认为称心的一些心理过程的假定”，“如果我们运用了一个假定……当我陈述这样一个假定……可以说我是在陈述一个心理现象……我只是阐明一件我相信是共同经历过的事实，不管我讲得对不对。如果我们把自己放在这个立场上，我们将会发现经济学命题中的心理学因素要比人们最初印象中发现的少得多”（《经济分析史》，50-51页）。

② ［英］阿瑟·刘易斯．经济增长理论．北京：商务印书馆，1981：20－62、197-198、214、221、223、227、242.

出来的。一个社会的经济之所以存在，一定有它独特的文化底蕴。①

波特曾谈到三点：(1)“态度、价值观和信念，有时笼统地称之为‘文化’”。(2)“经济文化，是指那些对个人、单位及其他机构的经济活动有影响的信念、态度和价值观”。(3)“文化在经济进步中起作用，这是没有疑问的，可是怎样做到在兼顾其他有影响的因素的情况下，来诠释文化的作用，而且把文化的影响单独提出来，却相当不容易”。他要做的，是“探讨经济文化与经济进步之间的复杂联系”②。

笔者也曾给出，政治的特征是“秩序→管理”，经济的特征是“产物→交换”，文化的特征是“知识→延续”。此外，政治的原点是管理，经济的原点是交换，文化的原点是知识。

1. 文化的作用

美国学者亨廷顿在比较了 20 世纪 60 年代初和 90 年代初加纳及韩国的经济统计数据后指出，两国经济“发展快慢相差如此悬殊”，“文化应是一重要因素”，“文化在起作用”。③ 实际上，在第二次世界大战结束后不久就“有不少学者重视文化因素，从文化的角度理解各种社会，分析它们之间的差别，解释它们的经济和

① 笔者认为，文化主要有三个方面的特征：(1) 传承性；(2) 自然科学的无界以及不可逆；(3) 社会科学的有界以及理性与非理性并存。文化演化是知识的传承和发展，生物进化是生物的生存功能的遗传和进化，两者完全是两回事。任何生物本体都有“度”的限定，生物的进化不可能超过这个“度”。文化并没有“度”的限定，知识的发展可以不断出现超越。知识没有终极，所以知识永远处于发展过程中。经济制度与人类的文化一样，经历了许多演变阶段，世界上并不存在一种普遍的经济制度，而是有许多形态的各种制度。制度的演变是一个永不结束的过程，其变化的趋势和进化的将来形态都是不能预期的。

② [美] 塞缪尔·亨廷顿，劳伦斯·哈里森. 文化的重要作用：价值观如何影响人类进步. 北京：新华出版社，2002：43-44.

③ 同上书，前言。

政治发展状况”[①]。1998 年出版《国富国穷》一书的兰德斯说：“如果考虑到文化，本应能够预见到日本和德国的战后经济成就。”[②]

韦伯认为资本主义的兴起基本上是一种文化现象，因为它植根于宗教信仰[③]，即“新教伦理与资本主义精神”。波特认为文化能影响经济发展和竞争力，如全球化涉及文化传播，其趋势会使文化均质化，使各国较易于克服文化和地理上的不利因素。[④]

中世纪城市的兴起“对于西欧社会经济的演变”产生过“巨大的推动力”；“从文化意义上说，城市的兴起和发展代表着一种新的文化正在形成之中。城市代表着一种新文化，其意义之重大绝不在政治上的变化、社会上的变化和经济上的变化之下”；“城市和乡村在文化方面走上了两条不同的文化教育道路。乡村只有教士和贵族子弟读书识字，城市中的居民，包括各行各业人员的子弟，则都进学校读书。教士们传授的是基督教教义，城市的学校传授的主要是谋生和创业的知识和技能”；从事商业活动并接受商业意识的城市居民“必须在意识形态方面使商业行为同基督教的观念相互调和，既使得个人心安，又依然是一个虔诚的基督教信徒”，他们所做的是“商业意识和宗教观念的调和”[⑤]。

在加拿大学者梁鹤年看来，资本主义的兴起完全凭借“理念的演变”，因为“资本主义的真谛是以钱赚钱”，而以往“放款收息有违教义”，“收息违法”，“但是法律是人创造的，人可以改变它”，“日后资本主义的突破也是先打破放款收息的法律限制和道德约束。

① ［美］塞缪尔·亨廷顿，劳伦斯·哈里森. 文化的重要作用：价值观如何影响人类进步. 北京：新华出版社，2002：前言.

② 同上书，28 页。

③ 同上书，39 页、7 页。

④ 同上书，8 页。

⑤ 厉以宁. 欧洲经济史教程. 北京：中国人民大学出版社，2015：100-103.

攻破这点后，以钱赚钱就名正言顺了”[1]。以钱赚钱是“真谛”，换言之就是投资获利为天经地义，它所涉及的“理念的演变”实际上是从根本上否定了零利润交换的假设，接下来的讨论转到利润的来源这个新问题。

文化的作用的另一例子，可以考虑儒学文化圈在东亚或东北亚（譬如中国、日本、韩国）的共性特征问题以及三个国家的民族个性特征问题。

文化的作用的又一个例子，也可以考虑 1960 年罗斯托出版的《经济增长的舞台》中展示的“罗斯托描述的轨迹”。目前的研究结论普遍认为，当年第三世界兴起中的成功经验和失败教训的背后隐藏着不容忽视的文化因素。与此相关，笔者认为，对于殖民主义的进一步理解似乎也带有“理念的演变”意味。殖民主义始终可以用来解释资本主义国家的兴衰，但不能用于解释穷国不发达的原因。何况殖民主义具有双面属性，一方去统治，另一方被统治；依附论是单面属性，仅就穷国依附于富国而言。

再者，掌握权力的人特别能够察觉到文化的作用。譬如出身于德国王族并做了俄国女皇的叶卡捷琳娜二世“决定把西欧文化的一些内容，包括宫廷礼仪、生活习惯、哲学思想等引进到俄国来，她在谈吐中常常夹带一些西欧政界常用的民主、自由等词汇”，“她认识到法国启蒙学派的思想已在西欧传播开来，所以在各种场合讲话时都少不了引用法国启蒙学派代表人物的言辞，以表明自己思想开明”，由此“博得‘开明君主’‘开明专制’之类的称呼，这样既可以赢得西欧国家政界人士的好感，又可以得到俄国国内知识界的支持”[2]。

① ［加拿大］梁鹤年．西方文明的文化基因．北京：三联书店，2014：438-439．
② 厉以宁．欧洲经济史教程．北京：中国人民大学出版社，2015：286-287．

2. 价值观的影响力

文化具有内在价值观。[①] 价值观本身是中性的，它所包含的具体某个观念才是非中性的——或褒义，或贬义。

起源于“乡评”的清议可以让“君子有怀刑之惧，小人存耻格之风”[②]，因此也就“成为每一个时代士大夫的公论”，“公论之所在，便是天下的规范之所在”。何以“在二千多年的历史里，中国的知识人曾长久地与清议相依存”[③]，答案是“法律之所不能统，天意之所不能畏，而士人自身之道德乃特重”[④]。科举取士的知识尺度相对公平，但与士人的“尚德之举”[⑤] 明显冲突，后者的判定依据是清议的义理尺度。

重才（知识）与重德（义理）无疑是不同的两个价值观，但两者并非对立。考试的先决条件是教育，就教育中的“综合素质评价”来说，既有“立德树人”尺度，也有“高素质劳动者和技能型人才”尺度。[⑥] 成为一个有道德的人、高素质劳动者和技能型人才，这个价值观就是德才兼备。

美国学者乔治·施蒂格勒说：①经济学家论争经济理论或经济行为当中的伦理问题“错综复杂，难以捉摸”，但“伦理问题是无法回避的：人们在估价政策时必须具有宗旨，这些宗旨肯定包含了伦理内容，不过很可能是深不可测的”，经济“说教”所“依赖的伦理基础”包含“道德或正义”，何况“在经济学家并不拥有一个

---

① ［美］亨廷顿，劳伦斯·哈里森．文化的重要作用：价值观如何影响人类进步．北京：新华出版社，2002：27.

② 顾炎武．日知录．兰州：甘肃民族出版社，1997：599.

③ 杨国强．晚清的清流与名士//华东师范大学中国现代思想文化研究所．思想与文化：第六辑．上海：华东师范大学出版社，2006：86.

④ 钱穆．中国近三百年学术史：下册．北京：商务印书馆，1997：653.

⑤ 朱子全书：第23册．上海：上海古籍出版社，2002：3558.

⑥ 《中共中央关于全面深化改革若干重大问题的决定》，2013-11-15。

具有说服力的伦理体系时，他怎么能够如此广泛而又毫不费力地对政策进行批评”，“无论经济说教者是引导还是跟随，他们都需要一个伦理体系来指导他们的建议”[①]。② “对于经济学家来说，天天碰到的社会问题通常都是效率问题”，“经济学家把效率用作判断经济政策是否合意的标准”，“对垄断进行批评的中心要点是，它降低了资源利用的效率。建立最低工资法或者对劳动力在地域和职业间的流动设置障碍等等，都是对劳动力市场的干预，对此进行批评的中心要点是，它们影响了资源的配置”[②]。③现实社会“一直存在着严重的收入再分配问题，它日益引起人们的重视”。人们追求公正平等、收入平均化。“当今，任何政策对收入分配的影响是任何政策评估首先要考虑的主题，而平均主义几乎成为社会政策无可辩驳的目标”，“经济学家从他们所处的社会的精神主流中汲取了平均主义价值观”[③]。

再看当下人们关注的中国经济学。首先需要明确，中国经济学的存在性和民族性是探讨能否有中国经济学的重要依据。我们还需要弄清楚，共有的东西（这类共性因素）是什么？独有的东西（这类个性因素）是什么？简单来说，共性体现在追求自由平等[④]、共同生存[⑤]、共同享受高质量的美好生活；个性体现在不同的民族文

① ［美］乔治·施蒂格勒. 经济学家和说教者. 上海：上海三联书店，1990：3-4、10、17.

② 同上书，11 页、9 页。

③ 同上书，11 页、15-16 页。

④ “人，生而自由平等！”自由平等的先决条件是人权，即“天，赋人权！”所以，也就有了“不自由，毋宁死！”和“为自由故”。英国牛津大学哈里斯教授在他的《财产和正义》一书第十章里“列出他认为合于正义的三个基本条件”，或“符合这三个条件，财产权的结构就是合于正义”：“第一，承认自然的平等；第二，接受选择自主的价值；第三，强调身体的尊严不受任何侵犯。”（《熊秉元漫步法律》，80 页、82 页）其中，“选择自主”从一个角度体现出自由。可参照的是，“现代市场体系”包含的因素之一，即“消费者自由选择、自主消费”（《中共中央关于全面深化改革若干重大问题的决定》，2013-11-15）。

⑤ 不排除社会进化中存在着一群人“同其他人群的竞争”，但“在各竞争者之间”，绝不是“这群人以牺牲他人换取生存”（《现代决策理论的基石》，146 页）。

化上。“以人为本”的价值观趋同，凝聚着“一个民族的共有精神”的民族性存异。共同走向未来，共识的先决条件就是求同存异。①

3. 文化与权力

腐败是一种经济行为，特权是腐败之源。中共中央一再强调：“防止领导干部利用公共权力或自身影响为亲属和其他特定关系人谋取私利，坚决反对特权思想和作风。”②

我们可以写出一个为人熟知的关系式：官本位→特权→腐败。其中，作为源头的“官本位”是一种价值观，属于中华文化的糟粕部分，可归入观念领域。

教育产业是文化资源的来源之一。与政府部门相比，中国的大学存在一种另类的特权，它是“通吃”行政职务和学术职称。这样做的好处十分明显，行政权力和教授的各种待遇有着双重的实惠，尽管这种人的学术水平已经使教授的含金量几乎为零，但至少教授这个职称还能作为他给自己立的一块“贞节牌坊”。学术成果被看

---

① 学术界有一种假定，“文化演变已经取代了遗传演变，成为我们人类持续变化的主要过程”。也就是说，“与生物基因并行”的文化基因“可以在一种文化环境中”保持“社会传播”，而且“这种传递不是生物学上的遗传”。“在一个社会中，一定的……文化基因的存在，可以改变同具体生物基因相联系的适应性。这样，一群能传播文化的社会生物的进化过程……是一个相互作用的过程。一方面，遗传物质决定了哪些文化特征可发展下去，同时，当前存在的文化特征在任何时候都影响着基因变种的适应和生存。”“能改变自身文化的物种，是‘可程序化的’。”对此，西蒙说：“我们可以认为，文化的演变同支撑着文化的物种之间，有一种半独立关系。文化特征的遗传机制……同生物遗传机制很不一样。……两种进化机制之间的微弱联系，至少有两个潜在结果。一方面，一些文化特征……的成功传播，并不意味着那些特征的开创者拥有优越的遗传适应性……另一方面，如果有一群特殊的人具备某种文化，而这种文化使他们在同其他人群的竞争中，占据适应优势，那么……它可以给一个真正的‘社会进化’提供基础，也就是，给这群人以牺牲他人换取生存提供基础。……人类征战史告诉了我们，文化适应性与作为文化载体的基因的适应性之间，关系是何等的复杂。……（征服）成功既不意味着文化适应性，也不意味着基因适应性。在文化上，（征服者）他们大多采用了被征服者的社会模式。”（《现代决策理论的基石》，144-147 页）

② 《中共中央关于全面深化改革若干重大问题的决定》，2013-11-15。

作“必须教研相长”的大学的科研产品。在科研产业，质量低劣的科研产品等同废品，它可以蒙骗出一个虚假的生产率，但必定使真实的生产率下降。即便高校去行政化，也不只是取消行政级别，而是还要革除“通吃”陋规。如果说“通吃”是大学出现特权的前提条件，特权是大学出现腐败的前提条件，那么大学出现腐败的祸源就是“通吃”。既然“通吃”的一个对象是行政权力，那么由此也反映出大学也未能幸免“官本位”的侵蚀。

1948年，王亚南在《中国官僚政治研究》一书中答复了李约瑟曾请教的问题：“‘做官发财’始终是连在一起讲的”，“长期的官僚政治，给予了做官的人，准备做官的人，乃至从官场退出的人，以种种社会经济的实利”，“官职不是职业化而是被看作一种特权”，“做官被看成发财的手段”，“中国士宦的做官发财思想是中国特殊的官僚封建社会的产物”。[①]

做官→特权→发财，只要做官就有权力，凭借权力就能发财。以权发财，要么贪污，要么索贿受贿。虽然不乏“历代对付贪污的严厉情形”，但严刑仅能用来震慑，“根本没有触到问题的病根或痛处”。官僚的贪欲“无论如何也嫌不够”，而“严格禁阻他们满足贪欲的法轨又不可能在专制官僚政权下确立”。[②]

1933年，崔敬伯在文章中提道：“政府要实行他分内的职务，否则自绝生命”，或者说，“政府方面，总要等着人民的督促与制裁，才施行财政的改革么”；应当看到“社会要表现他应有的力量”，因此，“当前的中国，民众不可不消灭贪污，否则贪污将消灭民众”[③]。

依法惩处以权谋私的官僚，这是“事后”。相对而言，更需要“事前”的以法限权，其中包括钱穆曾提到的西欧“以舆论众意为治法”[④]。

---

① 王亚南．中国官僚政治研究．北京：中国社会科学出版社，2012：96、99.

② 同上书，96－99页。

③ 参阅崔敬伯的《国家岁出的理论分析》和《财税存稿选》。

④ 钱穆．中国近三百年学术史：下册．北京：九州出版社，2011：653.

“坚持用制度管权管事管人，让人民监督权力，让权力在阳光下运行，是把权力关进制度笼子的根本之策。”[①]

二、制度安排与意识形态

诺思认定他的制度理论有三个基石，即产权理论、国家理论和意识形态理论，并说明意识形态理论一方面“影响人们对‘客观’存在变化的不同反应”，另一方面“解释为何人们对现实有不同的理解”[②]。意识形态在制度变迁中有很大作用，诺思理解的“意识形态的两个方面”需要我们注意。[③]

1. 意识形态与价值观念、制度

意识形态主要是一种价值观念，比如对公正和正义的看法，它会影响决策，能使人超越功利的经济计算。出于个人损益计算而不会去做的那些事情，会在意识形态的驱动下完成。

意识形态本身也是一种制度，虽然通常它被归入非正式规则的范畴。

规则出现的前提无疑是，应当怎样做和不应当怎样做。很明显，应当和不应当属于价值判断。有一些规则是要判定某个事项的“度”，而“度”没有明确的标准答案，最终判定取决于人为因素。

用托夫勒的话说，“权力本身并无好坏之分。它是各种人际关

① 《中共中央关于全面深化改革若干重大问题的决定》，2013-11-15。

② ［美］道格拉斯·诺思．经济史中的结构与变迁．上海：上海人民出版社，1994：7．

③ 同上书，53-54 页。

系不可分割的组成部分”，“我们是权力的产物”。[①] 希克斯认为，“决策的权力，即使在有限的范围内做出决策的权力，也是正常人颇为重视的东西”[②]。借助托夫勒和希克斯的话，我们进一步思考，假设权力决定制度，那么意识形态是否能够决定权力？

就笔者的理解，在民主主导的社会氛围下，意识形态可以决定权力；在专制主导的社会氛围下，意识形态不可能决定权力。

在西方学者看来，“中国人对官僚政治的原则有着充分的理解”，“中国人通过科举考试补充官员的制度”可以认为是“成功的官僚政治”。[③] 然而，官僚政治是否只属于封建制度？“自 20 世纪初马克斯·韦伯正式提出理性的官僚制理论后，官僚制就如同一个挥之不去的幽灵耗费着社会学、政治学、公共行政学等学科研习者的精力，更是成为公共行政研究无法回避的论题。”[④] 事实上，官僚政治同样存在于现代社会，“过度的官僚政治引起自由的减少”[⑤]，而适度的官僚政治对现代社会来说也是需要的。

因此，又涉及所谓“官僚组织的意识形态”[⑥]。另外，在意识形态影响制度变迁的过程中，国家与社会的离异是非常可怕的。[⑦]

2. 经济、制度与意识形态

经济由人、物质和制度三个经济变量构成，因而制度是经济的一个构成因子。根据诺思的观点，制度由国家、产权和意识形态三

---

① ［美］阿尔文·托夫勒．权力的转移．北京：中共中央党校出版社，1991：9.

② ［英］约翰·希克斯．经济史理论．北京：商务印书馆，1987：12.

③ 同上书，20 页。

④ ［美］安东尼·唐斯．官僚制内幕．北京：中国人民大学出版社，2006：译者前言.

⑤ 同上书，277-278 页。

⑥ 同上书，254 页。

⑦ 郭春生．勃列日涅夫时期苏联国家与社会的离异．中共宁波市委党校学报，2009 (2).

个制度变量构成，因而意识形态是制度的一个构成因子。经济原则主要是指利益最大化、市场出清和效率三个重要原则。经济是产业和政策，制度是社会的游戏规则。

(1) 道德人＋守法人＋经济人。实在的伦理道德从来都不会脱离地点、时间、国民性等先决条件而独自生成，这就是“环境的力量”，思想的“环境”和“生活的环境”总是同一的。[①]

历史主义强调民族性和国家。民族主义并非不合理，它由“经济环境的差别”所造成[②]，但狭隘的民族主义是“自由世界主义”的对立面的一个极端，何况对于“最大多数人的最大幸福的功利主义”也不能一股脑儿地加以排斥。[③]

凡勃伦说的“制度”，按他给出的定义是思想习惯，即思想方式和行为习惯。这相当于希克斯说的“习俗”，它对应“指令”[④]。假设：

正式规则＝正规约束

非正式规则＝非正规约束＝意识形态

那么，根据这个假设可以认为：

凡勃伦说的“制度” $\xrightarrow{\text{近似于}}$ 意识形态（非正式规则、非正规约束）

当然，谁都不会否认制度主义包含显性成分（正式规则）和隐性成分（非正式规则），而凡勃伦之所以强调后者，大概是提醒人们不要忽略了它蕴含着巨大能量。

1762 年，斯密在《道德情操论》中给出了道德自律下的道德人，希望自利和利他（指代经济人和道德人）能够达到统一。1789 年，边沁在《道德与立法原理导论》中把法律改革的理论

① ［英］埃里克·罗尔．经济思想史．北京：商务印书馆，1981：207.

② 同上书，226 页。

③ 同上书，223 页、241 页。

④ ［英］约翰·希克斯．经济史理论．北京：商务印书馆，1987：15-16、32.

基础放在道德哲学上，给出了法律他律下的守法人，希望私利和不侵犯他人的利益（指代经济人和守法人）能够达到统一。可见，前辈学者早已对单纯的经济人敲响了警钟，一个经济人必须是

道德人＋守法人＋经济人

这就是现实主义的功利主义。经济人是功利的，道德人和守法人是现实的，一个人要在群体中生存就必须遵守道德和法律。18 世纪上半叶孟德维尔以“私利”形塑的经济人，实际上是“有限理性”的，私利原本是理性的，而“存在的只有私利”却是非理性的。因为“存在的只有私利”是典型的实用主义，实用主义是非理性主义的。[①] 道德和守法是现实主义的，现实主义是理性主义的。现实主义意味着后天人为设计的必要存在，体现出理性；实用主义意味着先天的必然存在被后天刻意强化，体现出非理性。现实主义≠实用主义。

理性的行为让先进民族的商业具备一个诚实的习惯，即商业道德。正如马歇尔说的，“近代的贸易方法一方面包含信任他人的习惯，另一方面包含抵抗欺诈行为的引诱的力量，这两点在落后民族之中是不存在的”[②]。

诺思说的“制度”是指既定规则、守法程序和伦理道德。[③] 与凡勃伦说的“制度”相比，诺思说的“制度”是个较完善的概念：

（正式规则＋非正式规则）＋（道德＋守法）

其中，“道德＋守法”正是“有限理性的经济人”——“道德人＋守法人＋经济人”——必不可少的两个构成因子。

---

① ［法］爱弥尔·涂尔干．实用主义与社会学．上海：上海人民出版社，2005：2.

② ［美］乔治·施蒂格勒．经济学家和说教者．上海：三联书店，1990：30.

③ ［美］道格拉斯·诺思．经济史中的结构与变迁．上海：上海人民出版社，1994：219-220.

（2）意识形态的复杂性。制度主义的“制度”通常不涉及社会制度，它涉及的是经济制度、正式规则和非正式规则。资本主义制度是社会制度，“凡勃伦和凡勃伦学派对社会制度所下的定义用的是理想主义的语言”①。经济制度很重要的一点是历史的作用。② 国家给定社会制度和经济制度，社会制度基本上等同国家制度，经济制度主要体现在生产关系上。产权属于法律制度，它认定私人所拥有的财富。意识形态支配人的思想，掌控人的行为。正式规则主要是法律规范，非正式规则主要是伦理道德规范。

“意识形态不同于道德”③，这实际上是指意识形态的价值判断要和其伦理道德区分开。

对于意识形态的含义，埃尔斯特有一个很恰当的看法：“意识形态乃是一些难以捉摸的实体。……信念是不可观察的：它们必须间接地得到认同。……信念不能简单地根据行动来推断，它不足以根据行动来确定。总之，人们可能根据他们想要坚信的信念来行动，而不是根据那些他们实际上拥有的信念来行动。由于这些及其他一些原因，意识形态的研究充满了危险和困难。”④

也许有如下关系，伦理道德∈社会价值∈意识形态。再看埃格特森的表述：“社会价值的改变……是制度变革的主要因素”；“假如社会失去……伦理道德，那么权贵们监督市民的成本，市民相互监视的成本就会逼近于无穷大”；以至于人世间全都是没有伦理道德的“意识支配下的行为”，“意识支配行为的变化”。⑤

意识形态斗争的最终结果有可能决定了经济形势的发展状况。

---

① ［英］埃里克·罗尔．经济思想史．北京：商务印书馆，1981：437.

② 同上书，308页。

③ ［美］道格拉斯·诺思．经济史中的结构与变迁．上海：上海人民出版社，1994：229.

④ ［美］乔恩·埃尔斯特．理解马克思．北京：中国人民大学出版社，2008：436.

⑤ ［冰岛］思拉恩·埃格特森．经济行为与制度．北京：商务印书馆，2004：71.

譬如 19 世纪初期，“德国经济形势的落后发展说明在别的地方已经决定了胜负的意识形态斗争，在这里却迟缓地出现，而且时常是变了形的”[①]。英国产业革命引发工业化的社会变革，对于法国革命中的政治改革，如果今天反思，其最大作用也许是“在人们的思想中起了影响”。毕竟，“从经济和政治的方面看，英国代表一种理想的结构”[②]。

（3）伦理和道德。伦理思维以道德思维为前提，这种认识是基于“伦理”与“道德”各有不同的内涵。

经济行为应当有相应的道德观念作为指导。譬如，宋代官吏热衷于私营商业，这是值得注意的一个经济现象。据王安石在《上仁宗皇帝言事书》中的分析，中下级官吏大多经商与俸禄太少有直接关系，“方今制禄，大抵皆薄。自非朝廷侍从之列，食口稍众，未有不兼农商之利而能充其养者也”。官吏在仕途上要往上爬，多半要供奉权贵，贿赂取媚，才有升官的希望。如果俸禄较低，只够养家，那么用于行贿的财物就只能来自俸禄之外，于是经商成为其中的一条途径。正如程洵所说，“今之为将帅者”为了“上奉权贵而求升擢”，“自其到军”便“经营贾贩”。官吏私营商业的一个负面作用是扰乱了经济秩序。[③]

丧失道德，也就丧失伦理，对经济行为的评价标准也就扭曲到失德的地步。缺乏道德伦理的一些行为，反倒成为多数人热衷于效仿的模式。然而，如果官群体无德缺德，那么这个官群体凭什么来治理社会呢？

---

① ［英］埃里克·罗尔．经济思想史．北京：商务印书馆，1981：207．

② 同上书，212 页。

③ 其表现（根据《宋史》《宋会要》等文献记载）有：挪用官钱作为经商资本，“以公费钱质易规利”；利用官船，差遣属下，为其经商服务，“尝以官船载私货贩易规利”，“私役所部贩卖收息”；冒充官货，逃免征税，贩运“所过关渡，矫称制免算”；倚仗权势，欺行霸市，“遣公人牙人，公行拘栏民间物货入场，贱买贵卖，其害过于市易”。

三、在君子与小人中看义与利

孔子说："君子喻于义，小人喻于利。"[①] 一句话点出两个关系，即君子与小人，义与利。那么，究竟君子与小人是个什么关系，见图13-1。

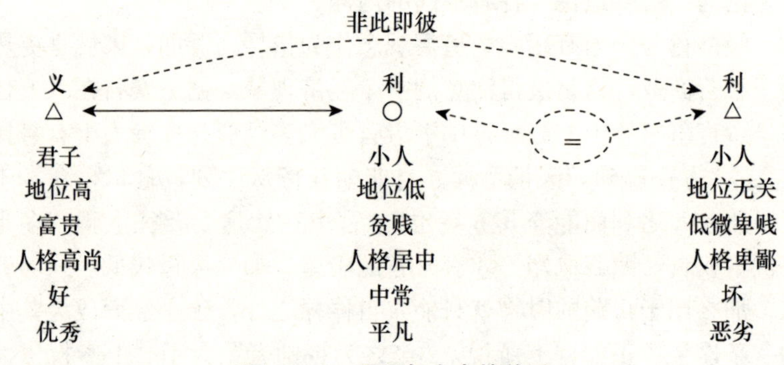

图13-1　君子与小人的关系

君子和小人这两个相对应的概念，首先是从地位（身份）来定位的。

孔子看问题的特点是"非此即彼"，带有模式化的倾向。从逻辑学上讲，这归入排中律的范畴。[②] 后学者（如子思等）从现实出

① 《论语·里仁》。

② 有人谈道："对立是绝对的吗？……一般来说，我们认为庄子是最早提出这一问题的。实际上，在庄子之前，已经有一些思想家对这一问题给予了关注，其中老子就是一例。……老子对大量复杂现象进行了认真观察和细密思考，指出对立面其实并无绝对对立的性质，由此也取消了非此即彼的思维方式。这无疑具有极大的创造性，对中国日后的思维产生了极其重要的影响，而其直接结果便是庄子的相对主义理论。……认为对立并非是绝对的。在那些表面看来是截然相反的事物或现象的背后恰恰存在着本质上的相同之处。……不论事物或现象是如何对立，它们都具有同一的一面……观察事物或现象就不能仅仅看到其对立或差异性，还要看到其同一性，看到其本质相通之处。"（《中国思维形态》，291-293页）

发，开始把“中庸”思想置于儒学的核心位置。在人格方面，“非此即彼”倾向表现为高尚与卑鄙的对立，要么高尚，要么卑鄙，两者必居其一。按照“中庸”思想来理解①，在高尚与卑鄙之间应该还存在着既不能说是高尚，也不能说是卑鄙的一种人格。在这里，我们把它叫作“居中”。相对于人格高尚、人格卑鄙，又有我们定义的“人格居中”。或者说，介于高尚人格和卑鄙人格之间，有了居中人格。

所以，合理的解释似乎是，“人格居中”的小人是指普通人，“人格卑鄙”的小人是指坏人，即品质恶劣的人、品行坏的人。好人是指品行好的人。普通人自然是中常的、平凡的，中常就是不好不坏，平凡就是平常、普通、不特别、不优不劣，而优秀、恶劣都属于特别，处于两个极端。

恶劣人的私利表现出损人利己的特征，平常人的私利表现出利己不损人的特征。大多数人是君子，实际上也就无所谓君子了。所以，大多数还是平常人。我们知道，西方经济学一个重要的假设就是，经济人追求利润最大化。经济人之所以是经济人，就在于他不是把精神（道德）需要放在第一位，而是把物质（经济）需要放在第一位。平常人都是讲实际的，物质需要被满足后，才会考虑精神需要的满足。平常人追求利润最大化，具有合理性。

---

① 据说，中庸的代表人物是孔子，代表作是《论语》。孔子的中庸思维“主要被用于道德的培养，其注重行为方式的合理性与完美性”，“这一形态又主要流行于东方”。按照亚里士多德的说法，美德就是“一种中庸之道”，“由于过多和由于不足而引起的两种恶行之间的中道”。中庸思维“强调适中与适度，反对过分或不足”。有一点应当予以注意，“中庸思维操作的困难还在于道德领域本身的复杂性。也就是说，恰恰在道德领域，对于适中或适度的理解与评价很难有确定性。换言之，作为实践方式，中庸形态很难提供一种严格的、准确的、划一的参照标准。因此，常人通常会对中庸做出符合特定功利目的或背景的评价和解释”（《中国思维形态》，304-306 页）。这样看来，笔者认为孔子非中庸，孔子之后才有中庸，明显出现了两种不同的结论。如果孔子已经强调中庸，“小人喻于利”就应当是中庸的，看重“利”不是优良品行，但也不是低劣品行，它是普通人的一般品行，居中人格。

卑贱、低贱、微贱，总之可以集中到一个字——“贱”。卑鄙是下贱，这针对人格。与此不同，针对地位，“贱”（低下）跟“贵”相对；针对价格，“贱”（低）同样跟“贵”相对。卑贱既可以针对地位，指地位低下，这实际上把“贱”凸显出来；又可以针对行为，指行为卑贱，即卑鄙下贱，这实际上把“下贱”的“下流”一面凸显出来。下贱有两个含义：一是出身或地位低下、低贱；二是行为卑劣下流，在这里下贱跟下流等同。下流又跟无耻、卑鄙龌龊等同。低贱可以针对地位，指出身低下，也可以针对价格，譬如谷价低贱；但不能针对行为。微贱只针对地位，譬如地位低下、出身卑贱。由此可以看出，一般来说，“贱”是不能针对行为的。

卑鄙本来是把下贱的两个含义之一“下流”拿过来充当其含义，后来被人改动，把下贱的另一个含义（也就是出身或地位）拿来与卑鄙牵强附会，于是出身或地位低下被与卑鄙等同。当然，问题本身可能出在下贱的两个含义上，它被人别有用心地合在一起，成了地位低＝卑鄙。

低下在针对品质、格调等时跟“低俗”等同，是指低级庸俗。原本是地位低下的小人，又被变成了行为低俗之人。因此，又有对行为的多种概括，譬如情趣低下、言语低俗、格调低俗等。

再说“大人”与“小人”，有人认为后者是通常所说的小人儿，也就是儿童或小孩子。按照一般的解释，大人是指地位高、有地位，小人是指地位低、没有地位。鉴于有“大人”这个概念的存在，我们认为，君子的地位高这个含义，因为与大人的含义相同，所以君子的这个含义可以删除，而完全可以由大人来替代。这样，君子也就只有一个含义，即人格高尚。没有了以出身或地位来划分的君子和小人，那么其他含义上的君子和小人的划分，实际上也就和士大夫、农民等各种社会阶层没有任何关系，因而只能跟不掺杂阶层因素的人有直接关系。

四、消费观念对经济发展的影响

消费观念属于意识形态。凡勃伦在《有闲阶级论》中“分析了现代社会的消费方式，并且发现了二分法”[①]。按诺思的观点，意识形态也是一种制度。

自文明发端以来，中国主流的消费思想一直是节俭型的。西汉官员不断呼吁，“君之御下民，奢侈者则应之以俭”[②]，“生之有时，而用之无度，则物力必屈”，“生之者甚少，而靡之者甚众，天下之势，何以不危”[③]。宋代有人把节用和养廉联系在一起，指出“欲养廉，莫若量其所入，节其所用”[④]。

居民消费支出包含在居民可支配收入中。恩格尔系数是指食品支出占消费支出的比重，它可以反映出居民消费结构的变化，以及消费支出中有多少可以投向食品以外的其他方面。恩格尔系数(EC）与居民生活水平的关系被规定为：EC＞0.6，居民生活水平处于绝对贫困状态；0.5＜EC＜0.6，居民生活水平处于温饱状态；0.4＜EC＜0.5，居民生活水平处于小康状态；EC＜0.4，居民生活水平趋向于富裕。

改革开放后，我国城乡居民储蓄存款余额由 1978 年的 210.6 亿元增加到 1997 年的 46 279.8 亿元。到 2002 年年底，城乡居民储蓄存款余额达到 8.7 万亿元。居民储蓄存款的增长率超过居民可支配收入的增长率（见图 13－2)，也就是储蓄增长速度明显超过了收入增长速度，出现“超储蓄”现象。

---

① ［美］威廉·布雷特，罗杰·L. 兰塞姆. 经济学家的学术思想. 北京：中国人民大学出版社，2004：37-38.

② 《新语·无为》。

③ 《新书·无蓄》。

④ （宋）《州县提纲》卷一。

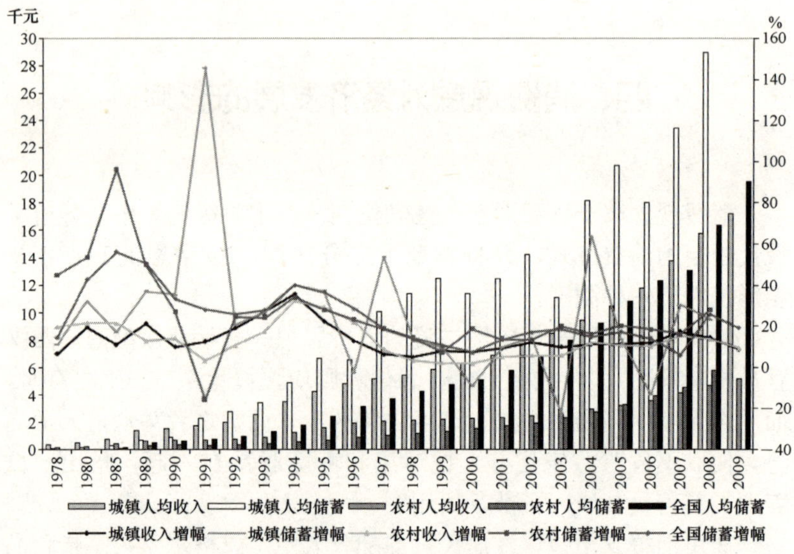

图 13-2　1978—2009 年的“超储蓄”现象

与中国“超储蓄”现象不同的是以美国为典型代表的超前消费观念。这种观念最终是会促进经济发展，还是会阻碍经济发展；或者说，超前消费是否最终将拖垮一个国家，尚无定论。

面对后现代思潮冲击，消费和储蓄变数待定。

第 14 章 企业制度

企业制度直接关系到企业运行机制，科斯甚至把政府看作一个超级企业。我们可以认为，企业理论是新制度经济学的三大基本理论之一（还有产权和交易费用理论、制度理论）。事实上，作为新制度经济学的首要组成部分的产权和交易费用理论，也就是产权学说和交易费用学说，又渗透到企业理论的内容当中。所以，在一定意义上，新制度经济学可以视同企业理论。另外，经济组织就一定是企业吗?① 这个问题留到专门研究企业的场合再讨论。

① 可参阅思拉恩·埃格特森《经济行为与制度》的第七章“经济组织的逻辑”。

一、近代中国工厂制度

1. 西方工业制度的传入

19世纪中期的中国带有后发展国家的特点。这个特点就是，近代工厂制度的建立，不是自发地在本国社会内部完成的，而是在外来因素的作用下通过移植产生的。第一，外国资本早期在中国设立的企业，对中国近代工厂制度的建立起了示范作用。第二，外商最早的工业投资是围绕进出口贸易进行的，出现在19世纪40年代。尽管外国资本在甲午战争以前并没有取得在中国设立工厂、生产产品的权利，但到1894年，各国在中国建立的工厂已超过100家。这些外国资本企业主要是船舶修造厂、机器缫丝厂、制糖厂、茶砖厂、豆饼厂、制药厂以及一批公用事业（比如自来水、煤气、电灯等）。

工厂制度与企业制度有一定联系。需要注意，企业制度被界定为：①它是一种企业体制，一种制度体系。也就是说，企业制度不只是某些方面的一两项制度，也不只是企业内部的组织管理制度，它要涉及企业外部环境和内部机制各个方面。②作为一种企业体制模式，企业制度是生产关系的反映，不代表企业的装备水平、管理手段。③企业制度的基本特征来自一定时期企业组织形式的总体。当我们把“企业组织形式”设定在按照财产组织形式和所承担的法律责任划分，而不是按照企业所有形式划分这个前提下，“企业组织形式的总体”就包括单个业主制企业、合伙制企业、股份制企业等各类企业。④企业制度的基本特征具体体现在三个方面，即法律确定形式、运行机构依据、四权关系状况。其中，前两者都

针对企业财产组织形式[①]，四权关系状况是指企业的资产所有权、资产控制权、经营决策权和生产管理权在不同时期的相互分离状况。这种分离状况反映了企业制度的演变，是企业制度基本特征中最关键的一个特征。当我们清楚了企业制度的内涵以后，如果说任何一个企业都是某一种财产组织形式与某一种企业制度形式的组合体，那么我们可以看出，企业制度实际上侧重在：一方面，它必须与财产组织形式连在一起；另一方面，它要明确产权。

实际上，工厂与企业的区别就在于工厂突出生产活动，企业突出经营活动。[②] 正是因为突出生产活动，工厂的着眼点就放在技术和管理上，而通过这两点，工厂制度也能反映出工厂的装备水平和管理手段。从前面的分析可以知道，这两点恰恰是企业制度所不能代表的。也正是因为突出经营活动，企业的着眼点就放在以财产组织形式为前提的产权上，经营和盈亏始终构成一个不可分割体。事实上，在这个不可分割体中还有一个不能缺少的部分，就是集资分配。这很像一个三合一体。集资分配相当于目的，经营相当于过程，盈亏相当于结果，目的、过程、结果是由有意识的人的行为所构成的事物运动的一个整体。可以说，技术和管理是决定工厂发展与否的极为重要的内部条件，“技术和经营管理是决定企业发展与否的极为重要的内部条件”[③]，后一句话比前一句话多了个“经营”，“内部条件”这方面的内容也就多了一道由集资分配—经营—盈亏三个节点生出的程序。应该说，工厂制度与企业制度相比较，前者并没有把产权问题放在首要位置去考虑。

---

① 企业财产组织形式有三种基本类型，即单个业主制、合伙制和股份制。

② 工厂是生产实体（产品去向是计划调拨或计划分配），不涉及盈亏。企业是产销实体（产品去向是市场交换或市场分配），购入销出属于营销（市场营销），涉及盈亏。

③ 杜恂诚. 民族资本主义与旧中国政府. 上海：上海社会科学院出版社，1991：150.

我们还要指出，工厂制度只适用于工业生产范畴，而企业制度适用于产业范畴（工业只是其中的一种行业）；或者说，企业制度不仅适用于从事物质资料生产的行业范畴，如工业、农业、建筑业等，它还适用于不从事物质资料生产，但直接为生产服务的行业范畴，如交通运输业、商业、金融业、邮电业等。至于工厂制度和企业制度谁先于谁而存在，这个问题大概是无法说清的。

技术决定了生产格局，这个格局也就是工厂的具体状况，它是有形的，可以叫作工厂制度的“外壳”。管理决定了劳动效率，这个效率也就是生产的实际状态，它是无形的，可以叫作工厂制度的“内核”。如果涉及从西方移植工厂制度，则常规性移植应该是“外壳”和“内核”的统一移植，并能在国内还原它们；而变异性移植即便把“外壳”和“内核”进行了统一移植，却无法在国内还原“内核”的本体。

2. 晚清近代工厂制度的产生

清政府兴办近代工业是从 19 世纪 60 年代开始的，就是我们熟悉的洋务运动（台湾地区的学者把它叫“自强运动”）。由洋务派兴办的近代工业具有以下几个特点：①发展过程，由军事工业到民用工业。与它相对应的指导思想是由“自强”口号到“求富”口号。②经营方式，大体有官办、官督商办、官商合办三种类型。③企业数量，到 1894 年甲午战争前，比较重要的企业大概是 30 家。④主要行业，工矿企业和交通运输业。⑤雇佣方式，主要是日工资制。

在 19 世纪 60 年代末还出现了私人投资的近代工厂，它们的特点是：①私人投资的近代工厂在规模上不如有官方参与的、洋务派兴办的企业。②私人投资的近代工厂在范围上比洋务派兴办的企业要广泛。例如，私人投资的对象既有工业、矿业、航运业，还有公用事业。

如果我们把在中国的外国资本企业也看作中国资本主义的一个

组成部分，那么当时中国的产业资本就可以归纳为三种形式，也就是外国资本、政府资本和私人资本。根据中国学者的估算，到 1894 年，中国产业资本的情况见表 14－1。

表 14－1　　1894 年中国产业资本的情况　　单位：万元

外国资本	政府资本	私人资本	合计
5 406	4 757	1 992	12 155

3. 工厂制度的变异性移植

根据人们的普遍看法，工厂制度的基本特征有两点：一是集中的生产体制；二是简单的管理层级制。集中的生产体制表明了工厂制度建立的最基本因素——统一动力的使用；以此为前提条件，把机器放在中心位置的生产力决定了需要把大量的劳动者集中在一起，这也就巩固了工人集中劳动的形式；同时，它又在提示，只有建立在机器生产的基础上，才能真正建立起近代企业制度。① 简单的管理层级制表明了早期工业企业的协调经营机制所包含的一个要素——业主—工头—工人的科层组织；这也被叫作管理上的科层制，而且针对这一点，西方学者认为企业与政府十分类似，特别是东方的企业具有东方政府（如封建衙门）的特征。②

情况已经很清楚，业主—工头—工人的科层组织与工厂制度是

① 使用统一动力和集中生产，导致在从事物质资料生产的行业范畴中工厂化的出现。法律明晰了产权、资金筹集、经营管理专业化，导致在从事物质资料生产的行业范畴中和在不从事物质资料生产，但直接为生产服务的行业范畴中企业化的出现。工厂化现象、企业化现象在前工业化时期已经存在，工业化的机器生产使工厂化和企业化最终实现。我们要说明的是，工厂制度、企业制度在前工业化时期已经具有雏形，可以看作早期工厂制度和早期企业制度。在出现工厂化现象及早期工厂制度这个历史时期，从技术水平角度说，此时的经济实体是后期手工工场（或称成熟期手工工场）。近代企业制度是出现了工业化以后的事。

② 王玉茹，刘佛丁，等. 制度变迁与中国近代工业化. 西安：陕西人民出版社，2000：194、204.

不可分割的。然而，这种科层组织充其量只是简单的管理层级制，或者说，它应该是与早期企业相配套的。在工厂制度下，内部管理方面必然存在着工头制，这在东西方都是一样的。当然，从西欧来看，工头的出现并非在产业革命以后；实际上，在产业革命以前，工头就已经存在了。比如在西欧的阿尔卑斯山地区，“随着16世纪矿业与冶金业中资本的扩张，雇工中的等级区分也开始出现。从矿场总监、调动人员到各类的工头、矿工、熟练工人、童工和女工，他们的作用各不相同”①，甚至工头管理生产劳动的弊病，在西欧也早已存在。例如，“在西班牙，恶劣的工作条件、低标准的工资及工头的压迫造成了严重的社会不满情绪。1730年，在瓜达拉哈拉的织布厂中爆发了罢工，这在波旁王朝时期的西班牙还是第一次”②。如果说工厂制度是英国工业革命的产物③，那么它的科层组织这个特征的基本因素在工厂制度问世前就已经活跃在生产领域(手工工场)。先进的机器设备催生出工厂制度，但延续下来的科层组织不能解决日益复杂的管理难题。大约在19世纪30年代，如英国的巴比奇等人开始对工厂制度所面临的管理问题进行研究。直到1911年，随着美国泰罗的《科学管理原理》发表并在社会上广泛流传，企业内部的管理问题才从科学角度得到了一定程度的解决。

近代中国的工厂制度完全是从西方移植来的，出现了设备先进与管理落后的反差，这应该从时间上做一些考虑。也就是说，需要以1911年泰罗制出现为界线，中国新式企业移植西方工厂制度，必定有在此之前开始移植的，也有在此以后开始移植的。在1911年后进行的移植，如果上述反差仍然强烈，那就与中国的社会环境有很大关系。

---

① [英] M. M. 波斯坦，等. 剑桥欧洲经济史：第5卷. 北京：经济科学出版社，2002：441.

② 同上书，第5卷，442页。

③ 杨洪兰，等. 管理学原理. 上海：上海科学技术出版社，1991：59.

对于 20 世纪 20 年代以前的，我们暂且不做讨论。我们可以看到，进入 30 年代，西方的工厂专业化日趋明显，泰罗制成为衡量个体产出、提高整体效率的管理方法，而中国的新式企业有不少依然实行工头制的管理方式。[①] 如果是在这个时期，就应该承认，中国只是从西方移植了工厂制度的外壳，无法在国内还原其组织严密的管理体系。诺思的理论大概在这里可以得到验证，他说，制度变迁具有路径依赖的性质。工厂制度无疑应归属正式制度规则，它可以在即刻间被移植。但是，归属非正式制度规则的，如资本主义市场环境、自由平等的商业精神、维护市场有效运行的政策法规的建立等，在任何时候都是一个循序渐进的过程。非正式制度规则定位在文化范畴，虽然文化资本不是直接的生产力，但它对人力资本、物质资本能否最有效地转化为现实生产力具有巨大的影响。只有当文化性规则与组织一起移植时，只有在人们通过联合来学习文化规则时，文化系统才可能被外部人有效采用。因此，与纯机器相比，文化性规则的跨国移植一般要困难得多。移植来的文化性规则需要有一个学习的过程，这相对于纯机器的引进是滞后的，可能在本土制度和引进制度之间导致各种至少是暂时的不一致。但是，如果不在引进机器的同时导入发挥机器高效率所必需的文化要素，很可能机器就是无用的。正式制度规则违背非正式制度规则，只能使正式制度规则的效率下降，甚至被非正式制度规则完全扭曲。

---

① 当年穆藕初曾就中国纺织企业的情况说过："是时纱厂之工作，均托之于工头。厂内各部，並无稽核调查及各种报告。纱质之良否、出数之多寡，悉听之于工头。所谓经理者，仅管钱财及营业而已。虽间有内容尚为整齐者，亦属至少之数。"他指出："创办大规模之工厂，管理法为最重要之一点"，还特别提到泰罗（穆藕初翻译为戴乐尔）是"提倡科学的管理法之鼻祖……著《科学的管理法》一书"，同时又谈到，1913—1914 年期间，"余在南美研究戴乐尔君之科学的管理法。……余研究此项新管理法时，各国采用此方式实施于工厂管理上者，尚不多见。……十余年来，全球各工厂几无一不采用此最新进步之管理法。各国出版之管理学一类书籍，虽汗牛充栋，一言以蔽之，即节省时间、精神、物质而已。余本此三大纲，即从事于甲厂。……余于甲厂开机前后约计半年，日间督策工作，夜间创制各种报告表格，……当创造时期，不能不勤奋从事"。参阅穆藕初．藕初五十自述．上海：上海古籍出版社，1989：136-137。

当时的中国缺乏西方的商业精神和成熟的市场体制，单纯移植了机器生产，超前的工厂制度与落后于它的市场环境不相适应，必然是向后者妥协、降低效率，在工厂制度内部的某一方面体现出组织结构的特殊形态。在近代中国的新式企业中，这个特殊形态就是到20世纪30年代仍然保留的工头制。据1933年调查资料，工头约占工人人数的6%。①

一种观点认为，中国新式企业工头制的产生源于农村地主家庭管理制度，是同一文化背景下的制度移植。在笔者看来，实际情况也许并非如此。在同一时期，西方一些企业也有工头制，业主—工头—工人的科层组织同样可以被移植过来②，何况它又是个最简单的管理系统。实际上，工头制的来源只是个次要问题，重要的还在于工头制能否存在下去，依靠这种制度的经济效率能否有效地节约组织成本。根据有关的分析资料，笔者认为工头制是凭借两个因素来维系它的生存：一是网络效应；二是信任基因。以信任编织出网络，以网络聚合成群体效应，这也叫网络效应。信任的基础是亲缘关系、地缘关系，而关系所构成的就是关系网。工头制能够在当时长期存在，必然有其一定的合理性。然而，它对企业发展的危害性，有的业主也觉察出来了。例如，银行团的李伯升在1926年接管大生系企业后，就把工头制改为总工程师制；金城、中南银行在1936年收买北洋纱厂后，也废除了工头制。

民族资本纱厂里的工头制是近代中国新式企业实行工头制管理的典型。最先以工程师制取代工头制的，是1917年开工的上海厚生纱厂。1922年开工的上海永安纱厂，一开始就实行的是总工程

① 刘大钧. 中国工业调查报告：中册，经济统计研究所，1937.

② 在20世纪10—20年代，以上海为例，华商丝厂普遍采用租赁制。据1927年调查，上海93家纱厂中只有9家没有采用租赁制，租厂经营比例高达90%以上。第一次世界大战期间，上海丝厂中租厂经营的也占到80%～90%。我们在这里要提醒注意的是，租赁制就是1896年由外商纱厂首先采用的（《中国经济通史》，第9卷，260-261页；《中国民族资本主义的兴衰》，47-48页）。鉴于中国轻纺企业可以模仿引入租赁制，那么同类企业也就可以模仿引入工头制。

师下的科长制。当然，有在经营过程中把工头制改为工程师制的，如无锡申新三厂、汉口申新四厂、天津华新纱厂、青岛华新纱厂等；也有继续保留工头制的，如武昌裕华纱厂、石家庄大兴纱厂等。①

二、浦钢企业文化

浦项钢铁公司的组织结构在韩国是个先例。浦钢的创始人朴泰俊当年曾反复考虑过这家新企业应当采用什么样的组织结构，比如是成为一个受商业法制约的私营企业，还是成为在特殊立法管辖下的国营企业？他认为，这一选择意义重大，它将决定企业的性质：经营权、决策能力、受政府干涉的程度、效益、管理人员的动力、企业的发展、纳税、贷款以及分红政策等。两者各有利弊，朴泰俊经过权衡，把两者的长处相组合，得到第三种方案，即依照商业法建成私营企业，但政府拥有大部分所有权，并以此对公司予以财政上的支持。最终展示在人们面前的浦钢，法律上是以合股公司的形式组成，而实际中主要依赖政府的财政支持，这在当时纯粹就是十分陌生的法人实体形式；当然，它的最大优势又体现在管理的灵活性上。总之，浦钢是一家以这种组织方式存在的企业。朴泰俊在领导浦钢的建设中，将发达国家先进的管理技术和经验与韩国的具体国情相结合，闯出了一条独特的现代企业管理之路。

1. 朴泰俊管理模式

（1）朴泰俊管理模式的原则性。人和资金被作为朴泰俊式管理

① 赵德馨．中国经济通史：第 9 卷．长沙：湖南人民出版社，2002：237-239.

制度当中管理核心始终围绕的两个要素。朴泰俊明确给出的定位是，人事管理必须一碗水端平，资金的使用一定要经过认真的计划，在人事和资金的管理上绝不做任何妥协。“我要全权负责人事招聘和晋升。”朴泰俊直率地争取必要的管理权限，同时强调：“我坚信要有一个公正的人事制度，使招聘和晋级都以能力为依据，而不是政治关系。”[①] 朴泰俊始终坚持以“能力”取人，他看重的就是一个人的能力，认为有能力的员工必定表现出兢兢业业、埋头苦干，而且这没有什么年纪大小或者职位高低的区分。凡是有在浦钢供职经历的人都承认，朴泰俊历来把人品作为用人的重要标准，他把握的个人素质主要有三点：忠诚、老实和耐心。

（2）朴泰俊管理模式的理论性。

第一，日常经营程序的制度化。例如，“我们要建立平等的、相互合作的关系，这对尽快提高公司的工作效率、实现日常经营程序的制度化是至关重要的”。

第二，公司机构管理的流水化。例如，进行企业内部机构的精简和合并，使公司的管理流水化，大大地减少了行政开支。

第三，管理决策的结构化、严密化。例如，管理决策的结构化反映在高层管理人员集中精力制定公司的长远规划和战略，把日常生产中的决定下放给基层管理人员。管理决策的严密化是与一个措施、一个条件相配套的。“措施”是指现代财会制度—信息化管理，“条件”是指公司领导层必须把握生产的突出特点，才能做出战略决策。

第四，系统化管理、标准化管理。例如，系统化管理表现在制定公司的管理细则，各部门领导都要为公司“老总”搜集有关生产经营的信息，并且要对细节进行分析研究。每一道工序都要经过严格的审查，以找出管理上的漏洞。标准化管理表现在，将日常的决

① 以下引用的朴泰俊话语，均出自［韩］李大焕．世界钢铁第一人：朴泰俊．北京：中国检察出版社，2005，不另注。

定与长远的战略规划性决策区别开，各种项目都必须经过认真分析；建立健全各种机制，为协调和安排各种资源的利用提供最为经济有效的方法；实现生产计划与运输能力的同步，以减少原料和产品的积压；制订定期的设备维修计划，以避免临时停产检修给生产带来损失；建立衡量员工劳动效益的标准，规定每个员工要达到的最低生产指标；对关键性的工艺流程和最低的库存标准做出了规定，以提高工作效率、降低消耗、缩短停产时间。

第五，现代财会制度—信息化管理。例如，会计报表采用月汇报方式，使财务信息更适合生产计划和管理的需要。

第六，全员责任制度—目标化管理。例如，实施全公司范围内的个人—集体—责任制度；每个单位都建立了明确的目标化管理，以此检验他们的生产效果。管理人员和操作人员都要对自己的行为和决策负责，对其主管部门的细节了如指掌，并要把情况逐级上报。

第七，整体性—全方位管理。例如，要求高级管理人员必须采取整体性的管理方法，各部门和单位之间应当建立一种密切的合作关系，生产、销售、财会等各部门间建立牢固的交流渠道，避免部门间的保护主义给公司运作造成障碍。每个部门都要全面了解其他部门的生产，以便使公司适应市场的需要。

第八，责任感—合理化管理。例如，“勤奋标志着一种对本职工作全新的态度”，要花大力气转变企业作风，促进企业内部各级之间的相互沟通。随着员工的责任感不断增强，企业的合理化制度就能得以强化。

（3）朴泰俊管理模式的互动性。朴泰俊认为企业发展与员工干劲有紧密联系，而员工的干劲在很大程度上要涉及企业给予他们的物质生活条件。道理很简单，企业所付出的与员工所付出的始终以互动形式存在着。朴泰俊非常了解韩国企业不重视职工福利的一贯做法，下决心在他管理的企业不能存在这种现象。他经常提醒管理人员，必须了解员工们的需要，解决员工的疾苦，不能让员工整天

为家庭生活忧心忡忡，否则他们不可能将全部精力放在工作上。他说："企业应该成为职工的伙伴，不能是对手。"

"我们一定要为职工建设新的公寓楼和住宅群，你现在就动手筹备。"朴泰俊曾严厉地命令上东矿区的金矿长。"我们要把职工福利作为公司头等重要的大事。"朴泰俊不止一次地对高层管理人员这样说过。朴泰俊领导下的浦钢从各方面关怀职工生活，特别是厂区还获得了"公园钢厂"的美誉。在崭新的钢厂周围坐落着职工宿舍、体育馆、娱乐中心、音乐厅、学校、宾馆等，它们都夹杂在花圃或公园之间。英国前首相撒切尔夫人参观厂区后，用"我对你们这公园般的生产环境感到很惊讶"表达了她的心情。厂区美化一直是朴泰俊建厂思想的一个组成部分，"为了提高我们生活和工作的质量，我们必须保持工作场所的清洁"。与有一个清洁的工作环境相联系，他倡导"浦钢人"重视个人卫生，"如果职工重视个人卫生，他对细节的关心就会延伸到工作的各个环节"。这是一种精神升华，"虽然看起来是微不足道的，但却对'浦钢人'的思维方式产生了重要的影响"。朴泰俊想要改变"浦钢人"的思维方式，采用的方法竟然极其简单：个人生活细节→企业工作细节。也就是说，由对个人生活细节的关注转化到对企业工作细节的关注。日本人给它起了个名称叫"朴泰俊清洁理论"。日本野村综合研究所的一份《探索浦钢的成功之道》研究报告，甚至把"清洁理论"认定为浦钢成功的一个重要原因。

朴泰俊把"我们如何同大自然和谐地相处"引申到人与人之间和谐相处，他说："'浦钢人'不需要人监督，他们会尽自己的最大努力去思考、表现、处事和工作。"他经常用"'浦钢人'应该像一家人"这句话提醒高级管理人员。"公司的利润是工人们用双手创造的，所有高级管理人员必须听取工人们的意见，你们要取消那些不必要的汇报，亲自到生产实际中去真正地了解生产。"有时，他的话也很严厉："快走出你们那干净的办公室，到矿上去体会一下劳动的滋味儿，你们会学到许多东西。"

2. 浦钢企业文化

朴泰俊管理艺术凝聚为浦钢管理模式，浦钢管理模式又可以归结为一种企业文化。根据多方面的比较分析，笔者认为，浦项钢厂的企业文化主要具有以下特点：

(1)“三最三无”、身先士卒、一丝不苟、“浦钢人”和“有志者事竟成”。浦钢的口号是“三最三无”，基本原则是“以优质低耗进行生产”。“三最”是指最佳的生产率、最高的质量和最低的成本；“三无”是指无残次品、无事故和无浪费。朴泰俊说：“口号对职工是一种鞭策。”接着，他又提出问题：“任何企业都会用某种口号来振奋职工的干劲，但效果却不长久。我们一共有 2.5 万名职工，我们怎样才能激发他们始终如一地为‘三最三无’而工作呢?”他是这样解释的：

第一，领导者以身先士卒为准则，以五个“必须”为前提条件。“必须比任何人都更加努力地工作”；“必须有广博的知识”；“必须同职工们建立起相互信任”；“必须关心职工的疾苦”；“必须在全体职工中树立一种大家愿意为之奋斗的信仰”。努力工作、广博知识会“使职工信服你的言论和行动，了解你的追求”；相互信任，“这是力量的源泉”；关心职工在于“职工就是你的财富”，这实际上时刻在提醒“你不仅要看眼前，而且要看到未来”；树立信仰的关键点很明确，即“大家愿意为之奋斗”。“只要你有了这一切，你就一定能够实现你的目标。”

第二，“浦钢人”需要有良好的工作习惯。它具体表现为：工作努力，头脑清楚，行为端正，反应灵敏，处事耐心，团结协作。其中的关键又在劳动态度上，它的本质就是“一丝不苟”，是“浦钢一丝不苟的态度”，“‘一丝不苟’成了浦钢生产建设的标准”。“为了使大家明白浦钢一丝不苟的态度，我曾当着那些承包商和监工的面，让人把不合格的混凝土地基统统炸掉；为了杜绝马马虎虎

的坏习惯，我让人将第一车间的每一个螺丝都检查一遍。”“起初，事情并不那么容易，甘居中游就是一种很难改变的陋习。”但是，“我们有一支过硬的管理队伍”，“我们的职工也是名副其实的英雄”，过硬的管理队伍是“横下心来要为我们的理想而奋斗到底”，名副其实的英雄们“最终都克服了自己身上的陋习，成为真正的‘浦钢人’”。

或许可以这样说，浦钢企业文化的个性是朴泰俊“25 年来以厂为家”的精神与企业职工良好工作习惯的最佳组合，由此共同塑造出了“浦钢人”的光辉形象。

为了维护“浦钢人”这个集体荣誉，职工们根除了身上的陋习，化消极为积极，变低产为高产，破敷衍了事，立一丝不苟。如果来到浦钢，见到的“浦钢人”都会直率地告诉你，这是由朴泰俊对他们“有一种强大的感召力”而带来的。“以厂为家”的朴泰俊能够身体力行，他言行一致，与职工同甘共苦，始终如一地用自己的行动为企业员工树立行为的典范。他真诚老实地对待员工，发自内心地尊重员工，把他们视为公司的重要财富，因而赢得了员工们的信任和尊敬。“浦钢人”被朴泰俊开创的管理风格所折服，同时发自内心地表达出：“我们把他当作学习的榜样。”这样一来，朴泰俊自然也就成了带领员工们为理想而奋斗的开路先锋。

“树立一种大家愿意为之奋斗的信仰”，“为我们的理想而奋斗”，这怎样来理解呢？朴泰俊的话再一次明确了它：“要使我们国家经济发达，还有很长的路要走，征途上仍然布满荆棘”，因此，“现在我们比以往任何时候都深刻地懂得”，必须用“‘有志者事竟成’的信念统一我们的民族精神”。理想也好，信仰、信念也罢，原来就是我们熟知的、普普通通的那句古语——“有志者事竟成”。

（2）团结协作—集体主义精神。浦钢企业文化的内涵还体现在“团结协作—集体主义精神”。仔细品味，好像它又带有日本式管理

的特征。朴泰俊管理模式真的吸收了一些日本式管理的东西吗？这一点至少目前我们还不大清楚。团结协作倒是朴泰俊常挂在嘴边上的一句话。例如，他强调全公司齐心奉献的重要性，激励每一个员工都成为集体的一分子："我们需要的是团结和睦和相互合作。一个团体很容易被各种不相干的因素所困扰，而难以成为为实现共同的基本目标而奋斗的充满凝聚力的集体。我们要建立平等的、相互合作的关系，这对尽快提高公司的工作效率、实现日常经营程序的制度化是至关重要的。""要实现相互合作，我们必须放弃唯我独尊的固执，拿出合作的姿态，心平气和地说服他人，并且要真诚地听取他人的意见。"他教导身边的管理人员："当人们在为自己确定雄心勃勃的目标，并为之而努力奋斗的时候，心中会产生一种自我满足。每个人首先要对自己的工作有一种自豪感，其次是要与同事建立团结协作关系。全体职工必须发扬团结一致的集体主义精神，同心同德地为企业做出贡献。"

我们还可以通过另一个现象来相互参考，它就是"一丝不苟"链环的文化效应。根据我们对问题的分析，它应该与团结协作—集体主义精神有直接联系。换句话说，从朴泰俊对浦钢企业文化的多角度理解当中，我们感悟出它大概是由一条"一丝不苟"链环在维系着。该链环可以描述为：

诚实→ 一丝不苟 → 质量 → 企业名誉

对链环上各因子之间的关系需要做出这样的解释：①"一丝不苟"是连接"诚实"和"质量"的纽带，"诚实"历来是朴泰俊判断个人素质的首要标准；②每个人的工作成果必然汇聚成企业整体的成果，"质量"最终要进入"集体产品"范畴；③"绝不能让任何错误玷污公司的名誉"，企业本质上是人的集合，"企业名誉"最终要进入"集体信誉"范畴，朴泰俊告诫 38 名班子成员的话能够说明这一点，"一定要保证企业和企业每一名职工的名誉不被玷污"；④这是一个从个人走入集体的过程，它也就是"一丝不苟"

链环文化效应的要点所在。如果按朴泰俊的意思总结，一个人对工作百分之百地投入，这无疑是讲求质量、忠诚老实、一丝不苟达到完美组合的结果。

（3）重视技术研究与保持、发展实力。朴泰俊在创建浦钢时已经意识到，如果这家企业能够独领风骚于世界钢铁界，那么就必须始终积极发展企业内部的技术力量。浦钢的技术研究所在1977年建立起来，随着研究领域不断拓宽，1987年更名为“产业科学技术研究所”，此时它的研究工作已经包括：①研究所70%的工作是进行科学研究、技术分析和向浦钢提供技术支持。②在自然科学方面，研究所涉及平行计算技术、人工智能、可控硅电路、机器人、人造关节、高温超导、新金属开发、陶瓷、碳纤维和高聚化物。③在社会科学方面，研究所主要是涉及管理效益和生产率优化经济的研究。朴泰俊说：“浦钢要想继续保持世界一流钢铁企业的美誉，就必须依靠科学技术，在变化莫测的国际环境中不断地保持和发展自己的实力。”为了实现这个目标，他一再强调：“企业必须招聘杰出的人才，通过科研在企业和学术界之间建立起有机的联系。”

吸引人才，吸引一流的科学家和学者，最终将科技研究和开发的成果直接应用到工业生产中，这又促使朴泰俊着手成立了一所专门从事技术研究和开发的工学院，也就是现在的浦项科技大学。人们公认它是韩国的麻省理工学院，并做出评价：这一切产生于朴泰俊对科学和工程教育重要性的深刻理解，归功于他为企业和学院紧密联系起来所付出的努力。

现在，我们回过头来看朴泰俊管理模式，有一点我们已经弄清楚了，朴泰俊管理艺术包含的诸因子更多地体现了美国思维方式。为什么这么说呢？朴泰俊在1960年曾被派往美国印第安纳州陆军金融和人事管理附属学校，作为第一批接受现代管理技术和业务培训的韩国军官，他在这里学到的技术包括工程的评估审核和军事物资分配的线性管理方法。4个月学习期结束，朴泰俊回国担任陆军

司令部高级管理委员会的成员，而他也正是借用当时“五角大楼”风行的业务管理技术，为韩国军队建立了全新的管理制度。这条线路相当清晰，朴泰俊在企业建立新型管理制度时吸取了此前在军队建立新型管理制度的经验，后者来源于美国式管理的精髓，而美国式管理又是美国人思维的产物。

如果我们看一看美国社会给朴泰俊留下的印象，对此就更容易理解了。他对美国之所以能够成为世界上最富强的国家所做出的结论是：美国的强大国力由多种因素构成，除了自然资源丰富以外，还包括政治体制和经济体制的优越、政府的为民服务以及国民的勤劳和他们对自身负责的基本信念。把朴泰俊这个结论再上升到具有普遍意义的某种模式，那就是：一个国家想实现现代化，既需要有能力的政府，这相应地涉及建立有效的政治体制和经济体制；又需要在国民中树立起符合时代要求的勤劳负责的态度。

（4）“浦钢人”要热爱祖国。朴泰俊的言行体现出他对祖国的爱，对自己民族的爱：“外国人能做到的，我们韩国人也行!”“韩国没有成功的过去作为依托，一切都要从头学起，但我们韩国人有信心。”“浦钢的奇迹是靠人创造出来的，是韩国人民的光荣传统、吃苦耐劳的工作作风、顽强的拼搏精神和崇高的民族自豪感的伟大结晶。”这些话普普通通，但其中包含有一种催人向上的力量。“浦钢人”创造的奇迹充分展现了韩国民众性格中的优秀元素：吃苦耐劳，顽强拼搏，每一个热爱祖国的韩国人发自内心的崇高的民族自豪感。

再看朴泰俊对与“热爱祖国”紧密相连的“使命感”的理解：“浦钢的使命是一目了然的。我们要建设一座综合钢厂来帮助国家实现工业化，改善我们那历经沧桑的祖国的生活条件。这是一项对国家有着极为重要的战略意义的工程项目，它将对韩国未来的经济产生巨大的影响。金钱固然很重要，而且可以调动工人们一时的劳动积极性，但不是长久之计。如果工人只是为了工资而工作，那么厂方和工人之间就会不断为工人的工资而讨价还价。调动工人劳动

积极性的最佳方法，是要使他们在内心深处对自己的工作产生一种引以为自豪的使命感，使他们能够自觉地、百分之百地投入到工作之中。”“韩国工人一旦意识到自己肩负的使命的重要性，就会焕发出极大的劳动热情。比如，在用石油换美金的年代里，那些在中东地区工作的韩国建筑工人表现出了强烈的民族自豪感和严明的纪律性，他们像训练有素的士兵一样为他们的公司工作，为韩国换回了大量急需的美金。我们要向工人们强调浦钢的使命的重要性，激发他们努力做好工作。我们要唤起他们发自内心的作为韩国人的民族自豪感。韩国人比其他亚洲人更喜欢争强好胜。他们一旦被调动起来，就会以令人难以置信的拼搏精神投入到工作中。我们正是充分利用了这一优势。”

当年“浦钢人”的“使命”目标非常清楚，借用一个等式关系来表示：

建设综合钢厂＝帮助国家实现工业化

把浦钢与韩国实现工业化联系在一起，最终是为了祖国，“改善我们那历经沧桑的祖国的生活条件”。热爱祖国，才会有建设祖国的使命感。“它将对韩国未来的经济产生巨大的影响”，想到的是韩国的未来，也就是祖国的未来。

在朴泰俊看来，使命感既需要内化在自己身上，又应该外推到员工群体中。谈到“内化在自己身上”，朴泰俊经常对“浦钢人”讲：“我们国家的建设在很大程度上要依赖钢铁，钢铁是我们经济发展的支柱，任何工业都离不开它。”谈到“外推到员工群体中”，朴泰俊时常提醒职工们，“浦钢人”的企业属于韩国人民：“我们不仅仅是在为薪水而工作，我们是国家的公仆；我们充满自豪地工作，因为我们是国家的主人。”“韩国工人对自己的工作应该有自豪感，认识到自己是企业的主人。”“浦钢的工程技术人员和熟练工人是生产建设的核心，你们应当充满自信地为自己的企业、为自己而工作。”

3. 给我们的启示

笔者在这里把朴泰俊管理模式定位在“韩国管理哲学的一个典型内容”，也希望它是依据韩国哲学观念发展出来的管理哲学，而不是单纯的美国哲学观念式的管理哲学，这样我们才有理由说：“朴泰俊在领导浦钢建设中，将发达国家先进的管理技术和经验与韩国的具体国情相结合，闯出了一条独特的现代企业管理之路。”

朴泰俊身上带有钢铁般坚强的毅力、大海般多变的能力，也许钢的“坚”和海的“变”就是韩国人的民族性格。中国人推崇“硬汉子”，中国人也重视培养一个人的“应变”能力；前者归属人的气质，所谓“人活着就要有骨气”，后者归属生存方式（比如八卦的秘诀就是“变”，犹如流水），因为社会在不断变迁。历史经验告诉我们，一个国家的发展与该国的民族性格有密切关系。

这是来自世界的评论：浦钢的成功是“浦钢奇迹”，“朴董事长简直是一个神奇般的人物”。这是朴泰俊自己的感悟：“奇迹不是从天上白白掉下来的，它是工人和管理人员以牺牲和奉献换来的，是我们抓住机会、奋力拼搏的结果。”这是笔者对朴泰俊的评论：军人的刚毅＋商人的精细＋学者的严谨；对祖国“‘爱’情结＋使命感”、对事物“正直＋理性”。

第15章 哲学思考和制度分析

“寻找我们的信仰之根”，罗宾逊在说出这话的同时，又指出：“在形成意识形态的全部观念和看法中，那些涉及经济生活的观念和看法所起的作用很大，而一直以来，经济学本身就部分是各个时期主流意识形态的载体，部分是科学研究的方法。”她说：“意识形态在社会生活的行为范畴内确实不可或缺。在一个社会中，除非社会成员对为人处世有共同的看法，否则这个社会就不可能存在，而这些共同看法就是以意识形态表现出来。”①

一、经济问题的哲学思考

按韦伯的意思，“获利的欲望以及对营利、金钱

① ［英］琼·罗宾逊．经济哲学．北京：商务印书馆，2015：2、4-5.

（并且是最大可能数额的金钱）的追求，这本身与资本主义并不相干。这样的欲望存在于并且一直存在于所有的人身上……尘世中一切国家、一切时代的所有的人，不管其实现这种欲望的客观可能性如何，全都具有这种欲望。在学习文化史的入门课中就应当告诉人们，对资本主义的这种素朴看法必须扔得一干二净。对财富的贪欲，根本就不等同于资本主义，更不是资本主义的精神。倒不如说，资本主义更多的是对这种非理性欲望的一种抑制或至少是一种理性的缓解。不过，资本主义确实等同于靠持续的、理性的、资本主义方式的企业活动来追求利润并且是不断再生的利润。因为资本主义必须如此：在一个完全资本主义式的社会秩序中，任何一个个别的资本主义企业若不利用各种机会去获取利润，那就注定要完蛋”[①]。

实际上，韦伯的话只有前半部分说得准确无误，而后半部分则说得含糊、令人费解，以至于产生疑问。难道资本主义仅仅等同于以资本主义方式经营的企业获取利润，或理性（rationality）的资本主义获利方式，或“资本主义性质的获利?”[②] 如果是这样，那么资本主义精神也就无须讨论。

把宗教观念和资本主义精神放在一起来讨论，韦伯似乎想要揭示某个问题。

观念、精神也可以归结为哲学。[③] 有人在评论马歇尔的学术成就时提到，马歇尔发现，“对于深层次的哲学思辨问题，人类永远不可能知道更多”[④]。经济思想更多地体现出对经济问题的哲学思考，包含价值判断因素，趋向于理论性；但经济政策毕竟是政策，

① ［德］马克斯·韦伯．新教伦理与资本主义精神．西安：陕西师范大学出版社，2006：4.

② 同上书，5 页、18 页。

③ 同上书，14 页。

④ ［美］威廉·布雷特，罗杰·L. 兰塞姆．经济学家的学术思想．北京：中国人民大学出版社，2004：21.

用来指导实践活动，趋向于应用性。“严谨的经济思想对于制定和理解经济政策非常重要。……还有一点也是至关重要的，即有责任感的公民不仅要理解那些经济分析所得出的不十分完善的结论，而且还要理解得出这些结论所需的一些推理和阐述。因为经济学不是死板的学问，所以这种理解是理性的政策探讨的一个必要基础。”①

二、社会问题的制度分析

熊彼特在一篇文章中谈道，经济学家对制度的研究“不可避免地要与社会学家的研究领域重叠”。有人指出，“对熊彼特来说，一名经济学家同时对社会学感兴趣，是一件很自然的事”；此外，“一般认为，早期经济学家如 A. 斯密、K. 马克思、J. S. 穆勒能将经济学和社会学很好地结合在一起。他们能轻松自如地就经济理论和社会制度问题进行写作，并能提出深刻见解”。这也表明，“经济学理论本身不能解释当代生活中的某些重要问题，所以它需要社会学和其他社会科学的帮助”。像经济社会学就是“从社会学角度分析经济现象”，当然，它不像经济—社会学“基本上是用新古典工具来分析社会学现象”。更何况，“主流经济学因完全摒弃了制度主义而使自己贫乏无味”，这主要是针对“萨缪尔森大力推广的经济学”来说的。另外，“由于没有更多地注意到马克斯·韦伯，所以经济学家除了量化和数学化社会科学外，再没有其他聪明的办法了”，而正是“用最清楚和最有说服力的方式系统阐述了社会学的精髓”的韦伯，他认为在诠释性、有历史感、使用比较素材等方面，“社会学都迥异于当代主流经

① ［美］威廉·布雷特，罗杰·L. 兰塞姆. 经济学家的学术思想. 北京：中国人民大学出版社，2004：前言.

济学”。[①]

1. 短期总供求

凯恩斯坚信的“短期规则”，实际上是仅仅针对当期，必须与上期和下期都割裂开。这种割裂可以想象，但不能成为现实。

图 15－1 可以帮助我们思考相关问题。

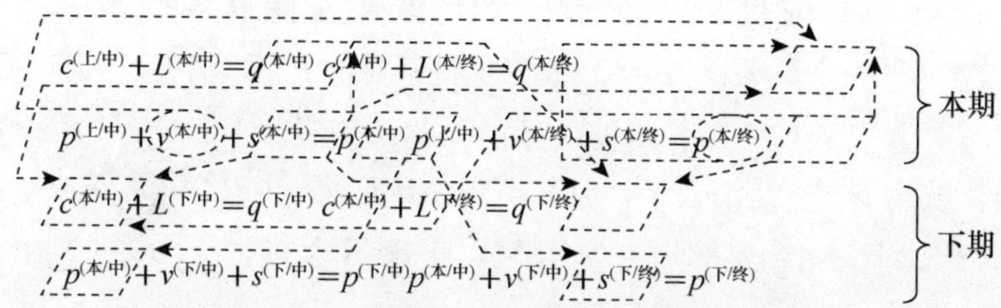

图 15－1　本期生产、消费与下期生产的联系

说明：$q^{(本/中)}$为本期中间产品，$q^{(本/终)}$为本期最终产品。$c^{(本/中)}$为本期中间产品转化的下期投入品。$s^{(本/中)}$为本期中间产品的利润，$s^{(本/终)}$为本期最终产品的利润。$p^{(本/中)}$在本期为本期中间产品的售价，在下期为本期中间产品售价转化的下期投入品的价格。$v^{(本/中)}$为本期生产中间产品的工资，$v^{(本/终)}$为本期生产最终产品的工资。本期有上、下两行，上行为按实物计量，左边等式表示中间产品构成，右边等式表示最终产品构成；下行为按价格计量，左边等式对应上行的左边等式，右边等式对应上行的右边等式。下期的上、下两行的相关规定，与对本期内容的规定相同。

根据图 15－1，我们可给出总供给的两个等式和总需求的两个等式：①按价格计量，总供给$=p^{(本/中)}+p^{(本/终)}$。②按实物计量，总供给$=q^{(本/中)}+q^{(本/终)}$。③按价格计量，总需求$=s^{(本/中)}+s^{(本/终)}+v^{(本/中)}+v^{(本/终)}$。④按实物计量，总需求$=q^{(本/中)}+q^{(本/终)}=q^{(本/中)}+q^{(本/终)}\pm q^{(本/S终)}$。其中，$\pm q^{(本/S终)}$表示企业主生活消费最终产品的增减。如果是增加，即显示为$+q^{(本/S终)}$，则相应的$q^{(本/中)}$要

① ［瑞典］理查德·斯威德伯格．经济学与社会学．北京：商务印书馆，1991：13、9、447、441、424、427.

减少。如果是减少，即显示为$-q^{(本/S终)}$，则相应的$q^{(本/中)}$要增加。

从经济短期均衡假设的角度考虑，按价格计量的供求总量达到均衡，可给出均衡等式1：$s^{(本/中)}+s^{(本/终)}+v^{(本/中)}+v^{(本/终)}=p^{(本/中)}+p^{(本/终)}$；按实物计量的供求总量达到均衡，可给出均衡等式2：$q^{(本/中)}+q^{(本/终)}\pm q^{(本/S\cdot 终)}=q^{(本/中)}+q^{(本/终)}$。

均衡等式1相当于说，总工资＋总利润＝总价格，数学表达为$\sum v+\sum s=\sum p$。但是，按照通常的价格公式$c+v+s=p$，加入上期投入品的价格（$c=p^{(上/中)}$），这样才能有等式成立，即$\sum p^{(上/中)}+\sum v+\sum s=\sum p$。现在，要把$p^{(上/中)}$消去，只有一种可能。由于$p^{(本/中)}$为下期投入品的价格，假设$p^{(上/中)}=p^{(本/中)}$。这样，虽然$p^{(上/中)}$是消去了，但又出现$p\neq p^{(本/中)}+p^{(本/终)}$，变成$p=p^{(本/终)}$。且不说$p^{(上/中)}=p^{(本/中)}$本身就不合理，$\sum v+\sum s=\sum p^{(本/终)}$也不合理，因为这样就不存在利润转化为扩大投资。这给我们一个提示，即从按价格计量的角度看，供求总量均衡难以成立。

均衡等式2相当于说，总产量＝总产量，数学表达为$\sum q=\sum q$。这原本没有什么问题。不过，q的构成因子存在微妙的变化，这就是$\pm q^{(本/S终)}$的出现。这给我们两点提示：一是从实物计量的角度看，供求总量均衡可以成立。二是生活消费品在企业主消费品和劳动者消费品之间的变化，并不影响供求总量均衡。说穿了，企业主消费和劳动者消费没有什么区别，实际上两者都属于“扩大内需”。

由此可见，经济短期的供求总量均衡并非必然成立。问题在于总需求范畴的价格总量不等于总供给范畴的价格总量。也就是说，相等的总产量对应着不相等的总价格。价格弹性成为数学处理上的无奈。

用数学语言表达，就是$\sum q_2=\sum q_2$对应$\sum p_1\neq\sum p_3$。而

$\sum p_1 \neq \sum p_3$ 又意味着，按价格计量，需求总量不等于供给总量。

投入产出分析是以均衡理论为基础，我们不妨把图 15－1 中假设的各项放入下面的投入产出表（见表 15－1）：

表 15－1　　投入产出表

<table>
<tr><td colspan="2" rowspan="2">横行：部门产品流向
纵列：部门要素投入</td><td colspan="4">中间使用</td><td colspan="2" rowspan="2">最终使用</td><td colspan="2" rowspan="2">总产量
（总需求）</td></tr>
<tr><td colspan="2">中间产品生产部门</td><td colspan="2">最终产品生产部门</td></tr>
<tr><td rowspan="2">中间投入</td><td>中间产品生产部门</td><td>$c^{(上/中)}$</td><td>$p^{(上/中)}$</td><td>$c^{(上/中)}$</td><td>$p^{(上/中)}$</td><td>○</td><td>○</td><td>$c^{(上/中)}$</td><td>$p^{(上/中)}$</td></tr>
<tr><td>最终产品生产部门</td><td>○</td><td>○</td><td>○</td><td>○</td><td>$q^{(本/终)}$</td><td>$p^{(本/终)}$</td><td>$q^{(本/终)}$</td><td>$p^{(本/终)}$</td></tr>
<tr><td rowspan="2">最初投入</td><td>工资</td><td>$L^{(本/中)}$</td><td>$v^{(本/中)}$</td><td>$L^{(本/终)}$</td><td>$v^{(本/终)}$</td><td></td><td></td><td></td><td></td></tr>
<tr><td>利润</td><td>○</td><td>$s^{(本/中)}$</td><td>○</td><td>$s^{(本/终)}$</td><td></td><td></td><td></td><td></td></tr>
<tr><td colspan="2">总投入（总供给）</td><td>$q^{(本/中)}$</td><td>$p^{(本/中)}$</td><td>$q^{(本/终)}$</td><td>$p^{(本/终)}$</td><td></td><td></td><td></td><td></td></tr>
</table>

说明：每个栏目中用虚线分出两部分，虚线左边为按实物计量，虚线右边为按价格计量。

根据表 15－1 可以印证前面我们通过图 15－1 指出的两个“不合理”，即 $p^{(上/中)} = p^{(本/中)}$ 不合理，$\sum v + \sum s = \sum p^{(本/终)}$ 不合理。

对于前一个不合理等式，上期、本期表示时间有移动，庞巴维克的时差利息论让我们联想到，时间不同会制造出时差价格。这样就有 $p^{(上/中)} \neq p^{(本/中)}$。

对于后一个不合理等式，若从表 15－1 中第 1 行的按价格计量对等第 1 列的按价格计量来看，$v^{(本/中)} + s^{(本/中)} = p^{(本/中)最终产品生产部门}$，意味着中间产品生产部门的工资和利润对等最终产品生产部门的投资品价格。显然，这难以用现实来证明，毕竟最终产品生产部门的中间投入与中间产品生产部门的最初投入之间根本就不存在必然联系。撇开这一点，从表 15－1 中第 3 列、第 2 列的按价格计量来看，$p^{(本/终)} = v^{(本/中)} + s^{(本/中)} + v^{(本/终)} + s^{(本/终)}$，意味着利润 $s^{(本/中)} + s^{(本/终)}$

都消费于最终产品，显然这违背凯恩斯假说。何况我们看到，总收入价格＝总需求价格＝总供给价格，总收入价格＝投入品价格＋工资＋利润，因此总收入的一部分是抵消投入品价格，一部分是由工资去消费相应的最终产品，还有一部分是由利润去消费相应的最终产品，这就是说，都完成于当期。

如果减少由利润去消费相应的最终产品，就会增加由利润去投资相应的中间产品。但是，上期的中间产品在哪里？本期新增加的中间产品又使用于何处？若用来生产由利润去消费的最终产品，这明显出现了矛盾。若用来生产由工资去消费的最终产品，这相应又要增加总工资。如果不提高个人工资，就要增加就业；如果不增加就业，就要提高工资。①

2. 长期总供求

我们发现，经济长期的总供给和总需求这两个总量概念实际上很难定义。可以说，这不仅仅是马歇尔说的时间变化问题。只要说不清总需求指什么，总供给指什么，那么供求总量均衡就是无稽之谈。

如果进一步联系庇古曾讨论的生产的外部效应、市场失灵等问题②，以及凯恩斯讨论的均衡中的失业等问题③，还能有新的发现。

对货币和工资的思考，可以从汇率、税收、物价等方面入手。

影响供求总量均衡的因素很多。例如，与国际贸易相联系的外汇市场汇率，虽然理论上有购买力平价作为支撑，但汇率波动（降低利率或提高利率）会导致货币贬值或升值。货币贬值可增加出

① 实质上，这个问题又与笔者提到的“工作日的劳动时间可任意规定”问题有一定的联系。

② ［美］威廉·布雷特，罗杰·L. 兰塞姆. 经济学家的学术思想. 北京：中国人民大学出版社，2004：51.

③ 同上书，71页。

口、减少进口，最终增加总需求；相反，货币升值可增加进口、减少出口，最终减少总需求。[①]

在相同的供给数量下，税收将增加价格。“销售税使得供给曲线向上移动，移动的幅度就等于税收的大小。”[②] 一般的价格公式为 $p=c+v+s$，实际的价格公式应为 $p=c+v+s+g$，其中 g 表示纳税。[③] 不论买卖双方“谁是税收的承担者”，即便税收的“承担可以有不同的情况”，但有一点始终不变，这就是税收会影响价格，出现供给曲线、需求曲线的平移，进而影响到总供给、总需求的增减。与总需求曲线向右移动有关的乘数会受到税收的影响。“乘数是连锁反应的结果”，其中包括税收对乘数系数的约束。[④] 这给出了一个因果链条：税收→乘数→总需求。

有市场就有价格。成交说明均衡价格首先是双方认可的价格，无论这价格事实上是向供给价格倾斜还是向需求价格倾斜。斯蒂格勒认为，价格无非就是“交换的比率”，“当没有一个人能够通过改变他的购买量或销售量来获得收益时，价格就达到了均衡”[⑤]。勒纳描述的市场社会主义中“每个角落和缝隙都遵守价格与边际成本相等的规则”[⑥]，这是价格内生的思路。当然，不管价格是内生还是外生，只要是价格，就会对总需求、总供给产生影响。不难看出，汇率和税收最终都指向价格。

---

① ［美］保罗·克鲁格曼，罗宾·韦尔斯．宏观经济学．北京：中国人民大学出版社，2009：602.

② 同上书，125 页。

③ 补贴是另一个问题。税收的功能和补贴的功能都是使边际社会成本和收益与边际私人成本和收益相等。但要看到，在实施于某一种产品时，两者只能取一。有税收则无补贴，有补贴则无税收。令 a 表示补贴，显然价格公式中不过是出现 g 还是出现 a 的问题。

④ ［美］保罗·克鲁格曼，罗宾·韦尔斯．宏观经济学．北京：中国人民大学出版社，2009：373.

⑤ ［美］乔治·斯蒂格勒．价格理论．北京，北京经济学院出版社，1990：19-24.

⑥ ［美］威廉·布雷特，罗杰·L．兰塞姆．经济学家的学术思想．北京：中国人民大学出版社，2004：175.

说货币是万恶之源，也许稍有偏激，也许并非过分。典型的当推面值货币，它引出一系列复杂问题，如银行存款的准备金率、个人持有的现金比率等。

对民众来说，货币供给的决定并不重要，重要的是货币供给的结果。货币供给是指一个经济体中被认为是货币的金融资产的总价值。基础货币是指流通中通货（或为个人持有的现金）加上银行存款准备金。货币乘数是指货币供给对基础货币的比率。① 在这里，起重要作用的是与价格、利率直接相关的流通中通货。虽说“高通货膨胀总是与货币供给快速增加联系在一起”，但这里的货币供给实际上是指流通中通货。因为流通中通货增加后会迅速提高价格，而价格快速调整又导致货币供给的变化迅速转化成通货膨胀率的变化。②“通货膨胀等于对持有货币的人们征税”，这被看作“通货膨胀税”③。可见，汇率、税收、物价等问题最终都可以集中到货币上。

下面再来看货币供给的决定。货币当局始终控制着钞票的印制，中央银行在扮演货币当局。很明显，流通中通货增加的主导者就是中央银行，由中央银行来决定基础货币的数量。④ 那么，通货膨胀在很大程度上是中央银行自导自演出来的。这里面必定存在中央银行不便公开的秘密。举例来说，20 世纪 90 年代中期美国的一份调查报告显示，3/4 的被调查者认为“通货膨胀损害了他们的购买力，使他们变穷了”⑤。可很少有人问，钱“蒸发”到哪里去了？

“通货膨胀税”的概念给了我们答案。原来，“蒸发”的钱通过

---

① ［美］保罗·克鲁格曼，罗宾·韦尔斯．宏观经济学．北京：中国人民大学出版社，2009：399-412.

② 同上书，489-491 页.

③ 同上书，492-493 页。

④ 同上书，413-414 页。

⑤ 同上书，489 页。

一种变相税收的形式转到政府方面。“政府印发货币和公众之间展开竞赛：为了弥补公众持有货币量的减少，印钞机必须转动得越来越快。到达某一时刻通货膨胀将演变为超级通货膨胀，人们不再愿意持有任何货币。到最后，政府不得不放弃通货膨胀税，关停印钞机。”①

联系凯恩斯谈到的加印货币②、弗里德曼论述的货币数量问题③、萨缪尔森理解的货币重要性④，我们对货币的认识还可以继续深入。

至于工资，无非是价格的一种形式。克鲁格曼的分析应当说也涉及从工资的不确定性，到劳动供给的不确定性，再到总需求的不确定性。⑤ 他说，“当一个竞争性的劳动市场处于均衡状态时，市场工资等于劳动的边际产品均衡价值”；“工资的巨大差异引出了对收入分配的边际生产率理论的正确性的质疑”；“劳动供给是对时间分配做出决定的结果，这里的每个工人都面临着平衡闲暇和工作的问题”，人们可以“自由选择每周的工作时间”，但法律也可以限制每周工作时间的最多时数。⑥

总之，人们既说“市场会走向均衡”⑦，又说“市场通常会实现有效状态”⑧，还说“市场经济是一种没有协调者的协调机制”⑨。

① ［美］保罗·克鲁格曼，罗宾·韦尔斯．宏观经济学．北京：中国人民大学出版社，2009：494.

② ［英］约翰·凯恩斯．就业、利息和货币通论．西安：陕西人民出版社，2004：336.

③ ［美］威廉·布雷特，罗杰·L．兰塞姆．经济学家的学术思想．北京：中国人民大学出版社，2004：256.

④ 同上书，132 页。

⑤ 劳动（就业）→工资→收入会影响总需求。另外，总供给的生产时间为既定，它又决定了工作时间、就业岗位。从这个意义上说，总供给决定总需求。

⑥ ［美］保罗·克鲁格曼，罗宾·韦尔斯．微观经济学．北京：中国人民大学出版社，2009：382-383.

⑦ 同上书，19 页。

⑧ 同上书，21 页。

⑨ 同上书，17 页。

走向均衡不等于达到均衡，后者是静止在一个定点，表现为静态；而前者是一种趋势，表现为动态。微观上的均衡时刻都在出现，成交无疑是供求均衡。宏观上永远也不会有均衡，总供给等于总需求不过是理论上的一种假设。

三、科举制度与专制制度

1. 科举选官

首先我们要明确，科举制度不等于教育制度，前者针对选拔官员（选官），后者针对传授知识（育人）。[①]

官员是通过考试选拔出来的，而考试必须以文化知识来应试，而取得文化知识又需要通过教育这条途径。“学而优则仕”无非说学习成绩优秀就有可能做官，于是教育也就成了应试教育。正像刘易斯说的，“不管可能出于什么原因，各个社会赋予学者的地位，以及学者受尊敬和爱戴的程度大不相同”，比如“学者在中国……所处的有利地位”，但即便这样，“对科学感兴趣的学者几乎没有”[②]。

既然考试，就要有一个考问的范围，有一个评判的标准。因此，儒学成为考问的范围，经史成为评判的标准。

---

① 这里有一个“知识”如何理解的问题。借鉴刘易斯的有关论述，知识包括“有关事物和生物的技术知识”和“有关人和人际关系的社会知识”（《经济增长理论》，197页）。

② ［英］阿瑟·刘易斯．经济增长理论．北京：商务印书馆，2002：201．根据刘万云在《明朝中期中国科技停滞的原因探微》一文中的论述，按《明史》中的记载，府、州、县的学生所学仍按“六艺”之旧，“生员专治一经，以礼、乐、射、御、书、数，设科分教，务求实才”。其中，“数”就是数学。但是，科举考试只针对八股文，不涉及数学。

我曾提出“经济思想从唐代与西欧拉开距离”[1]，这主要是比较了中国唐代的“官督”型行会与西欧中世纪的自治型行会后得出的结论。因为中西方行会本质上的不同，致使在中国和西欧出现了两种不同的手工业行会，中国手工业和西欧手工业因此也有了不同的发展道路。如果说经济思想总要随着社会经济发展的新动向而进入一个新的发展阶段，那么两种不同的手工业行会对经济发展有或者没有促进作用，反映在经济思想上必然会造成很大的差距。这实际上只是问题的一方面。而另一方面则是唐代基本上完善了科举制度，也就基本上完善了“学而优则仕”。

秦汉以后，中国知识阶层发生了一个最基本的变化，士大夫“和田产开始结下了不解之缘”，被称为“恒产化”。汉代的士大夫，至少从汉武帝以后，很少是没有“恒产”的。[2] 从“士无恒产”到士大夫“恒产化”，反映的是官僚的“地主化”，一旦进入政治结构当中，同样的一个人就能由无产变成有产。士大夫随着官僚制度的成长不断增加实力，他们既拥有借政府之名的社会统治权，又拥有跟地主一样的私有产权。从先秦的“士志于道”，到唐以后的因仕有恒产而士志于仕，官本位吸引了士走仕途；反过来，士走仕途加固了官本位。长期延续，官本位阻碍了中国社会的发展。

对于历代科举制度的优劣，学者大多认为，就唐朝考诗赋文学、宋朝考议论时政、明清时期考八股而言，唐宋是以“求才为本”，考题没有标准答案，以文章来创造性地阐发主题；而明清的“八股文”之所以名声不好，就是严格要求学生按照朱熹注释的“四书五经”写作答题，导致选拔人才走到了死胡同。1870 年英国文官制度的建立，直接借鉴我国的科举考试。第二次世界大战后，德国、法国、日本以及第三世界一些国家也都确立了现代文官制

① 陈勇勤. 中西方经济思想的演化及比较研究. 北京，中国人民大学出版社，2006：222-223.

② 余英时. 士与中国文化. 上海：上海人民出版社，1987：42.

度。可见，这种制度有它的优势所在。

但要注意，科举制度、公务员制度、高考制度是三个不同的问题，见图 15－2。

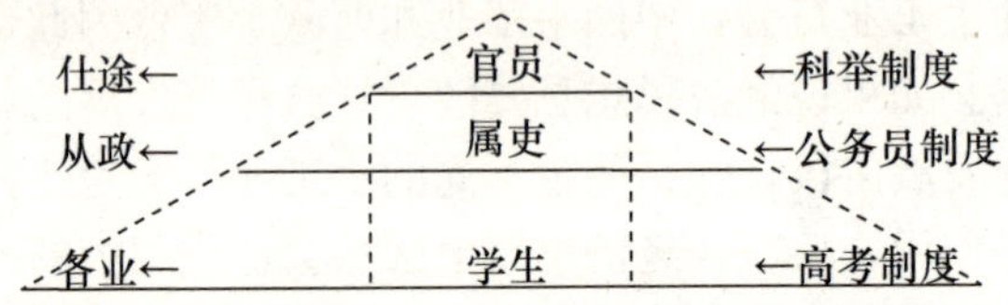

图 15－2　金字塔形的选录制度

科举制度主要用来选用官员，可以看作选官制度，充其量相当于公务员制度，实际上只能算公务员制度的特例。因为公务员制度主要用来选用属于办事人员的属吏，可以看作选吏制度。就科举时代来说，官员与属吏有明确区分，官是官，吏是吏，不会混淆。

然而，官员的名额有限。当人们读书只是为了做官，最终也就出现了学子大多皓首穷经，“经”以外的其他知识系统基本上无人问津。科举时代的中国被人为地塑造成了一个纯文科的社会。理科倒不是断了种，而是压根儿就没有正常发育起来。一个自然科学瘸腿的国度，怎么能够按历史规律正常地走入工业社会呢？

自然科学瘸腿，科学技术创新也就无从谈起。四书五经即便挤出了全部精华，也和科学技术演进风马牛不相及。民生的基础是物质的，“衣食住行用”是实实在在的，总不能拿四书五经去提高“衣食住行用”的水平。

2. 等级链与权力腐败

在法约尔提出的管理十四项原则中，有一项原则就是等级链。等级链的中心点是权力，同时主要涉及指挥和秩序。权力、指挥、秩序都属于管理包含的要素因子，等级链也就是权力等级，并且表现为各层权力等级。不过，这个“各层”被限定在“从上到下进行

联系”；这种“从上到下”的“联系”被认为既可以“贯彻执行统一指挥原则”，又可以“使信息的传递有秩序地进行”。等级链观点反映出管理中必然存在着权力等级，而且明确属于上级约束下级的关系。可见，等级链中的权力实质上是一种职位权力。

另外，在法约尔提出的管理五种职能中，有一种职能是组织职能。按照唐纳利等学者的分析[①]，组织职能与划分任务、使任务部门化和授权三个问题有关。其中，划分任务是从专业化角度来划分，也就是任务分类，侧重在劳动专业化；使任务部门化就是任务分组，侧重在部门化；授权就是分配权力，在把等级链又看作指挥链的前提下，强调统一指挥原则，由此体现出“统一指挥原则与权力原则是直接相关的”[②]。我们可以认为，任务分类和任务分组都属于分工，在分类性的分工专业化以后又出现分组性的分工部门化。显然，部门化要以专业化为前提，所以部门化也可以看作专业化，或者说部门化是专业化的一种继续。在这里，我们实际上是要由此引出对专业化分工的讨论。

通常认为，专业化分工包括垂直专业化分工和平行专业化分工两种类型。“垂直专业化分工的一个重要成果是创造了等级链，即指挥和报告责任的链环。……在这个垂直链系统中，每个等级都安排有一些管理人员。……这个垂直专业化分工系统的各级管理工作，可以说就是在一定限度（即权力）内自上而下地行使权力和利用资料的过程”；“所授予的权力也决定着同级管理人员之间的工作关系，这就是平行专业化分工。……一般地说，中层管理人员负责完成主要的分管任务……在中层这个层次中，每个管理人员的级别

---

① ［美］小詹姆斯·H. 唐纳利. 管理学基础——职能·行为·模型. 北京：中国人民大学出版社，1982：107-124.

② ［美］小詹姆斯·H. 唐纳利. 管理学基础——职能·行为·模型. 北京：中国人民大学出版社，1982：124. 唐纳利等学者又指出，“权力原则规定，必须从上到下建立不中断的指挥系链”，“指挥链可称为等级系统，因为它形成了一个分等级的权力系统”。如果说等级链、权力等级、指挥系链三者指的是同一事物，那么就可以看出，权力与指挥相关，分配权力与统一指挥相联系。

是相同的，但是，在完成总目标之下，各人要完成的任务却有所不同。中层管理人员必须将自己的任务和目标与其他管理人员的任务和目标结合起来”。① 这讲得已经很明确，垂直专业化分工与等级链密不可分，但平行专业化分工与等级链根本无联系。

3. 人权对应的是皇权、官权、吏权、民权中的哪一个?

皇权只有一个，由于皇权高高在上，所以也只能对一定范围内的官权（主要是高级领导层）发挥管理效力，而皇权对于吏权、民权不可能产生实际作用。官权首先有不同的级别，等级链主要在官权范畴体现出来。官职越小，职位越接近基层，与吏的接触面就越大，也就越能对吏权发挥管理效力。在政府部门办常规性具体事务的主要是那些吏，他们更多地接触平民百姓，行使着专业化（或部门化）的办事管理权。

根据韦伯的观点，官僚集权应当作为理想的组织结构。官僚集权是指通过官职或职位来进行管理。也正是因为提出官僚集权概念，韦伯被称为“组织理论之父”。②

韦伯推崇合理—合法的权力，并认为“依法建立的等级制度”是其存在的前提条件，而该权力的切实存在，主要是通过“下级对这种权力的服从”反映出来。在韦伯看来，官僚集权组织体现了“理想的行政管理体系”。他说，官僚集权组织的基础正是合理—合法的权力，原因有四点：第一，它为管理的连续性提供了基础；第二，它是合理的，即担任管理职务的人员是按照他完成任务的能力来挑选的；第三，领导人具有行使权力的法律手段；第四，所有的权力都有明确的规定，而且是按照完成组织任务所必需的职能加以仔细地划分的。同时，他

① ［美］小詹姆斯·H. 唐纳利. 管理学基础——职能·行为·模型. 北京：中国人民大学出版社，1982：23-26.

② ［美］丹尼尔·雷恩. 管理思想的演变. 北京：中国社会科学出版社，1997：225.

还指出了官僚集权组织的主要因素，也可以叫作官僚体系的七要素。第一，实现劳动分工，明确规定每一个成员的权力和责任，并且把这些权力和责任作为正式职责而使之合法化。第二，各种公职或职位按权力等级组织起来，形成一个指挥链或者等级原则。第三，根据技术资格来挑选组织中所有的成员，技术资格是通过正式考试或者训练和教育而获得的。第四，所有担任公职的人都是任命的，而不是选出的。第五，行政管理人员领取固定的薪金，他们是“专职的”公职人员。第六，行政管理人员不是他所管辖的那个企业的所有者。第七，行政管理人员要遵守有关他的官方职责的严格规则、纪律和制约。①

美国学者威尔逊说：“官僚机构并不像它有时候被勾画成的一个简单的、单一的物象。现实经常与学术理论或流行的偏见之间呈现反差。关注现代国家演变的历史学家和社会学家已经不得不认真讨论社会的官僚主义化问题。马克斯·韦伯是这一传统的奠基者。”威尔逊进一步指出：“尽管他的许多具体主张都遭到了批驳，他仍然回应以严谨的学说。但这个学说传达的观点是，官僚体系是一个整体——是一个社会组织的特殊形式，它之所以存在是为通过将一般性规则应用于特殊事例来增强对政府行为的可预见性。其成员拥有职位权威、享有终身职业和很高社会尊重，并且通过使官僚机构具备压倒一切的力量来操作权力的杠杆，许多公民和政治家经常为之苦斗，但大多无果而终。这一观点部分是正确的，但如果不做实质性修正就全盘接受，势必会导致读者对美国官僚机构的一些重要特征的误解（而且有可能产生对官僚机构的普遍误解）……一些官僚机构抵制变革，但其他的似乎总是在致力于进行结构重组和修改规则。马克斯·韦伯的洞见是有用的，但仅涉及了一个要点。除去那个要点外，特殊性比一般化更重要。”②

① ［美］丹尼尔·雷恩．管理思想的演变．北京：中国社会科学出版社，1997：255-257．

② ［美］詹姆斯·Q．威尔逊．官僚机构——政府机构的作为及其原因．北京：三联书店，2006：序言．

有人这样说过，“自20世纪初马克斯·韦伯正式提出理性官僚制理论后，官僚制就如同一个挥之不去的幽灵耗费着社会学、政治学、公共行政学等学科研习者的精力，更是成为公共行政研究无法回避的论题。……官僚制在韦伯所在的20世纪取得了成功，却也日渐暴露出它的局限性，于是对官僚制的批判、分析和反思日益增多”[①]。20世纪80年代，新公共管理思潮风行于西方，对于官僚制的批评和挑战似乎达到了高潮。在新公共管理运动出现之前，一本叫《官僚制内幕》（1967年）的书就已经出版，被看作“分析官僚组织和官僚行为、透析官僚制内幕的经典力作”。该书作者是美国政治学家安东尼·唐斯，其学术贡献主要表现在最早利用经济学方法来分析官僚制，并提出产生过较大影响的“唐斯定律”[②]。

唐斯就《官僚制内幕》说：“此书试图发展一种有用的官僚化的政策制定理论。该理论力图使分析家们至少能够在某些方面准确地预测官僚行为，并将官僚制理论融合进一个更宽泛的社会决策理论框架之中——特别是与民主相关的理论。当然，该理论不可能解决这个庞大而又复杂的领域中的所有问题。不过，我们希望能解决更多的问题，并且创立一个有待于其他理论家建立更多理论的基本框架。”[③]

针对“思想文化与经济发展的关系”，许倬云谈道，“最著名的一个命题就是马克斯·韦伯所说新教的理念影响到资本主义的出现和发展。为了讨论这个问题，韦伯写了五部书。他集中研究的一个问题是加尔文教会。加尔文教会今天还在，瑞士的教会主要是加尔文派。荷兰、比利时的一部分也受这个教派影响，在这些地区出现

---

① ［美］安东尼·唐斯．官僚制内幕．北京：中国人民大学出版社，2006：译者前言．

② “唐斯定律”认为，候选人的政治立场越靠近中间，取胜的希望越大。这条定律的前提依据是，在任何一个政治社会中，居中的温和派的人数最多，也可以说，中间覆盖的支持者最多。

③ ［美］安东尼·唐斯．官僚制内幕．北京：中国人民大学出版社，2006：译者前言．

了资本主义的最早发展。韦伯讨论到很多相关问题，如一神教、公教会、犹太教、印度教等问题，把这些宗教又和中国的宗教相比较。他认为宗教影响了人们思考的方式、人们的行为，产生了不同的后果。资本主义的发展不是看人是否勤快是否刻苦，而在于信仰上的问题，即人和上帝的关系问题”。许倬云接着说，一个人要用自己的行为来荣耀上帝，也就是去做大家称赞、佩服的事情，做一个成功的人。而这样做的前提思维又是，上帝是全知、全在的，一切都由他来决定。“这是新教加尔文派的一个特色。据韦伯的研究，这种思想后来成为资本主义第一波动力。”许倬云又提到，“不过，后来有一些学者反驳他。比如说，有人从经济史的角度来反驳韦伯……认为，主要看资源，资源决定一切。那些有煤有铁、有船舶有运河的地方很容易形成资本主义。与韦伯相比，他们一个是物质论，一个是思想论”。他总结说：“韦伯的学说确实有他的道理，但是还比较单薄。资本主义的发展，主要是通过模仿扩展开来的。就像轮子不能被发明两次一样，别人发明了，就会有人来学着用。”①

4. 权力与经济

对这一问题的思考，首先来自一种直观感觉，经济变动总是与某种权力者的行为有直接关系。而权力者的权力并非单纯经济上的权力，它更多的要涉及政治上的权力。在政治被理解为“秩序—管理”的前提下，管理权力从政治角度切入经济领域，从而影响经济变动。

（1）关于权力概念。法国学者费埃德伯格认为：“在任何一个行动领域中，权力都可被定义为行动的诸种可能性的不均衡交换，也就是说，一群个体之间行为的可能性的不均衡交换和（或）集体行动者之间行为的可能性的不均衡交换。”他指出，这个定义有三个含义：一是“权力的关系本质与不及物本质”；二是“权力与

① 许倬云. 从历史看管理. 桂林：广西师范大学出版社，2005：132-134.

（相互）依赖关系之间的不可化简的联结”，或者说“权力与合作之间、权力与交换之间不可化简的联结，即使这种交换就某种程度而言始终在结构上是不均衡的”；三是“权力具有双重属性，甚至具有多重属性”。①

(2) 争权夺利形象地说明了权力与经济的关系。经济可以被理解为“产物—交换”。交换之所以存在，关键在于对双方有利。如果说政治思维偏重于“权”，那么经济思维就偏重于“利”。甚至可以这样讲，所谓权利，实质上是政治和经济的结合。权利一词表明，这是一种以权为前提的结合，没有权的先期存在，也就没有利可言。争权夺利，先要争权，然后才有可能夺利。以权谋私，谋的主要是指私利，此时已经不需要争权，只需考虑用已拥有的权力如何最大限度地夺利了。

如果经济永远跑不出“利”的圈子，那么经济绝不可能纯粹地存在，或者说纯经济是没有的。当然，研究纯经济并非没有意义，但其意义只在于确定经济现象的一个基准点，它完全是抽象的，实际上并不存在。这个基准点，不过是研究经济现象的出发点而已。纯经济应当是没有权力因素参与的，它通过自身的力在自然地发生变动。

四、均衡和投入总量、收入总量

均衡是经济学从物理学引入的一个假设，在经济学理论上又有马歇尔局部均衡和瓦尔拉斯一般均衡。局部均衡就是个量均衡，一

① 就第一个含义而言，费埃德伯格的解释是：“权力不是一种属性，它不可能被占有……权力不能被节省……权力不仅是一种实践，而且也可发现它存在于行动领域的先在结构中……存在于诸种资源的不对称之中，这些先在结构使行动者能够利用此类资源以从事他们的交易……然而……任何行动者都不能‘储存’权力……行动者将始终依据行动环境结构配置给他的不对称资源来实施权力。”（《权力与规则》，109-117页）

般均衡也就是总量均衡。投入和产出涉及平衡问题，投入和收入也涉及平衡问题。①

1. 里昂惕夫方法和斯拉法方法

密尔涅克说，里昂惕夫的投入产出分析“是在不断发展的经济分析领域中掀起了一场默默的革命”，“可算是经济理论发展中的转折点”②。

斯拉法于 1960 年出版了《用商品生产商品》，从而引起了所谓“第二次凯恩斯革命”。罗宾逊认为，斯拉法“以李嘉图的价值论为基础，运用李嘉图的抽象法和里昂惕夫的投入产出分析法，得出了在既定的生产技术条件下各生产部门的产品价格、工资率和利润率的计算模型，解决了经济学的最大困难，实现了‘经济理论的第二次革命’，这一革命的实质，是向古典派经济学方法的‘回归’”③。

“斯拉法系统在于证明分配问题是不能从理论上得以解决的。除非代表产出投入与投入要素价值之间关系的方程组通过制度化的工资决定方式，在某种程度上是封闭的。”“假设存在一个完全竞争市场，斯拉法系统能形成与均衡条件相等的统一的工资和利润率。”④

2. 联想到鲍特凯维兹方程组

我们可以认为，$c_1+v_1+s_1$ 相当于产值构成表达式，$c_1+c_2+c_3$

---

① 里昂惕夫说：“投入产出法是用新古典学派的全部均衡理论，对各种错综复杂的经济活动之间在数量上的相互依赖关系进行经验研究。”（《投入产出经济学》，150 页）

② ［美］威廉·H. 密尔涅克. 投入—产出分析基础理论. 北京，中国社会科学出版社，1980：前言.

③ 琼·罗宾逊谈西方资产阶级经济学和资本主义经济危机. 世纪经济，1978(2).

④ ［美］英格里德·H. 里马. 经济分析史. 北京：中国人民大学出版社，2016：442.

相当于产品分配表达式（分配使用）。

图 15－3 中，短横线方框相当于第一象限，点线方框相当于第三象限。$c_1+c_2+c_3$ 相当于第一象限横行的中间使用（分配使用）。c_1 相当于第一象限纵列的中间投入（本部门消耗）。v_1+s_1 相当于第三象限的增加值。$c_1+v_1+s_1$ 相当于生产方程，即中间投入（c_1）＋增加值（v_1+s_1）。$c_1+c_2+c_3$ 相当于分配方程（资源配置），因为 $c_1+c_2+c_3$ 是第一象限的中间使用。鲍特凯维兹方程组具有投入产出性质。

$$\begin{array}{ccc} c_1 & v_1 & s_1 \\ c_2 & v_2 & s_2 \\ c_3 & v_3 & s_3 \end{array} \begin{array}{c} = \\ = \\ = \end{array} \begin{array}{ccc} c_1 & c_2 & c_3 \\ v_1 & v_2 & v_3 \\ s_1 & s_2 & s_3 \end{array}$$

图 15－3　从投入产出的角度思考鲍特凯维兹方程组

3. 投入产出表还在改进

20 世纪 70 年代，英国学者欧考纳和亨利就指出，“投入产出的方法论现仍处于不断改进和演变的阶段，而且预计将成为经济科学中新发展的一个分支。……有关投入产出分析的最终结论现在还没有做出来”①。

联系鲍特凯维兹方程组进行思考，有

$$\left.\begin{array}{l} \underset{(\text{I})}{c_1} + \underset{(\text{III})}{v_1} + s_1 = \underset{(\text{II 物耗总量})}{c_1 + c_2 + c_3} = \sum c_i = C \\ \left.\begin{array}{l} \underset{(\text{I})}{c_2} + \underset{(\text{III})}{v_2} + s_2 = \underset{(\text{II 工资总量})}{v_1 + v_2 + v_3} = \sum v_i \\ \underset{(\text{I})}{c_3} + \underset{(\text{III})}{v_3} + s_3 = \underset{(\text{II 利润总量})}{s_1 + s_2 + s_3} = \sum s_i \end{array}\right\} = Z = Y \end{array}\right\} = C + Y = U \qquad (1)$$

① ［英］R. 欧考纳，E. W. 亨利．投入产出分析及其应用．北京：清华大学出版社，1984：引言．

(1) 式中，Ⅰ为第Ⅰ部类（记作下标 1），Ⅱ为第Ⅱ部类（记作下标 2，相当于Ⅱ分部类 a 或Ⅱa），Ⅲ为第Ⅲ部类（记作下标 3，相当于Ⅱ分部类 b 或Ⅱb[①]），c 为 i 部类物耗总量（$i=1$，2，3），v 为 i 部类工资总量，s 为 i 部类利润总量，Z 为总收入，C 为中间产品总价格，Y 为最终产品总价格，U 为总产品总价格。

不过，如果参考有人“根据马克思主义再生产原理”设计的一个静态投入产出表[②]（见表 15－2），就会发现问题。

表 15－2　　再生产的投入产出

产品价值构成 \ 产品使用方向		中间产品：第Ⅰ部类	中间产品：第Ⅱ部类	最终产品：积累	最终产品：消费	最终产品：出口	总产品
物质消耗（c）	第Ⅰ部类	500	100	200	100	100	1 000
	第Ⅱ部类	100	100	50	200	50	500
净产值	v	200	150				
	s	200	150				
总产值		1 000	500				

从表 15－2 中的数据可知：

$$c_{1(500)}+v_{1(200)}+s_{1(200)}\neq c_{1(500)}+c_{2(100)}$$

$$c_{2(100)}+v_{2(150)}+s_{2(150)}\neq v_{1(200)}+v_{2(150)}+s_{1(200)}+s_{2(150)}$$

$$c_{2(100)}+v_{2(150)}+s_{2(150)}\neq v_{1(200)}+v_{2(150)}$$

$$\neq \text{消费}^{(100)}+\text{消费}^{(200)}$$

另外，如果

$$v_{1(200)}+v_{2(150)}=\text{消费}^{(100)}+\text{消费}^{(200)}+\text{积累}^{(50)}$$

则

$$s_{1(200)}+s_{2(150)}=\text{积累}^{(200)}+\text{出口}^{(100)}+\text{出口}^{(50)}$$

---

① 第Ⅰ部类，Ⅱ分部类 a 或Ⅱa，Ⅱ分部类 b 或Ⅱb，参阅马克思．资本论．第二卷．北京：人民出版社，2004：438-442，449.

② 赵新良，等．动态投入产出．沈阳：辽宁人民出版社，1988：8-9.

如果

$$s_{1(200)}+s_{2(150)}=\text{积累}^{(200)}+\text{积累}^{(50)}+\text{消费}^{(100)}$$

则

$$v_{1(200)}+v_{2(150)}=\text{消费}^{(200)}+\text{出口}^{(50)}+\text{出口}^{(100)}$$

也就是说，$\sum v$ 既有可能包含了消费和积累，$\sum s$ 也有可能包含了积累和消费。

参考里昂惕夫的解释，我们可以分析马克思的价值构成公式和两大部类交换关系。

4. 对古代中国GDP估算所用方法的质疑

国内期刊上有一篇论文（以下简称“X文”）对古代中国GDP估算所用的方法有问题，也就是生产法和支出法不能同时用于计算、校验一个产业。

里昂惕夫曾特别指出，“国民收入计算关心的是一个国家的总数，而不是个别的部门”，如果“得不到关于部门间交易的详细资料”，那么“结果是，一个经济所包括的个别部门有了变动，而在国民收入计算中却不能发现这些变动”。例如，“尽管消费已由一个项目转向另一个项目，但只要消费支出的总数不变，国民收入就保持不变”。他认为，“如果使用投入产出表，这种缺点就消除了，在这个表中有关经济的分类要详细得多，对一个总体变量的各个组成部分的变动也都做了系统的记录”。①

X文“附表1”的计算为：GDP合计＝第一产业合计＋第二产业合计＋第三产业合计。如果对应于投入产出表，则GDP合计相当于 $\sum z_j$，第一产业合计、第二产业合计、第三产业合计分别相

① ［美］沃西里·里昂惕夫．投入产出经济学．北京：商务印书馆，2011：308.

当于 z_1、z_2、z_3。

(1) 第一产业的问题。X 文的第一产业包括农业和畜牧林渔两个部分，农业又包括粮食部门、占地经济作物和不占地经济作物三项。为了方便问题讨论，我们假设粮食部门、占地经济作物、不占地经济作物所对应的总产值分别为 $x_{1.1}$、$x_{1.2}$、$x_{1.3}$，所对应的净产值分别为 $z_{1.1}$、$z_{1.2}$、$z_{1.3}$，所对应的中间投入分别为 $\sum x_{i1.1}$、$\sum x_{i1.2}$、$\sum x_{i1.3}$，并且有 $x_1 = x_{1.1} + x_{1.2} + x_{1.3}$，$z_1 = z_{1.1} + z_{1.2} + z_{1.3}$，$\sum x_{i1} = \sum x_{i1.1} + \sum x_{i1.2} + \sum x_{i1.3}$。

粮食部门“以生产法统计产值”，于是有净产值＝总产值－中间投入，写作 $z_{1.1} = x_{1.1} - \sum x_{i1.1}$，或粮食净产值写作 A_2。接下来，“以支出法进行校验”。这方面的具体操作内容涉及粮食消费总量（写作 p_{a1}）和种子、酿酒、棉布上浆等（写作 k_{a1}），由此有 $A_3 = p_{a1} + k_{a1}$。最后，因为“发现”“按支出法统计的数据低于按生产法统计的数据”，所以“取按生产法与支出法统计的粮食净产值的平均值作为调整后的粮食部门 GDP 数值”。也就是说，这个 GDP 数值$=\dfrac{A_2 + A_3}{2}$。不难看出，这里有一个前提模式，它认定原本应当是按支出法统计的数据等价于按生产法统计的数据。

占地经济作物净产值“用生产法估算”，它可以间接从粮食作物产值的基数上得到，这可写作 $z_{1.2} = x_{1.2} - \sum x_{i1.2}$，或占地经济作物净产值写作 B_2。接下来，“对产值进行支出法估算”，具体涉及消费（写作 p_{a2}），由此可以认为 $B_3 = p_{a2}$。最后，“取生产法和支出法计算的平均值作为最终占地经济作物的 GDP 数值”。

不占地经济作物净产值也用生产法估算，同样间接从粮食净产值的基数上得到，这可写作 $z_{1.3} = x_{1.3} - \sum x_{i1.3}$，或不占地经济作物净产值写作 C_2。此后，没有对产值进行支出法估算。

畜牧林渔的净产值间接从农业收入估算得到，或畜牧林渔的净

产值写作 D^* 或 D_2。此后，没有对产值进行支出法估算。

（2）第二产业的问题。X 文的第二产业包括手工业、采矿业和建筑业三个部门。其中，手工业主要涉及棉纺织业、食品加工业和制造业。

棉纺织业“用支出法估计产出”，具体涉及消费棉布量（写作 p_{b1}），还涉及投资（写作 k_{b1}），比如缝制棉被、棉袄、织布等，由此可以认为 $E_3=p_{b1}+k_{b1}$。另外，又涉及第三象限的最初投入（相当于折旧），比如生产工具折旧、纺纱中的棉花损耗，这写作 E^*。

食品加工业包括众多门类，其中一部分用生产法估算净产值。比如酿酒业，涉及第一象限的中间投入，即酿酒耗粮、米出酒率，同时涉及第三象限的最初投入，即生产工具折旧。比如制茶业，涉及第一象限的中间投入，即制茶、包装等，同时又涉及第三象限的最初投入，即生产工具折旧。比如制糖业，通过占总产值的比重（22%）而得到净产值，而且还“以此估计副食品加工的增加值”。以上得到的食品加工业总净产值，写作 F_2。还有一部分用支出法估算净产值。比如副食品加工，涉及第二象限的最终使用，即副食品消费支出（写作 p_{b2}）。

制造业一方面估计运输工具制造的净产值，另一方面通过占制造业净产值的比重（8%）来“按此估算其他制造业门类的净产值”，写作 G_2。

采矿业主要涉及制盐业、采煤业和金属矿冶业。

制盐业产值：一是涉及第三象限的最初投入，即通过盐税（相当于税金）推算；二是涉及总产值，即根据生产能力（写作 H）推算；三是涉及第二象限的最终使用，即根据食盐消费量（写作 p_{b4}）推算。实际上，这里的盐产量（利用盐引计算）无非是要通过它得到净产值，但如果不知道中间投入，有它也等于没有，最终还是要依靠盐税（写作 H^*）来估计净产值。由此可以看出，它从净产值角度使用了生产法，从消费量角度使用了支出法。

与制盐业并列的采煤业、金属矿冶业，与手工业、采矿业并列

的建筑业，笔者在这里不再做简要分析。

（3）第三产业的问题。第三产业中对经济影响较大的是商业、运输业和金融业。何况所研究的问题如果是处于古代社会，由于缺少直接资料，那么服务业产品的价格（如商品售价、运输费、贷款利息等）并不能简单地间接估算出来。

第三产业的问题，笔者在这里也不再做简要分析。

总之，GDP 可以有三种计算方法不假，但所谓“这三种方法是等价的”①，仅仅是就理想状态而言，纯属于理论上的一个假设，即“这是因为从整体经济角度看，国内企业所支付的全部生产要素收入必定等于对国内生产的最终产品和劳务的全部支出”②，也就是宏观的整体经济中总收入等于总支出。它是平衡观反映在对经济现象的认知上，也表露了人们总是希望事物以“和”而存在的善意（平衡＝和谐）。但是，总收支平衡的设想绝不会否定了总收支不平衡的存在这一现实，否则人们对非均衡经济的各种研究将毫无意义。在我们尚未弄清昨天的总收支是否平衡时，至少它是下述两种结果之一：要么平衡，要么不平衡。以某人用三种方法结合来计算“明代 GDP”为例，这已经有事先指定只是总收支平衡一种结果之嫌。

GDP 原本是可以用已知数据来判断总收支是否平衡，或者说，投入产出表是可以用已知数据来判断投入产出是否平衡③，

①② ［美］保罗·克鲁格曼，罗宾·韦尔斯．宏观经济学．北京：中国人民大学出版社，2009：223．

③ 需要说明：（1）投入产出分析法是用以分析均衡关系，即“投入产出法是用新古典学派的全部均衡理论，对各种错综复杂的经济活动之间在数量上的相互依赖关系进行经验研究”。（2）“投入产出表描绘的是商品和服务在国民经济所有各领域之间的流动情况。”（3）投入产出“这一分析方法实质上是利用我们经济各部门之间商品和服务流量的相对稳定形态，把整个体系的详尽得多的统计事实置于经济理论控制的范围之内”。（4）“投入产出表所反映的是，在企业家所参与的生产或分配过程中，到底有多少商品或服务为美国经济中的其他部门所使用；同时，表的另一端反映了他自己的部门从别的部门又收到了哪些以及多少商品和服务。”（5）投入产出分析方法是用于“把原始的经济数据变为各种市场预测和其他经济预测等最终成品”（《投入产出经济学》，150 页、6 页、12 页、7 页）。

而不是用平衡来估算出总量数字。前者是 GDP 为已知，后者是 GDP 为未知。前者是这个已知的“GDP 告诉我们什么”，那么“GDP 最主要的用途是用来衡量经济规模”[1]。后者是根据“三方等价”这种关系把未知的 GDP 倒推出来。显然，只要前提条件为总收支不平衡，GDP 也就无解，或者解出来的也是胡编乱造的 GDP。

“三方等价”的三方，也就是三个“加总”，即

加总“增加值”→“售价－中间产品耗费＝收入”的加总

加总“支出”→“最终产品和劳务的价格”加总

加总“收入”→“工资和利润”的加总

由此可以看出：

第一，加总“增加值”与加总“收入”实际上是一回事。两者都是成交后才能得到确切的数字，无非一个属于先用成交价得到价格和物耗成本之差，再把“差”加总；一个属于只涉及把“差”加总。

第二，加总“支出”与加总“收入”完全是两回事。此时，最终产品和劳务的价格是指成交价。问题在于，最终产品和劳务与中间产品和劳务也是两回事，而作为加总“增加值”的前提条件的“售价”必然包括中间产品和劳务的价格。一般来说，最终产品和劳务的价格↔工资、中间产品和劳务的价格↔利润，即不同的两个对应关系。[2]

---

① ［美］保罗·克鲁格曼，罗宾·韦尔斯. 宏观经济学. 北京：中国人民大学出版社，2009：206.

② 里昂惕夫认为，“利润在最终的价格形成中一般是比工资要次要得多的因素”，比如“全部利润额增长 10%给价格带来的影响，要比工资增长 10%带来的影响小”（《投入产出经济学》，39 页）。当然，我们从中只是要得到一个确认，即利润也是价格形成的一个因素。相关的问题还有一个需要我们注意，即“利润与工资的比率”（《经济增长理论》，491 页）。

如果“三方等价”绝对存在，那么只用国民收入就可以表示 GDP①，而且也没有必要关注“保持经济总量平衡”。实际上，经济总量就是国内生产总值或 GDP。可见，经济总量平衡＝国内生产总值平衡＝GDP 平衡。正因为经济总量平衡并非唯一存在，所以总收入与总物价（最终产品和劳务）的等价并非绝对存在，需要通过宏观调控使经济总量不平衡转化为经济总量平衡，或者通过宏观调控保持经济总量平衡，防止转化为经济总量不平衡。

有一点必须明确，等价＝平衡↔等式，平衡≠不平衡↔不等式，不平衡＝不等价↔不等式。总收支等价是理论上的理想状态，并看作平衡。现实中，可能存在总收支平衡或等价，也可能存在总收支不平衡或不等价。

总收支统一体中的价格。首先，“在开放式投入产出体系中，价格是由一个方程组确定的，后者表示经济的各生产部门每单位产出的价格一定等于它在生产过程中的支出总额。”② 其次，“实际

① 注意，克鲁格曼说：“经济学家用国民收入与产出账户……来描述不同部门间的货币流量。……可支配收入……被用于消费支出（C）和私人储蓄。私人储蓄……通过金融市场流向投资支出（I）”，“消费支出是企业销售的一个部分，我们把消费支出记为 C。……构成其他企业投资支出的销售，记为 I”，因此构成 GDP 总支出的两大来源可用一个方程来表示，即 $GDP=C+I$。此外，收入多少和是否把收入用于改善生活质量是两回事，GDP“没有表明一个国家会如何使用这些产量来提高社会生活水平”，“在 GDP 和生活质量之间并不存在一一对应的关系”（《宏观经济学》，222 页、203 页、210－211 页）。根据以上引文，笔者认为，有必要将 GDP 分为两个不同内涵、各自独立的收入 GDP 和支出 GDP，并分别记为 GDP_Z 和 GDP_Y。国民收入是 GDP_Z，总产值或产出账户是 GDP_Y。只有 $GDP_Z=GDP_Y$ 时，才能说总收支等价或总收支平衡。很重要的一点是，如果把总收入的某个分量和与之相对应的总支出的某个分量相互替代（不妨称为“分量替换”），那么关键在于，在总收支不平衡的情况下至少在某一个分量上有相对应的两个分量不等价，而不等价的相对应两个分量是不能“分量替换”的。里昂惕夫把投入产出表中“增加值行与最终货物和服务列”比喻为“既能看到森林也能看到树木”（《投入产出经济学》，330 页），但中国学人的“分量替换”所做的，相当于一个森林里的树木与另一个森林里的树木相互替代。“分量替换”是已经被设定为相等的数据自然也就“相等”，由此构成的总量同样也会“相等”。自欺欺人的 GDP 就这么出来了。严格地说，有收入才有支出，收入必大于等于支出，支出必小于等于收入，因此支出因子必然可以替代收入因子，但收入因子并非必然可以替代支出因子。既没有列入可统计的成交范畴，又没有列入可统计的储蓄范畴的收入，借助一个什么途径可以统计出来？

② ［美］沃西里·里昂惕夫．投入产出经济学．北京：商务印书馆，2011：160.

GDP 是按照单一的基年价格计算得到的”①。

五、彼此不同的变迁的制度与经济

刘易斯说：“历史并非由事实组成，而是由历史学家对发生的事件及其原因的见解所组成。历史学家对事件发生的见解一般说来颇为可靠，当然也有触目惊心的例外……他们对发生事件原因的见解通常只不过反映了他们个人对社会因果关系的理论，这些理论决定了挑选哪些他们认为是重要的事实。……一个优秀的历史学家对发生的事件及对他所发现的事实是否与这个或那个假设相适合提出看法是应该的，也是必不可少的。”②

1. 各种经济变量互动

16 世纪西欧物价飞涨，出现了所谓的“价格革命”。物价的提高刺激了生产的发展，使工农业生产越来越适应市场的需要。同时，它也导致实际工资和地租下降，不过这又增加了企业利润。③工资和地租属于成本，成本下降，物价提高，利润必然增加。

同一时期，农业变革的实质是自由租地正在取代农奴租地。④ 以英国为例，在“15 世纪，自由的佃农已是农村人口中惊人的多数”⑤。

---

① ［美］保罗·克鲁格曼，罗宾·韦尔斯．宏观经济学．北京：中国人民大学出版社，2009：210.

② ［英］阿瑟·刘易斯．经济增长理论．北京：商务印书馆，2002：12.

③ 陈曦文．英国 16 世纪经济变革与政策研究．北京：首都师范大学出版社，1995：24.

④ ［比利时］亨利·皮雷纳．中世纪的城市．北京：商务印书馆，2006：142.

⑤ 陈曦文．英国 16 世纪经济变革与政策研究．北京：首都师范大学出版社，1995：36.

16 世纪英国促进经济变革的五大现象分列在表 15 - 3 中。

表 15 - 3　　16 世纪英国促进经济变革的五大现象

现象	典型活动	说明
“价格革命”	金银流量和存量增加	价格飞涨（农产品、手工业产品），工资相对下降，地租变动[①]，利润增加
农业革命	圈地运动（土地集中，重新界定所有权）[②]	土地私有制（取代庄园制），自由租地（取代农奴租地），商租地（取代份地）[③]，租地农场雇工制和小农租佃制（取代农奴劳役制） 领主变成地主，农奴变成自由农（佃农、农工）
贸易扩展	世界市场形成	海洋运输国际贸易，商业利润率高
手工业发展	“小工业革命”	工场手工业发展
政治变革	长吏制 议会政府（弱化专制王权） 民族国家（取代宗主领地）	长吏（取代封臣），民族国家国王（取代宗主，即领地国王） 薪俸制长吏权（取代采邑制封臣权），民族国家王权（取代领地宗主权）

报酬递减引起生产率下降。人口增长，劳动力充足，劳动价格下降。相对于人口，市场会出现生活消费品求大于供，物价上升。由于收入下降和物价上升，因而国民福利水平相对下降。人口下降，劳动力短缺，劳动价格上升。相对于人口，市场会出现生活消费品求小于供，此时如果产量下降小于人口下降，有可能物价下

① 一般认为“价格革命”过程中地租上升，也有说法似乎认为与“价格革命”有关的是地租下降（出租收入减少），与圈地运动有关的是地租提高（《英国 16 世纪经济变革与政策研究》，24 页、55 页）。

② 从英国来看，由劳役和实物地租折算为货币地租开始，庄园制在 13 世纪末 14 世纪初开始瓦解。圈地的正面作用是为了增加农牧业产出，提高土地的经济收益；圈地的负面作用是用于扩展牧场，导致农地减少，造成失地小农人数超过转化为牧场用工的人数。

③ 商租地是指类似一种商业行为的租地，地主出租，使用者自由租入，性质为自由租种，佃农是契约佃户。份地也可叫作派租地，是指按传统惯例分派的租地，耕种者承租，性质为分派租种，农奴是世袭佃户。

降。收入上升和物价下降，社会生活水平相对上升。

保证经济增长，首先要保证“产量超过人口的增长”[①]。

2.“大分流”的发力点

美国学者彭慕兰2000年出版的《大分流：欧洲、中国及现代世界经济的发展》一书，以“加州学派”的代表性观点在西方学界“引起了相当大的争议”[②]。作者在考察了18世纪欧洲和东亚的社会经济状况后提出：“1800年以前……是一个多中心同时没有占统治地位的中心的世界。……只是在19世纪工业化充分发展之后，一个单一的、占支配地位的欧洲‘中心’才有意义。”[③] 这本书试图在时间和空间两个方面表现出其独特之处，即在时间上将19世纪工业化充分发展以后作为“大分流”的界标，在空间上将中国作为一个整体与整个欧洲而不是与具体的欧洲国家进行比较，并且将江南而不是整个中国与英格兰进行比较。[④]

彭慕兰说：“迟至1750年，欧亚大陆的许多地区在农业、商业和原始工业的发展中仍存在着一些令人吃惊的相似之处。因而，19世纪只在西欧出现的进一步的巨大发展再一次成为一种有待解释的断裂。……双向比较的一个范畴也证明把两个初看好像是单独的问题联系起来是正确的。西欧成为最富有经济的那一时刻，并不必然是打破了一个马尔萨斯公式，进入人均持续增长的世界的同一时刻。……如果我们进行交互比较，并准备考虑欧洲能够成为一个中国的可能性……这两者之间的联系就会变得更紧密。如果我们进一

---

① ［美］道格拉斯·诺斯，罗伯斯·托马斯．西方世界的兴起．北京：华夏出版社，2009：89.

② ［美］彭慕兰．大分流：欧洲、中国及现代世界经济的发展．南京：江苏人民出版社，2003：中文版序言.

③ 同上书，2-3页。

④ 同上书，中文版序言。

步证明……18 世纪世界其他一些大体上与欧洲一样闭合的地区，如何在资源制约没有获得一个戏剧性的缓解的情况下，把它们的经济潜力利用到最大限度，那么这两个问题之间的联系甚至会再进一步。”[①] “能节省土地的新大陆的输入在 1830 年以后才有了重要增长。……英国也开始依靠美洲的谷物、牛肉和其他初级产品，木材输入剧增。最后，新大陆也成为欧洲过剩人口的一个重要出路。”[②]

技术变迁的基本要素是物力（实物的技术含量）和人力（技能的技术含量），制度变迁的基本要素是政治组织和意识形态。[③] 既要有量化性的数量分析，又要有思辨性的制度分析。观察彭慕兰的“大分流”，显然他缺乏对原始工业化的制度变迁背景做出必要分析。尽管彭慕兰说他的“大分流”这“本书借用了……主要是那些各种各样的‘制度学派’观点，但最终证明的却是不同的命题”[④]。

资本主义并不是只与机器工业连在一起，而且在资本主义基本上定型的西欧社会里，投资采取了一种特殊方式（即“自我扩张”[⑤]）这是一个关键性问题。我们可以认为，原始工业化阶段原始工业部门的巨大扩张必定包含投资自我扩张，这意味着资本主义和原始工业的有机结合，由此也就有了马克思的断言，即资本主义时代是从 16 世纪开始的。[⑥]

3. 不具备“自发”条件，只能“移入”

资本主义与原始工业化有内在联系，而中国的原始工业部门能

---

① ［美］彭慕兰．大分流：欧洲、中国及现代世界经济的发展．南京：江苏人民出版社，2009：6-7 页。

② 同上书，266 页。

③ ［美］道格拉斯·诺思．经济史中的结构与变迁．上海：上海人民出版社，1994：序言．

④ ［美］彭慕兰．大分流：欧洲、中国及现代世界经济的发展．南京：江苏人民出版社，2009：13．

⑤ ［美］伊曼努尔·华勒斯坦．历史资本主义．北京：社会科学文献出版社，1999：1-3．

⑥ ［德］马克思．资本论：第一卷．北京：人民出版社，2004：823．

不能普遍地出现工场手工业，这可能就是问题的核心点。通过比较分析来看，在英国产业革命发生以前，存在一个资本主义原始工业阶段。资本主义原始工业是把个别的“资本”现象（小范围内）发展到普遍的资本主义现象（整个社会范围内）的一个关键性动力源。

资本主义实现了“社会普遍化”，它给产业革命的出现提供了必要的整体社会环境。

在前资本主义经济形态的社会，从投资到利润这条生存链很少能够形成。因为这个链条上的一些重要环节被政治权威和道德权威看成是非理性的，或者是不道德的。这是有权干涉的人的直接干预。需要理解的就是，承认中国的资本主义工业是从西方移入的，这个“移入”实际上包含了两个重要因素：一是机器。以机器取代了人手，这样才叫工业，而不是原来的原始工业。二是普遍的资本主义现象。它包括“移入了一种全新的生产模式和工业组织制度”，这样移入的才叫“资本主义”，而不是原来中国自己已经有的“个别的‘资本’现象”。①

4. “落后的优势”

美国学者格申克龙在 1962 年出版的《经济落后的历史透视》一书中提出了“落后的优势”理论，认为相对的经济落后并非像人们通常说的那样，仅仅是一种劣势，它也具有积极的作用，从而可以变成一种优势。格申克龙通过对俄国、法国、德国、意大利、奥地利、保加利亚等国主要在 19 世纪的经济发展的特殊经验进行比较分析，形成了以相对落后程度为核心概念的基本理论框架，旨在为欧洲经济史的研究提供一种新的理论模式。②

---

① 陈勇勤. 中国经济史. 北京：中国人民大学出版社，2012：141-149.

② [美] 亚历山大·格申克龙. 经济落后的历史透视. 北京，商务印书馆，2009：译者前言.

格申克龙指出，欧洲经济史的经验表明，并不存在那种统一不变的工业化发展模式，先前的一些学者以英国的工业革命为原型所做出的一般理论概括（包括有关工业化发展前提的所谓原始资本积累的概念）并不具有普遍意义，而罗斯托关于经济发展的五个阶段的模式也难以成立。如果要为考察欧洲经济发展建立一种统一的理论工具，则“落后程度”不妨看作一个具有可操作性的概念。将不同国家按照它们的相对落后程度依次排列，研究处于不同落后程度的国家实行替代，从而创造其自身经济发展前提条件的特点，便可以概括出工业化发展过程的某些重要特征。

第 16 章

马克思制度变迁理论中国化

卡尔·马克思对制度变迁的思考[①]，比如 1882 年谈到当时的俄国，除“刚开始发展的资产阶级土地所有制外，大半土地仍归农民公共占有”，这种所谓“俄国公社”，既是“已经大遭破坏的原始土地公共占有形式”，也是“俄国土地公有制”[②]。例

① 1825 年英国爆发资本主义历史上第一次经济危机。19 世纪 30—40 年代，欧洲的工人与资本家的阶级斗争发展成为政治运动，如 1831 年和 1834 年法国里昂工人两次起义、1838—1842 年英国宪章运动和 1844 年德国西里西亚工人起义。1831 年出版的琼斯的著作《论财富的分配和赋税的来源》，强调应研究制度和社会阶级结构，“不适当的法律”制度会影响经济和道德的关系，需要用制度来协调地主和佃户，协调农业阶级和非农业阶级，“道德上的严重破坏”使得“一切有助于使人们成为好公民和好人的感情和习惯被破坏”，“会破坏社会中不同类别和不同阶级之间的信任和坦率的合作”(《论财富的分配和赋税的来源》，219-223 页)。1839 年英国伦敦大学经济政治学院出版了勃雷的著作《对劳动的迫害及其救治方案》，书中谈论了“制度变革”，并且主张用“折中的社会改革”把旧制度变成“财产共有和权利平等的社会制度”(《对劳动的迫害及其救治方案》，144 页)。1849 年马克思到英国伦敦居住。

② ［德］马克思，恩格斯．共产党宣言．北京，人民出版社，1997：1882 年俄文版序言．

如，《共产党宣言》指出，“资产阶级赖以形成的生产资料和交换手段，是在封建社会里造成的。在这些生产资料和交换手段发展的一定阶段上……封建的所有制关系，就不再适应已经发展的生产力了。……起而代之的是自由竞争以及与自由竞争相适应的社会制度和政治制度、资产阶级的经济统治和政治统治。现在，我们眼前又进行着类似的运动。……现代生产力反抗现代生产关系、反抗作为资产阶级及其统治的存在条件的所有制关系……资产阶级用来推翻封建制度的武器，现在却对准资产阶级自己了”；“共产党人到处都支持一切反对现存的社会制度和政治制度的革命运动。在所有这些运动中，他们都特别强调所有制问题，把它作为运动的基本问题”；共产党人的“目的只有用暴力推翻全部现存的社会制度才能达到”①。

一、在多学科发出不同声音

后辈学者的一个基本看法是，“马克思的全部经济分析都试图证明资本主义制度无限扩张的不可能性以及随之而来的革命的必然性，在这种革命中，无产阶级将推翻现存的生产结构和与之相关的社会关系，并在此基础上构建社会主义生产组织”②；“对马克思主义来说，没有什么问题比资本主义自我灭亡的机制更至关重要了。在最一般的层面上，这是由‘生产力和生产关系之间的矛盾’引起的”③。

① ［德］马克思，恩格斯．共产党宣言．北京：人民出版社，1997：32-34、62.

② ［美］英格里德·H. 里马．经济分析史．北京：中国人民大学出版社，2016：186.

③ ［美］乔恩·埃尔斯特．理解马克思．北京：中国人民大学出版社，2008：145.

美国学者莱因斯坦在 1954 年谈到的一个问题，对人们想要弄清的一些情况，提供了可以参考的信息。他说："'社会经济学'是一个新术语。在美国，与之最近似的可能是'制度经济学'。但是，社会经济学的含义更加广泛。……在欧洲，'社会学'一词意义与在美国有所不同。在美国，社会学通常是指研究现代西方社会中各种社会团体及社会关系的一个学科分支。……然而，在欧洲，社会学不仅研究这些非正式的社会团体和关系，而且还研究一般的社会关系，甚至于成为一般意义上的社会科学。……这种社会学简直成了整个社会科学的总和"；"在德语国家，社会学这一新学科多半是由经济学家创立的……德国社会学家的许多著作都不约而同地强调经济方面，实际上都是在回答其前辈……卡尔·马克思提出的挑战。马克思在观察 19 世纪中叶的资本主义社会时……开始了他对经济制度的研究。……他对资本主义的分析扩展为一种一般性的社会理论。……正是这种一般性社会理论，成了由马克思创立或在他的鼓舞下建立的工人政党在经济政治斗争中使用的思想武器"。[①] 由此看来，马克思主要是从社会学角度考虑制度变迁问题。

相比较而言，韦伯更关注法律与经济的关系。在韦伯看来，法律、习惯和惯例"它们之间的演变难以察觉"，"实际的行动规则（'习惯'）是有关行动的规则（'惯例'，'法律'）的渊源，反之亦然"。[②] 韦伯认为，对法律和道德要做区分，"法律并不总是考虑行动的意图如何"，"道德命令是为了在实际中，因而在外部上，克服那些反规范的行为"，"道德的效力一般与建立在'宗教基础'上的效力，或'借助惯例'的效力相同"。[③]

谈到社会制度，根据马林诺夫斯基给它的定义：①它是"物质

---

① ［德］马克斯·韦伯．论经济与社会中的法律．北京：大百科全书出版社，1998：导论．

② 同上书，20 页、31 页。

③ 同上书，25 页。

的基础上”的“建筑”；②它针对“永久团集着的一群人”和“合作”，涉及“组织”“规律”“技术”。[①] 也就是说，社会制度属于上层建筑。当然，制度都可以归入上层建筑。如果说上层建筑包括“宗教、哲学、法律、政治机器、艺术、文学和其他所有人类主观活动”[②]，那么“所有人类主观活动”（即“所有思维创造物”）无非就是政治、法律、宗教、哲学、艺术、文学、道德等的观点或观念，这也是意识形态、思维和精神的具体表现，而“政治机器”首先是指政府各行政部门和机构，此外是指军队、警察、法庭等，这些都是国家的管理工具，而组织的一种形式，是从宏观上把其归入上层建筑。[③]

二、人类社会的进化

我们可以把人类社会的进化抽象描述为图 16－1。

中国人的实用理性与西方人的抽象思辨引起了我们的注意。

实用理性在很大程度上会追求和信奉功利主义、实用主义。抽

① 马林诺夫斯基说：社会制度“是人类活动有组织的体系。任何社会制度都针对一种基本需要；在一合作的事务上和永久团集着的一群人中，有它独具的一套规律及技术；任何社会制度都建筑在一套物质的基础上，包括环境的一部分及种种文化的设备”（《文化论》，17 页）。转引自费孝通．生育制度．北京：商务印书馆，1999：43 页。

② 莱因斯坦说：“经济，即物质是决定所有思维创造物的历史基础”；“决定任何文明的物质经济环境是宗教、哲学、法律、政治机器、艺术、文学和其他所有人类主观活动的基础”（《论经济与社会中的法律》，导论）。这说明经济基础也可以看作“物质经济环境”。

③ 至于社会中的其他非经济的组织，譬如同乡会这样的民间组织，既不能归入上层建筑，也不能归入经济基础，给相对应的这两个概念出了一个定义上的难题。或许可以认为，主要带有经济色彩的，归入经济基础；主要带有情感色彩的，从观念上把其归入上层建筑。事实上，上层建筑原本就应当分为两类：一类来自国家管理层根据社会管理的需要设置的，另一类来自民众根据生活文明的需要依法自治、自主、自发地创办的。

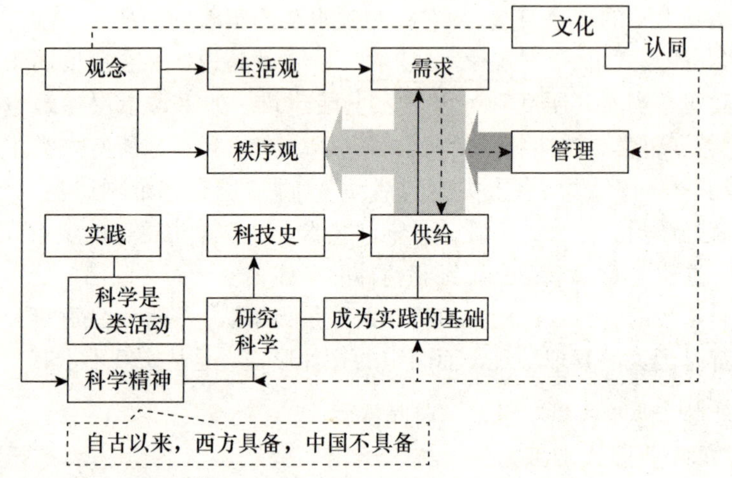

图 16-1　观念和实践在一定文化氛围中进化

象思辨在很大程度上会倡导和信仰科学主义、唯理主义。

“官本位”观念是中国人的功利主义、实用主义的一个典型，由此繁衍出“领导干部利用公共权力或自身影响为亲属和其他特定关系人谋取私利”的“特权思想和作风”，“跑官要官等不正之风”，“‘形象工程’‘政绩工程’以及不作为、乱作为等问题”。“破除‘官本位’观念”的关键在于“深化干部人事制度改革”。①

三、消灭剥削与改变所有制

“不管阶级对立具有什么样的形式，社会上一部分人对另一部分人的剥削却是过去各个世纪所共有的事实”；“资产阶级在它已经取得了统治的地方把一切封建的、宗法的和田园诗般的关系都破坏

① 《中共中央关于全面深化改革若干重大问题的决定》，2013-11-15。

了。……它用公开的、无耻的、直接的、露骨的剥削代替了由宗教幻想和政治幻想掩盖着的剥削。”①“现代的资产阶级私有制是建立在阶级对立上面、建立在一些人对另一些人的剥削上面”，“厂主对工人的剥削”说明“资本”就是“剥削雇佣劳动的财产，只有在不断产生出新的雇佣劳动来重新加以剥削的条件下才能增殖的财产”；因此，“人对人的剥削”必须“消灭”。②

借助图示来理解，见图 16-2。

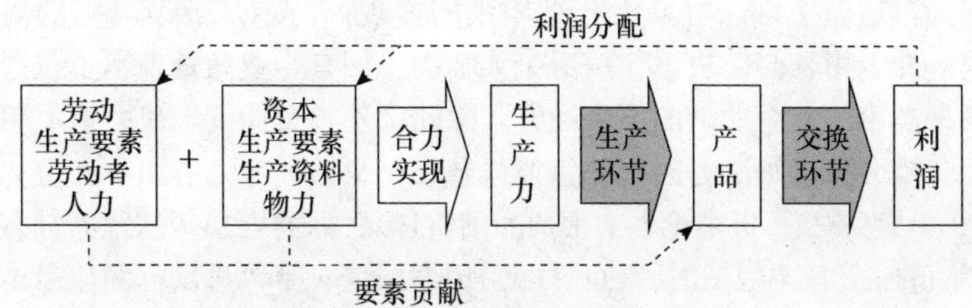

图 16-2　要素贡献决定利润分配

初次分配和二次分配，见图 16-3。

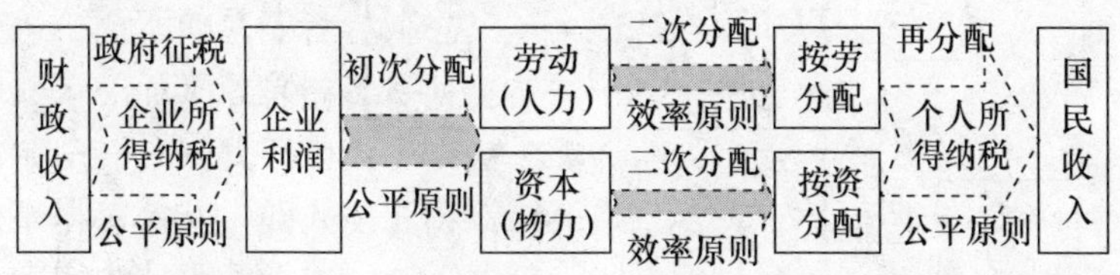

图 16-3　初次分配、二次分配以及再分配

资本独占利润，见图 16-4。

通过图 16-4 可以明确，在分析劳动、资本与利润的关系时，资本原本是没有公有（国有）、私有（民有）的区分的。

国有企业的利润分配，对于劳动者来说，实际上就是福利问

① ［德］马克思，恩格斯．共产党宣言．北京，人民出版社，1997：48、30.

② 同上书，41 页、35 页、42 页、47 页。

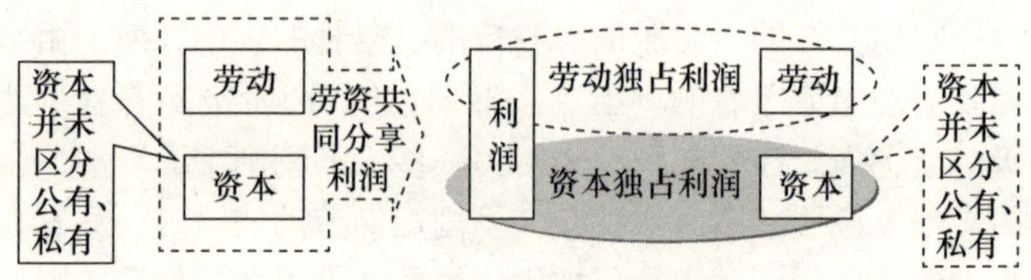

图 16-4 劳动、资本与利润的关系

题。这个福利包括公费医疗、公有住房、养老金等。人人都能够享受到，这似乎可以解释为公平原则的体现，而不是效率原则的体现。养老由社会解决，住房由个人解决。国有企业只是表示企业资产是国家的，企业由国家来经营。除此之外，企业不是社会，不能把归社会负责解决的问题都包揽过来。

马克思在《资本论》中把商品的价值定义为社会必要劳动时间，产品的生产成本包括活劳动（对应于可变资本）和死劳动（对应于不变资本）。活劳动、死劳动与商品价值量之间的关系，见图 16-5。

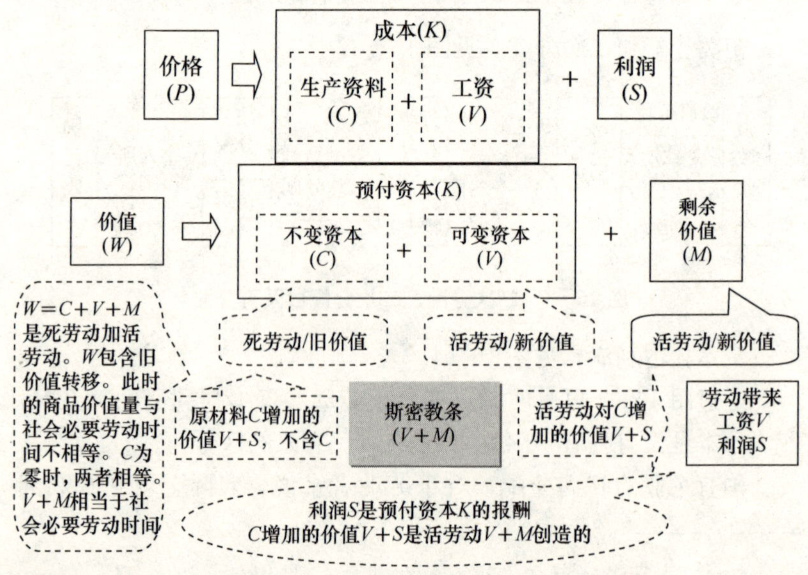

图 16-5 活劳动、死劳动与商品价值量

通常认为，商品价值量 W 包含生产资料的旧价值转移的部分。如果社会必要劳动时间是指活劳动时间（$V+M$），那么社会必要劳动时间（$V+M$）与价值量（W）将不能相等。如果价值量等同于社会必要劳动时间，那么社会必要劳动时间就应当是活劳动时间（$V+M$）加上死劳动时间（C），即用 $C+V+M$ 来表示。[①]

有人以为，“活劳动消耗量很小的商品，旧价值转移的部分可能很大，从而价值很大”[②]。

根据马克思的论述可知，合理的应为：活劳动↔应付工资；实际的却是：活劳动↔实际工资；其中，实际工资<应付工资，即实际工资+未付工资=应付工资。未付工资说明存在剥削，资本家把工人的部分工资占为己有。

四、殖民地和国际范围博弈

1. 殖民地

根据西斯蒙第的说法[③]，市场的扩大终究要涉及开辟国外市场。这个问题又会引出有关殖民地的讨论。

马克思说，“一旦与大工业相适应的一般生产条件形成起来，这种生产方式就获得一种弹性，一种突然地跳跃式地扩展的能力，

① 张忠任的理解陷入了一种混乱。参阅张忠任. 百年难题的破解. 北京：人民出版社，2004：218-219.

② 同上书，219 页。

③ “由于财产集中到少数私有者手中，国内市场就必定要日益缩小，工业就必定日益需要寻求国外市场”；“整个文明世界完全变成了一个市场，这时，在一个新的国家里再也找不到新的顾客。而世界的普遍市场的需求是各个不同的工业国家所争夺的供应数量。一个国家供应得多些，就会损害另一个国家”（《政治经济学新原理》，217 页、449 页）。

只有原料和销售市场才是它的限制。一方面，机器直接引起原料的增加……另一方面，机器产品的便宜和交通运输业的变革是夺取国外市场的武器。机器生产摧毁国外市场的手工业产品，迫使这些市场变成它的原料产地。……大工业国工人的不断‘过剩’，大大促进了国外移民和外国的殖民地化，而这些外国变成宗主国的原料产地”①。

马克思说，“殖民制度大大地促进了贸易和航运的发展。……殖民地为迅速产生的工场手工业保证了销售市场以及由市场垄断所引起的成倍积累”；“原始积累的不同因素……在英国，这些因素在17世纪末系统地综合为殖民制度、国债制度、现代税收制度和保护关税制度。这些方法一部分是以最残酷的暴力为基础，例如殖民制度就是这样”②。

刘易斯给出了一种解释：“经济增长的第一个后果是人口开始增长，人口的增长十分可能超过国家养活他们的能力。所以，供选择的解决办法就是移民，或者发展制成品出口贸易或向某些其他国家征收贡税”，即“解决人口过剩”的“三个办法”，“这三种办法中无论哪一种都可能导致战争”；“夺取弱小民族的土地是经济上比较强大的民族用以解决它们人口问题的最喜欢用的办法”；“移民可能导致战争，因为其他国家拒绝接纳外来移民，或者因为别的国家虐待移民，或者因为移民想夺取当地人的财产，把他们从自己的土地上赶走，或者剥夺他们的政治权力，或者甚至把他们统统消灭”。刘易斯说，“有些国家被推向帝国主义和战争，因为它们想要更多的或更好的土地，好在这些土地上安置它们的人民”；“战争是由于人口过剩，由于需要粮食和原料，或者由于渴望剥削其他种族而爆发的”；“出现帝国主义和爆发战争有许许多多经济上的理由，从‘需要’——饥荒，需要土地、市场和初级产品，到‘贪婪’——妒忌，

① ［德］马克思．资本论：第一卷．北京：人民出版社，2004：519.
② 同上书，864页、861页。

渴望剥削或寻求更加有利可图的出路”；“帝国的作用之一就是迫使臣属的民族用高价购买帝国的产品，以低于他们在别的地方可能得到的价格把他们的产品出售给宗主国”；“只要形形色色的剥削是可能的，有些国家就想要统治别的国家”。他还谈道，“现在为列宁主义者所采纳的霍布森观点，认为战争起因于外国投资，外国投资起因于国内的利润率不断下降，而利润率下降又起因于消费不足”①。

在里马看来，“马克思的《资本论》详细地解释了他关于资本主义制度发展的理论”，“马克思的目标是赤裸裸地暴露现代社会经济运行规律”。与此相关，“马克思对资本主义制度进行功能分析”有三个来源，即社会主义思想、黑格尔的历史哲学思想和李嘉图主义经济学。也就是说，“马克思的分析体系开始于黑格尔的哲学”，“他的分析部分来源于启蒙时期的社会改革运动”，“李嘉图的劳动价值理论”是“第三个来源”。“马克思对每一种形式的资本主义制度都怀有敌意，依据在于劳动阶级受到了资本家雇主的剥削”，“他认为劳动价值理论为他的劳动剥削假设和资本主义制度最终得以毁灭奠定了根本基础”。“剩余价值率即劳动剥削率”，“由于劳动力趋于从低工资领域流向高工资领域，剩余价值率将会在经济各部门中出现均等化”，“在竞争条件下，剩余价值会在不同的行业间重新分配，以便利润率在行业间趋于一致”，即“利润率平均化”，但由于资本积累促使“不变资本数量的增加，资本有机构成被改变了”，何况“再积累的来源便是剩余价值”，且“只有可变资本产生剩余价值”，于是“剩余价值率就会下降”，从而“利润率趋于下降”。“额外的垄断利润的范畴来自对劳动收入份额的扣除，消费不足的趋势得以强化”，“剥削的增加以及消费商品能力的下降”，“生产资料的集中和劳动的社会化，达到了同它们的资本主义外壳不能相容的地步”。里马认为，“马克思的全部经济分析都试图证明资本主义

① ［英］阿瑟·刘易斯．经济增长理论．北京：商务印书馆，1981：451-456.

制度无限扩张的不可能性以及随之而来的革命的必然性”，“在马克思的思想中，最终推翻资本主义生产的前奏便是资本有机构成的变化”。①

“古典马克思主义对帝国主义的分析，都把资本输出作为宗主国资本主义用以剥削周边国家的主要途径”。1945 年以后，贸易“作为国际剥削主要工具”。20 世纪 50 年代，“发达国家与不发达国家之间的鸿沟日益加深”并“引起了重要的理论反响”，发展经济学“假定，从 19 世纪开始，贫穷的初级产品生产者的贸易条件处于长期的恶化之中，这成为富国与穷国间差距日益扩大的主要原因”，“把自由贸易看成是帝国主义统治的一种工具”，不平等交换带来资本有机构成、利润率、劳动力价值、工资等“国际差异”。但这只能说明“不平等交换可以构成另一种榨取剩余的手段”，因为马克思在《资本论》中“探讨了剥削的存在是如何不取决于不平等交换的”。②

从约·阿·霍布森的《帝国主义》，到罗莎·卢森堡的《资本积累论》、卡尔·考茨基的《帝国主义》、列宁的《帝国主义是资本主义的最高阶段》，对帝国主义的研究不断深化。

2. 国际范围博弈

国际社会中国家与市场的关系是国际政治经济学在研究，它认为“社会、政治和经济安排”来自“影响全球生产、交换和分配的体系所反映出来的价值观念组合”③。这又衍生出“新帝国主义”和“全球政治经济学”。前者是指“存在于经济发达国家和经济不

① ［美］英格里德·H. 里马. 经济分析史. 北京：中国人民大学出版社，2006：173-175、182-187.

② ［英］M.C. 霍华德，等. 马克思主义经济学史. 北京：中央编译出版社，2003：188-193.

③ ［英］苏珊·斯特兰奇. 国家与市场. 上海：上海人民出版社，2006：13.

发达国家之间的关系的主要特征”①。后者与“全球性相互联系的进一步扩大、深化和加速”且“成了国际经济事务、政治事务的最突出特征”② 的所谓“全球化”有关。

这是国际范围博弈，权力在其中占有关键地位。“资本必须被理解为同时包含权力与生产力”，回归“国家与资本”原本“相互重叠的制度”，由此“反映出固着于主权中的国家权力，与植根于所有权之中的资本家权力，两者既矛盾又相互强化的转变关系”③。

财富分配与权力争取总要受到技术工具和制度环境的影响或制约，涉及理性思维和博弈行为。财富分配不合理造成了贫富分化以及话语权不平等，这是一个问题；提升国家硬实力以及掌握话语权，这是另一个问题；关键在于经济实力、科技实力和军事实力。

① ［美］约翰·罗尔克．世界舞台上的国际政治．北京：北京大学出版社，2005：488.

② ［日］星野昭吉．全球化时代的世界政治．北京：社会科学文献出版社，2004：2；［美］罗伯特·吉尔平．全球政治经济学：解读国际经济秩序．上海：上海人民出版社，2003：1.

③ ［英］罗能·帕兰．全球政治经济学：当代的理论．台北：台湾韦伯文化国际出版有限公司，2006：69.

后　记

物之理、生物之理、人之理是三个不同概念。物没有思维，生物里的植物也没有思维，生物里的动物有简单、低级的思维，生物里的人有复杂、高级的思维。需要我们注意的是物理和人理①。

处于运动状态的物，纯粹服从于客观规律，无任何主观支配的因素存在。置身于社会生活中的人，既服从于生理上的客观规律，也要受到主观支配。根据物质运动中的数量关系，可以得到基本的物理。即便数学界一直认为“素数在自然数

① 笔者说的“人理”概念，不同于西蒙“有限理性说”所使用的“事理”概念。“事理”是指“理性在人类事物上的运用”或“人类事务上的理性”，它涉及“人类事务对理性的需要”，“理性在人类事务中的角色”，理性“在人类事务中的实际作用”，“有限理性所提供的那种有限的分析能力”，“人类理性限度对组织行为的深意”等（《现代决策理论的基石》，106－107页）。可见，一般来说，事理＝理性。与此不同，一般来说，人理＝生理＋理性。前者是服从于生理上的客观规律，主要体现类似于低级动物的天性或本能（“衣食足则知荣辱”的反面“不足”“不知”即为一例）；后者是行为受到的主观支配，主要体现作为高级动物的特殊功能。

中的出现无规律”，笔者始终认为素数一定是有规律地出现在自然数中。这说明具有数量关系的物的世界必有规律可循。但是，仅凭社会活动中的数量关系，也许得不到基本的人理。①

交换是人的一种经济行为。“纯粹”经济学可以单纯计算交换包含的所有数量关系，完全舍弃与这些数量关系掺杂在一起的所有非数量关系。所谓“观念和做法”②，也就是思想和行为。按经济学家的归纳，人的特质有两点，即理性和自利。“以效用函数代表人，这是第一步；以效用函数的特性来反映理性自利，这是第二步。”这样一来，“人已经变成一个‘效用函数’”。在经济学里，有“行为理论的基础——经济人”，或指“理性、自利”的人，但“在法学里，并没有所谓的‘法律人’”。③ 美国学者西蒙一直主张，人具有的是“有限理性”④，而不是“无穷理性”。正“因为人是有限理性，所以人在行为上并不是追求效用极大；实际上，人会根据对环境的认知和自己有限的思维，然后做出能让自己满意即可的选择。与‘效用极大化’相比，西蒙‘适可而止’的论点似乎更接近血肉之躯的人”。这是与“绝大部分经济学家唱反调的意见”⑤。

这也正是为什么西蒙质疑“边际主义的预见得到验证了吗”。西蒙说：“那些要求只用效用最大化或利润最大化理论（而不是用有限理性论）予以解释的特定现象，的的确确还没有在总量数据中被观察到。事实上……正是古典理论，而不是行为理论，在解释某些观察结果时，面临着真正的困难。”在西蒙看来，“采用了主观期

① 我们可以回味熊彼特曾谈到的一个例子：“例如，所谓土地报酬递减率也许可以说是一个物理现象，但……在形成这个假定时，并不能说我们已经进入物理学的领域。”（《经济分析史》，第1卷，50页）

② 熊秉元. 熊秉元漫步法律. 台北：时报文化出版企业股份有限公司，2003：150.

③ 同上书，73页、79页、77页。

④ 有限理性是指“作为信息处理者的活动者本身的局限性”或“活动者信息处理能力限度”（《现代决策理论的基石》，46页）。

⑤ 熊秉元. 熊秉元漫步法律. 台北：时报文化出版企业股份有限公司，2003：74.

望效用概念的统计决策论，以及对策论”的“贡献”只是将“那类问题的概念明朗化”，“但它们并没有给人类真实行为提供令人满意的描述，在大多数情况下，它们甚至没有提供令人满意的规范性理论，也就是，在人和计算机的计算能力有限的条件下实际可用的理论”；“也许，安多和弗里德曼所做的证明更加重要。他们指出，在系统不断吸收新信息、发生结构变化、决策者有学习特性的条件下，同稳态条件相比，合理预期法则的政策含义有很大差别。例如，在更多的动态条件下，对任何有限的时间期限来说，都不能再保证货币中性”。①

人理之所以存在，维系它的一个重要因素就是制度，而制度又恰恰是一个难以量化的因素。经济学的数学化只在一定范围内，全部经济学绝不会是“纯粹”经济学。

用现代话语来表述，先秦时代的法家关注以法律法规为核心的正式制度，儒家关注以道德伦理为核心的非正式制度。回到当今，法学的原点是正义，也就是“追求正义”。司法运作的内涵和方式要求“程序正义”及“实质正义”，但“追求正义，也必须面对成本的考量”②。相比较而言，如果说“经济学主要是一种分析社会现象的特殊角度”③，那么经济学的原点是公平，表现为追求公平。可见，人们所向往的“社会公平正义”④，实际上就是经济的公平和法律的正义。

从“经济的公平”来说，中世纪西欧城市里公众普遍关心的问题——“公平价格”就是一个典型的社会现象。商品交换是经济生

① ［美］赫伯特·西蒙．现代决策理论的基石．北京：北京经济学院出版社，1989：70、73、87.

② 熊秉元．熊秉元漫步法律．台北：时报文化出版企业股份有限公司，2003：196-197．熊秉元还认为，“法学是从公平正义等的角度立论”（《熊秉元漫步法律》，77页）。

③ 熊秉元．熊秉元漫步法律．台北：时报文化出版企业股份有限公司，2003：151.

④ 《中共中央关于全面深化改革若干重大问题的决定》，2013-11-15。

活的中心活动，交换行为互惠且平等交换的意识早已出现在古希腊亚里士多德以及古罗马法对公平的讨论范畴。在“推动经济更有效率、更加公平、更可持续发展”的同时，“让发展成果更多更公平惠及全体人民”；“保障公平竞争”，即“保证各种所有制经济依法平等使用生产要素、公开公平公正参与市场竞争、同等受到法律保护”和“坚持权利平等、机会平等、规则平等”的“公平参与竞争”或“企业自主经营、公平竞争”，“提高资源配置效率和公平性”，“按照统一税制、公平税负、促进公平竞争的原则”，并且用“科学的财税体制”，以“制度保障”来“促进社会公平”，“保障农民公平分享土地增值收益”，实现“教育公平”“平等就业”和“公平可持续的社会保障制度”。① 这些都可以看作“经济的公平”的一种升华。

从“法律的正义”来说，法律是政治或“秩序—管理”的最高层次。“全民法治观念”和“法治国家”必须结合在一起，“社会公平正义”包括“人民群众在每一个司法案件中都感受到公平正义”。这些都可以看作“法律的正义”的一种升华。

实现法治、双安、文明②，必须要有制度保障。其关键在于：①“维护宪法法律权威”，以保证“国家兴旺发达、长治久安”，“法律面前人人平等”，“用制度管权管事管人，让人民监督权力”，“把权力关进制度笼子”，“破除‘官本位’观念”，实现“政府清廉、政治清明”。②在“维护最广大人民根本利益，最大限度增加和谐因素，增强社会发展活力，提高社会治理水平”的基础上，“创新社会治理”。③“建立生态文明制度”，“用制度保护生态环境”。③

① 《中共中央关于全面深化改革若干重大问题的决定》，2013-11-15。

② 法治涉及“依法治国、依法执政、依法行政”，“法治国家、法治政府、法治社会”。双安，是指“人民安居乐业、社会安定有序”，“社会既充满活力又和谐有序”。在这里，文明指生态文明，“人与自然和谐发展”（《中共中央关于全面深化改革若干重大问题的决定》，2013-11-15）。

③ 《中共中央关于全面深化改革若干重大问题的决定》，2013-11-15。

读者朋友，想必你也和笔者一样经常欣赏邓建栋牵动思乡之情的二胡独奏和陈蓉晖如诗如画的小提琴独奏——《我的祖国》，那么我们就共同感召于这首民族乐曲，把我们的国家建设成“法治中国”“平安中国”“美丽中国”，“实现中华民族伟大复兴的中国梦”①。

陈勇勤

于人大校园明德楼

2016年11月6日

---

① “一个国家的文化软实力，从根本上说，取决于其核心价值观的生命力、凝聚力、感召力”，“构建具有强大感召力的核心价值观，关系社会和谐稳定，关系国家长治久安”（习近平在中共中央政治局第十三次集体学习时的讲话，2014-02-24）。

图书在版编目（CIP）数据

制度与经济变动的历史实证/陈勇勤著. —北京：中国人民大学出版社，2017.8
ISBN 978-7-300-24629-1

Ⅰ.①制… Ⅱ.①陈… Ⅲ.①经济学-理论研究 Ⅳ.①F0

中国版本图书馆 CIP 数据核字（2017）第 157534 号

制度与经济变动的历史实证
陈勇勤 著
Zhidu yu Jingji Biandong de Lishi Shizheng

出版发行	中国人民大学出版社		
社　　址	北京中关村大街 31 号	**邮政编码**	100080
电　　话	010－62511242（总编室）		010－62511770（质管部）
	010－82501766（邮购部）		010－62514148（门市部）
	010－62515195（发行公司）		010－62515275（盗版举报）
网　　址	http://www.crup.com.cn		
经　　销	新华书店		
印　　刷	唐山玺诚印务有限公司		
规　　格	148mm×210mm　32 开本	**版　　次**	2017 年 8 月第 1 版
印　　张	10 插页 1	**印　　次**	2023 年 3 月第 2 次印刷
字　　数	267 000	**定　　价**	76.00 元

版权所有　侵权必究　　印装差错　负责调换